「西海」の海域交流誌

――多文化の海、交差する技術・疫病・信仰

NOGAMI Takenori
野上建紀［編著］

JIA Wenmeng
賈 文夢［著］

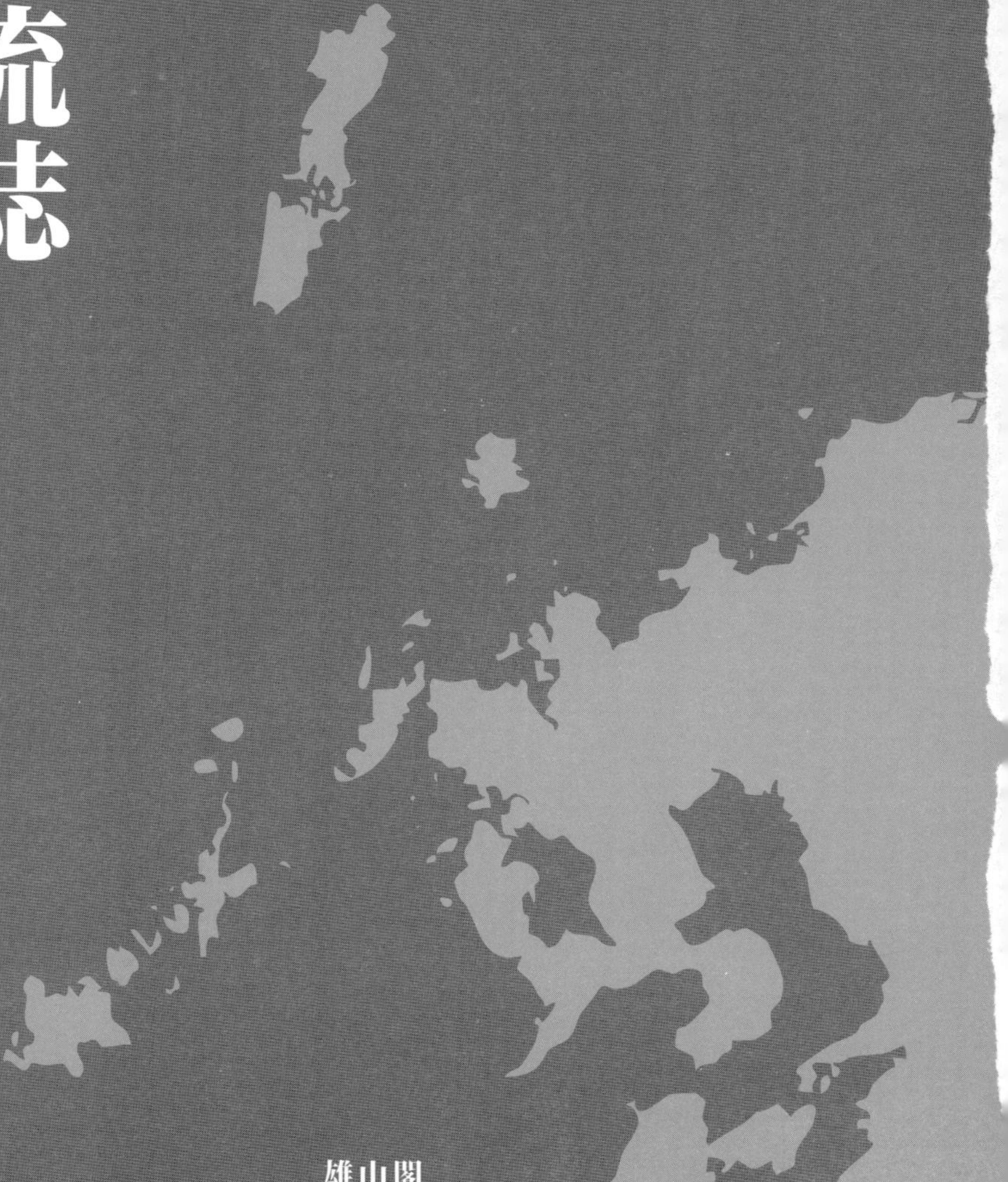

雄山閣

はじめに

「西海」と呼ばれる海や土地はいくつかあり、その範囲の概念はさまざまである。歴史的には京の西の海として瀬戸内海を示す場合もあれば、五畿七道の一つである西海道の略であることもある。現在では九州の西方の海というぐらいの印象であろうか。その九州の西方の海の範囲について、最も広くとれば、東側は九州から薩南諸島、琉球諸島を結ぶ弓形の島嶼線を境界とし、西側は中国大陸の海岸線をその果てとするものである。すなわち、東シナ海であり、中国で東海と呼ぶ東シナ海は、日本からみた西海となる。しかし、西海という言葉を聞いて、そこまでの範囲を想起することはあまりない。東シナ海を俯瞰するというよりは九州の岸辺に立ち、かすむ西方の海を望んだ範囲という印象ではないかと思う。また、長崎の一地域や市名であることも多く、その場合、西海市など西彼杵半島を中心とした地域を指すことが多いが、西海国立公園の「西海」は、同じ長崎県であっても佐世保の九十九島、平戸島、五島列島など県本土北西部の海域を意味している。

このように西海は西を指し示す起点が定まらないとても曖昧な概念の海であり、誰もが同じ海を頭に浮かべるわけでもない。そのため、本書を執筆するにあたり、他に適切な海域名がないか考えたが、日本の周縁であり、境界であり、そして、大陸に最も近い関門であり、門戸であるという印象を与えてくれる名前は他になく、やはり「西海」が相応しいと考えた。

本書のいう「西海」は、九州北西部の西方の海である。もう少し具体的に示すと、長崎県本土、五島列島、天草諸島に囲まれた辺りの海である（図1・2）。北半分は五島灘、南半分は天草灘とよばれる海域である。一部玄界灘も含む。東シナ海の東側の縁であり、北東隅に位置する。日本の海と列島に関して、歴史学、考古学、民俗学など諸分野からアプローチした『東シナ海と西海文化』（小学館　一九九二）の対象海域にほぼ重なる。

この「西海」の東側の縁となる長崎県本土は、日本列島の本土の中では最も西に位置する地域である。「西崖」と呼ぶ人もいる。あるいは「西鄙」という言葉で表現されることもある。まさに日本の西の辺鄙、崖っ縁というわけである。

その長崎県本土のさらに西にあり、「西海」の西側を縁取る五島列島は東シナ海に浮かぶ島嶼群である。北部九州の西側に列をなして、北東から南西の方向に連なる大小の島々である。遣唐使の日本最後の寄泊地であったことや中世には倭寇の頭目である王直が活動拠点を置いたことが示すように、大陸との交易、交渉の上で重要な位置にあり、古来より交通の要衝としての役割を果たしてきた。北東から宇久島、野崎島、小値賀島、中通島、若松島、奈留島、久賀島、福江島を主島とし、その周囲に有人無人の島々が散らばっている。

図１　「西海」位置図

天草諸島は、中部九州の西側に位置している。長崎県本土の島原半島の南側、熊本県宇土半島の南西にあり、熊本県と鹿児島県にまたがる諸島である。上島・下島を主島とし、東は八代海、西は天草灘に面している。この島嶼群もまた歴史の情緒あふれる風光明媚な場所であり、雲仙天草国立公園を構成している。

長崎県本土、五島列島、天草諸島、いずれも山がちで平地に乏しく、山地が海に沈み込んだような地形であり、その地理的条件が交流における海への比重を高

対馬
金田城
芦屋沖海底遺跡
響灘
対馬海峡(東水道)
原の辻遺跡
玄界灘
壱岐島
壱岐水道
肥前名護屋城
鷹島海底遺跡
鷹島
山見沖海底遺跡
平戸島
腰岳
伊万里
唐人古場窯跡
宇久島
小値賀島
野崎島
有田
三川内
波佐見
「辞本涯」の碑
黒島
横瀬浦
肥前窯業圏主要部
有明海
(島原湾)
日島の曲遺跡
大村湾
大村
奈留島
中通島
五島灘
(角力灘)
久賀島
若松島
外海地方
長崎
島原
福江
五島列島
福江島
富江
橘湾
(千々石湾)
ホゲット石鍋製作遺跡
天草灘
上島
高浜
下島
天草諸島
八代海

図２　「西海」周辺図

めてきたと言える。

本書では、九州の西方に広がる「西海」を舞台に行き交った江戸時代のヒトとモノについて、書き綴ろうと思う。長崎から五島、天草へ広まったものもあれば、五島や天草から長崎にもたらされたものもある。さらには五島と天草のつながりもあった。この多文化の海域を行き交ったヒトとモノはさまざまであるが、その中でも技術、疫病、信仰に焦点を当てて述べていこうと思う。

なお、第1章と第2章の初出および関連論文や報告は次のとおりである。第3章と終章は書き下ろしである。

（第1章）
野上建紀　二〇二〇「近世五島焼の基礎的研究」『東洋陶磁』四九　三五-六二
野上建紀（編）二〇二二『五島焼・田ノ江窯跡発掘調査報告書―陶磁器流通からみるグローバル化の世界史（Ⅱ）』長崎大学多文化社会学部
野上建紀・賈文夢・椎葉萌　二〇二三「近世の窯場空間の復元的研究―二〇二二年度五島焼八本木窯跡発掘調査報告―」『金沢大学考古学紀要』四四号　四七-六五
野上建紀・渡辺芳郎・賈文夢・椎葉萌・古賀新之助・中村駿斗・藤田史歩・三池温大　二〇二四「二〇二三年度五島焼八本木窯跡発掘調査概要報告」『長崎大学多文化社会研究』一〇　一五三-一六五

（第2章）
賈文夢　二〇二三「肥前大村・五島の疱瘡関連石造物について」『長崎大学多文化社会研究』八　二六七-二八三
賈文夢　二〇二四「長崎と天草地方における近世の「疱瘡墓」」『長崎大学多文化社会研究』一〇　八五-一一五
野上建紀・賈文夢　二〇二四「「疱瘡墓」から発見された陶磁器―天然痘患者と死者のための器―」『東洋陶磁』五三　二七-四七

◎「西海」の海域交流誌―多文化の海、交差する技術・疫病・信仰―◎目次

はじめに……〈野上建紀〉…1

序　章　海の十字路……〈野上建紀〉…7

第1章　海を越えた技術―磁器の技―……〈野上建紀〉…13
第1節　大陸から伝わる磁器生産技術……13
第2節　窯場の整理統合と陶工追放……20
第3節　原料産地の殖産興業……35
第4節　海を渡る陶石……40
第5節　島と島の交流―五島焼―……46

第2章　海を跨がる疫病―疱瘡―……〈賈　文夢・野上建紀〉…95
第1節　天然痘と「無痘地」……95
第2節　疱瘡死者が眠る墓……129
第3節　疱瘡患者と死者のための器……158
第4節　「無痘地」における疱瘡禍……171
第5節　隔離と差別……173

第３章　海を渡った信仰―潜伏キリシタン―……〈野上建紀〉…179
第１節　海を渡る人々……179
第２節　五島はやさしや土地までも……182
第３節　再移住する人々……194
第４節　キリシタン弾圧と人の移動……204
第５節　墓からみたキリシタンの移住……211
第６節　移住の変化……216
終　章　周縁海域の交流―内と外―……〈野上建紀〉…223
第１節　外界からの技術……223
第２節　水際としての防疫……224
第３節　周縁に潜む信仰……226
第４節　技術、疫病、信仰をめぐる人々……229
おわりに……〈野上建紀〉…235
あとがき……〈野上建紀・賈　文夢〉…237
文献目録……243
巻末資料……〈賈　文夢〉…255

序章　海の十字路

「西海」の北には大陸よりつながる回廊があった（図2）。すなわち、朝鮮半島から対馬、壱岐、松浦へとつながる海の回廊である。この回廊を伝って人も文物も往来してきた。

縄文時代には土器が朝鮮半島へ渡り、彼の地では伊万里腰岳（図3）産の黒曜石製の石器も出土している。(1) 弥生時代には、中国の歴史書『三国史』の中の『魏志倭人伝』に、邪馬台国への道程として、對馬國（対馬）、一大國／一支國（壱岐）、末盧國（松浦）の名が現れる。(2) 一支國の王都と比定されている原の辻遺跡（図4）では日本最古の船着場跡も見つかっている。古代には対馬に朝鮮式（百済式）山城・金田城（図5）が築かれた。白村江の戦いで大敗した後、国防の最前線として築かれたものである。中世のモンゴル襲来の際にはモンゴル・高麗軍が対馬、壱岐と島伝いに渡って松浦や博多を襲い、二度目の襲来は鷹島で終焉を迎えた（図6）。文禄・慶長の役には逆に肥前名護屋城（図7）から朝鮮半島へ渡海する侵略路、そして、撤退路となる一方、江戸時代には友好的な使者が来日する朝鮮通信使の道となった。

この北の島伝いの回廊とは別に南の海の道もあった。九州本島から薩南諸島、琉球諸島への島伝いの道、日本海流（黒潮）から対馬海流にのる潮の道である。沖縄県内では、縄文時代後晩期〜弥生時代並行期に属する遺跡から多くの黒曜石が出土しており、そのほぼ全てが伊万里腰岳産のものであることが明らかだという（小畑ほか二〇〇四、大堀二〇一七、大岡・山崎二〇二〇）。そして、西彼杵半島産の滑石製の石鍋もまた南の島に運ばれている（下川一九八四、新里二〇〇二ほか）。一方、南方から運ばれてきたものもある。竹松遺跡（長崎県大村市）では奄美諸島の徳之島伊仙町で焼かれたカムィヤキが出土している（長崎県教委二〇一九）。

さらに大航海時代になると、この南の海の道を南蛮貿易の船が行き交った。五島列島北部の小値賀島では、山見沖海

図３　伊万里湾と腰岳
（佐賀県伊万里市）

図５　金田城（長崎県対馬市）

図４　原の辻遺跡（長崎県壱岐市）

図７　肥前名護屋城（佐賀県唐津市）

図６　鷹島海底遺跡沈没船 3D データ
（松浦市立水中考古学センター：町村剛作成）

図９　長崎市街（長崎市）

図８　山見沖海底遺跡採集遺物
（小值賀町教育委員会）

底遺跡と名づけられた海域でアワビ漁など潜水漁を行う海士が海底に散乱している陶磁器を発見した。水深は五メートル程度と浅く、とても潮の流れが強くて速く、海底の岩をつかんでいないと流されてしまいそうなところである。その岩の間に陶器壺の破片などが今も挟まっている。その多くは東南アジアのタイで焼かれた焼締の大壺である（図8）。博多、府内（大分）、堺などの遺跡で出土しているものであり、東南アジアの海から東シナ海へと入り、博多や堺に向かう途上で沈んだものであろう。

そして、この南の海の道をキリスト教文化も渡ってきた。一五五〇年にポルトガル船が平戸に入港し、平戸、長崎、有馬を中心にキリスト教が広まっていった。横瀬浦（西海市西海町）の港を開き、一五六三年に日本初のキリシタン大名となった大村純忠は、長崎を開港した（図9）。貿易相手国はポルトガルからオランダへと変わることとなるが、長崎の出島に来航するオランダ船もまた南の海の道をたどってきた。

また、「西海」を間に置いて、東西に往来する海道もあった。しかし、東シナ海を横断する危険な海路であったようであり、多くの海難を生んでいる。危険な中でも航行に価値が見出されるだけ重要な国際航路であった。

例えば、古代の五島列島は遣唐使船が最後に寄港した日本の地として知られている。『肥前国風土記』（國民圖書株式会社編一九二七、肥前史談会編一九七三）には、次のように記されている。

西に船泊つる停二處有り、
一處の名は相子の停といふ。二十餘の船泊つべし。
一處の名は川原浦といふ。一十餘の船泊つべし。
遣唐之使は此の停より發して、美禰良久の濟に到る。
卽ち川原浦の西ノ濟これなり。此ゆ發航して西を指して渡る。

つまり、五島列島の「相子（田）の停」（新上五島町相河郷）、「川原浦」（五島市岐宿町川原）、「美禰良久（美弥良久）」（五島市三井楽町）などが寄港地であったと記される（瀬野ほか一九九八）。そして、現在、三井楽には、延暦二十三年（八〇四）、遣唐使の留学僧として唐に渡った空海の言葉を刻んだ「辞本涯」（『性霊集』）の石碑（図10）が建てられている。

中世には、日宋貿易、日元貿易の船も往来していた。やはり遭難を免れなかった船もあり、航路を大きくはずれ、朝鮮半島南西部の新安沖で沈んだ船もある（図11）。出土した木簡に書かれた墨書から、至治三年（一三二三）頃に慶元（今の寧波）を発ち、博多に向かおうとしていたものと推定されている。本来なら、五島に辿り着いていたのかもしれない。積荷の量と価値は莫大であり、海底で発見されているものだけでも総重量二八トンにものぼる銅銭、二万点以上の陶磁器や香辛料、薬料が運ばれていた。「西海」には人間の豊かさへの欲望を満たすためのモノがヒトとともに運ばれていた。

また、中世の「西海」は倭寇をはじめとした「海の民」が活躍した海であった。五島列島の日島の釜崎には、

図10「辞本涯」碑（長崎県五島市三井楽町）

図11　新安沖沈没船（大韓民国）

図12　日島の宝筐印塔（長崎県新上五島町）

図13　日島の古墓群（長崎県新上五島町）

海上航行の安全と供養のために建塔されたとみられる正平二十二年（一三六七）銘の宝篋印塔（図12）が建てられており、海を見下ろしている。そして、同島の曲遺跡（曲古墓群）には中世から近世にかけての古墓群が残り（図13）、「生活の中心を海に求めた「水軍」の伝統を強く引き継いだ集団」の人々の終焉地ではないかと推定されている（若松町教委一九九六）。そして、それらの石造物の中の安山岩質凝灰岩製のものは福井県高浜町日引などで製作されたものが日本海ルートでもたらされたとされている。その他にも板部島の海岸には小石を積み上げたところが数十箇所あり、「唐人の墓」と言われている。昔、遭難死した朝鮮人や中国人を埋葬したところと伝わっている(3)（宮嶋一九九四）。国内外の人々、あるいはそのどちらでもない人々が行き交った海であった。

このように「西海」は南北と東西の海の道の十字路であった。十字路をさまざまなヒトやモノが交差する多文化の海であった。本書で焦点をあてる技術、疫病、信仰もまたこの南北、東西の回廊や道を渡ってきた。古墳時代には須恵器の技術、文禄・慶長の役の際には朝鮮半島の先進的な陶磁器生産の技術が日本に伝わった。北の回廊から多くの大陸人の渡来人とともに天然痘の病禍がもたらされ、記録上最初の天然痘エピデミックが発生している。北の回廊は仏教伝来の道であり、その後、西からも伝わった。さらに南からはキリスト教が伝わっている。

次章から、「西海」の十字路を交差した技術、疫病、信仰についてそれぞれ述べていく。

註

（1）東三洞遺跡（慶尚南道釜山直轄市影島区東三洞）では、縄文時代前期の轟式、塞ノ神式、曽畑式土器、縄文時代中期の阿高式、阿高系土器、縄文時代後期の西平式、鐘ヶ崎系土器が出土している。

（2）「始度一海千餘里、至對馬國、其大官曰卑狗、副曰卑奴母離、所居絶島、方可四百餘里。土地山險、多深林、道路如禽鹿徑。有千餘戸。無良田、食海物自活、乗船南北市糴。」

「又南渡一海千餘里、名曰瀚海、至一大國。官亦曰卑狗、副曰卑奴母離。方可三百里。多竹木叢林。有三千許家。差有田地、耕田猶不足食、亦南北市糴。」

「又渡一海千餘里、至末盧國。有四千餘戸、濱山海居。草木茂盛、行不見前人。好捕魚鰒、水無深淺、皆沈没取之。」

（3）板部島は疱瘡罹患者の隔離地であったため、疱瘡死者の墓である可能性もある。

第1章　海を越えた技術―磁器の技―

第1節　大陸から伝わる磁器生産技術

日本のやきもの生産の歴史の画期はいくつかあるが、土器の誕生以降、外部からの技術導入による大きな変革点としては、次の三つを挙げることができよう。いずれもヒトが海を越えて技術を持ち込んだものである。やきものの様式の伝播は、モノの移動だけでも可能であるが、技術の伝播はほとんどヒトの移動を伴う。特に大地に構築される窯の築窯技術の伝播は常にヒトの移動を伴ってきた。ここでは変革点における窯の導入を中心に見ていこう。

一つ目は渡来人による須恵器の生産技術に伴う「窯」と「轆轤」の導入である。それまでの縄文土器や弥生土器は窯を用いないいわゆる「野焼き」（覆い焼きを含む）で焼かれていたが、古墳時代に朝鮮半島から伝わった須恵器は窯（窖窯・穴窯）によって焼かれたものである。窯を導入することで燃焼によって生じる熱量を土器に効率的に与えることができ、高温焼成が可能になった。この窖窯の形式を基本形としながら、古代から中世にかけて窯構造を発展させてきた。また轆轤の回転によって生じる遠心力を利用した成形技法も導入された。

二つ目は朝鮮人陶工による新しい形式の「登り窯」（図14）の導入である。文禄・慶長の役前後に朝鮮人陶工がもたらした登り窯は、龍窯の系譜をひく窯であり、細長く、量産が可能な窯であった。この新しい形式の窯は、古墳時代から古代、中世へとつないできた窖窯の系譜の窯を大きく変えていった。

三つ目は「西洋式窯」の導入である。明治時代にいわゆる「お雇い外国人」であったゴットフリード・ワグネル（Gottfried

Wagener 一八三一－一八九二）が石炭窯（図15）を伝えた。実際にワグネルは有田で石炭窯を築いて実験もしている（有田町史編纂委員会一九八五）。『肥前陶磁史考』によれば、その場所は「白川稲荷神社の下場」であったという（中島一九三六）。遺構は確認されていないが、「ワグネルの石炭窯」として伝えられている木製の模型が残されている。すぐに石炭窯が登り窯に取って代わるということはなかったが、日本で化石燃料を用いた最初の窯であり、やがて石炭から重油、ガスへとエネルギーの主役が変化していく近代窯、現代窯の出発点である。また、ワグネルは他に染付の顔料である天然の「呉須」に代わる精製コバルトも伝えている。それまで「経験」に頼っていた技術について科学的知識による裏付けを行う姿勢を伝えた功績は大きかった。

　これらの三つの変革点の中で、肥前地域（図16）を「やきもの王国」に変貌させた技術導入は、二つ目にあげた朝鮮人陶工によるものであった。それまで日本では施釉陶器は瀬戸・美濃地方の特産であったが、朝鮮人陶工がもたらした新技術は肥前地域を瀬戸・美濃地方に並ぶ一大窯業地に押し上げた。特に肥前地域で焼かれ始めた磁器はそれまでの日本のやきものにはなかったものであり、窯業地としての肥前地域の地位を確固たるものとした。

　豊臣秀吉の朝鮮侵略の際に連れ帰られた朝鮮人陶工が開いた窯業地は肥前地域だけでなく、山口県の萩焼、福岡県の上野・高取焼、鹿児島県の薩摩焼など九州を中心に広く分布しているが、その多くは施釉陶器を中心に生産している。肥前地域においても有田、波佐見、三川内などの産地を除けば、多くの地域で施釉陶器、すな

図14　登り窯
（長崎県波佐見町畑ノ原窯跡）

図15　ワグネルの石炭窯
（有田町歴史民俗資料館）

図 16　「西海」の主要磁器窯跡分布図

図 18　移転前の「日本磁器始祖李参平公紀年碑」（韓国）

図 17　「陶祖李参平碑」（佐賀県有田町）

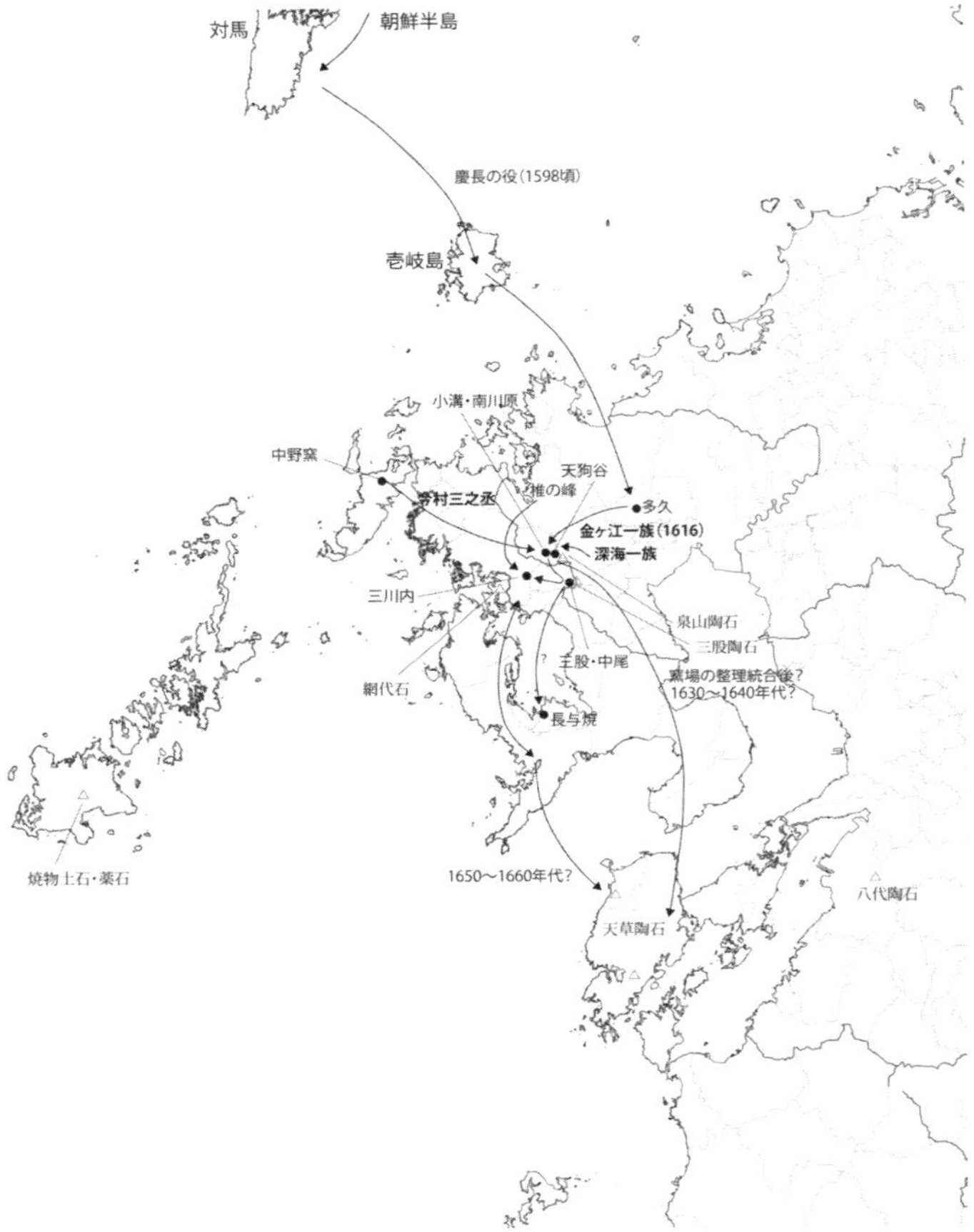

図 19　16 世紀末～ 17 世紀の陶工移動図［1］

わち肥前で言えば唐津焼の生産を行っていた。それだけ磁器の生産は空間的には限られていたものであった。

　日本における磁器の生産の始まりを語る時に、必ず登場する人物の名前が李参平である（図17・18）。江戸後期に彼の子孫が記した文書等に「李氏」[4]、「参平」[5]や「三平」[6]と書かれている人物である。日本名を金ヶ江三兵衛という朝鮮人陶工である。「高麗金ヶ江と申所之産ニ御座候由」[7]とあり、忠清道金江の出身とも言われるが、正確なところはわからない。慶長の役の際に連れ帰られているので、連れ帰った鍋島軍の行軍先を出身地としていることは確かであろう。すなわち、朝鮮半島南部の窯業技術をもたらした人物なのである。朝鮮半島から連れ帰られて、初めは多久（佐賀県多久市）に預けられ、伊万里の藤の川内を経て、有田あたりに移り住んでいる（図19）。

そして、李参平は有田焼の陶祖とされている。有田焼の創始ひいては日本磁器発祥の通説として知られる説は、「一六一六年に李参平が泉山磁石場を発見し、天狗谷窯を築いて磁器を焼いた」というものである。「一六一六年」、「泉山磁石場発見」、「天狗谷窯開窯」、「磁器の焼成」、それぞれ李参平の活動として何らかの根拠をもとにしているが、それらは磁器創始に関わるものではない。

まず通説にみられる「一六一六年」は次の古文書（『多久家有之候御書物写』有田町史編纂委員会一九八五）の内容に基づいている。

皿山金ヶ江三兵衛高麗ゟ罷越候書立

覚

一、某事、高麗ゟ罷渡、数年長門守様江被召仕、今年三十八年之間、丙辰之年ゟ有田皿山之様ニ罷移申候。多久ゟ同前ニ罷移候者十八人、彼者共も某子ニ御座候。（後略）巳四月廿日　有田皿屋三兵衛尉

文書が書かれた巳年（一六五三）の三八年ほど前の丙辰の年（一六一六）に李参平は有田あたりに移り住んだようである。つまり、一六一六年は泉山磁石場を発見した年でも天狗谷窯を築いた年でもなく、有田あたりに移住した年である。『今村家文書』には、正確な時期は不明であるものの、古い窯場の記録の中に「小溝山頭三兵衛」と

図 20　小溝上窯跡遠望（佐賀県有田町）

図 21　小溝上窯出土遺物

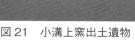

記されている。ここで言う「山」とは地形的なものではなく、窯場という意味である。小溝の窯場のリーダーが三兵衛（李参平の日本名）であったと伝わっているのである。そのため、李参平は移り住んだ当初は農業を営むとともに小溝窯（図20）で窯業を営んでいたと思われる。小溝窯は現在、小溝上・中・下窯の三つの窯跡が知られており、発掘調査の結果、陶器だけでなく、一六一〇年代頃から磁器を生産していたことが明らかになっている。磁器は染付が主体であり、完成されたものであった（図21）。李参平が移り住んだ頃は小溝窯などで磁器の生産をすでに行い始めた段階であった。

続いて、「泉山磁石場発見」と「天狗谷窯開窯」については、李参平の子孫が先祖の功績を訴え述べる次の古文書（『金ヶ江家文書』有田町史編纂委員会一九八五）の内容に基づく。

一、其砌皿山之儀は到而深山ニて、田中村と申、人家飛々有之、
纔之田畠ニて百姓相立居候由。其末右唐人御含ニより、段々見
廻り候処、今之泉山江陶器土見当り、第一水木宜故、最初は白
川天狗谷ニ釜を立、（後略）

泉山磁石場（図22）を発見した後、最初に築いた窯が「水木宜」すなわち、水と木に恵まれた天狗谷窯（図23）であると述べている。そして、「天狗谷窯開窯」＝「磁器の焼成」であることは、天狗谷窯の

図22　泉山磁石場（佐賀県有田町）

図23　天狗谷窯跡（佐賀県有田町）

発掘調査で出土した製品が磁器のみであることから明らかである。陶器は焼いていない。李参平の過去帳の記載には、「上白川三兵衛」とあり、墓石が天狗谷窯近くの白川墓地に残ることからも、ある時期に小溝窯のある旧有田町の西部地区から天狗谷窯のある白川山（上白川山）に移っていることがわかる。ここで天狗谷窯の操業年代をみてみる。発掘調査によると、天狗谷窯には少なくとも四基以上の登り窯が存在したことがわかっている。それらは同時に存在したわけではなく、Ｅ窯、Ａ窯、Ｂ窯、Ｃ窯の順に築いては壊し、壊しては築かれていった。いずれも磁器だけを生産している。そして、最も古いＥ窯の年代は一六三〇年代頃とみられている。Ｅ窯の窯内から寛永十六年（一六三九）銘の染付碗の文様とよく似たものが出土しているからである。李参平が有田あたりに移り住んでから、すでに二〇年ほどが経過してから築かれた窯ということである。つまり、天狗谷窯は、小溝窯などで磁器が焼かれ始めた後、泉山磁石場が発見されてから築かれているようであり、磁器発祥の窯ではないようである。

それでは、磁器を初めて焼いた窯でなければ天狗谷窯はどのような役割を果たした窯であったのか。天狗谷窯の重要性を示すのは、焼かれた磁器の年代ではない。つまり、どの窯よりも早く磁器を焼き始めたという技術的な功績ではない。「最初は白川天狗谷ニ釜を立」とあるように泉山磁石場を発見した後、最初に築かれたという点が重要なのである。泉山磁石場の発見以前の創始期の磁器（すなわち、小溝窯などで最初に焼かれた創始期の磁器）の原料は、泉山陶石ではなかった可能性が高い。泉山磁石場の発見によって、農業を行うことなく、陶器生産を行うことなく、磁器生産だけで産業として存続できることを初めて確信したのである。その確信に基づいて築かれた窯が天狗谷窯である。天狗谷窯は磁器を初めて焼いた技術的な記念碑ではなく、泉山磁石場の陶石の質と量から見積もって築かれた戦略的な窯なのである。産業の出発点としての画期となる窯であった。そのため天狗谷窯よりも前に小溝窯で磁器がすでに焼かれていたとしても、天狗谷窯の意義の大きさは変わらない。それゆえ、有田、特に内山の人々は泉山磁石場と天狗谷窯を有田内山の原点、有田焼の礎とみなしてきたのであろう。[8] 持てる技術の全てが表に現れるわけではない。必要のないもの、条件が整わないものは、技術があっても製品には反映されない。朝鮮人陶工の磁器の技術もそうであったのであろう。もともと

図24　李参平ゆかりの唐人古場窯跡
（佐賀県多久市）

図25　高麗谷窯跡出土磁器
（佐賀県多久市）

その技術を標準的に持っていたとしても原料がなければ作ることができない。どのような質と量の原料を見つけたかが重要であったのである。

　さらに近年、李参平が有田に移る前に住んでいた多久で磁器を焼いていたことが明らかになっている。李参平が関わったと伝わる当時の窯として、唐人古場窯（図24）、高麗谷窯などがある。いずれも陶器を主体に焼いた窯であるが、その中の高麗谷窯の発掘調査で「磁器」（図25）が出土したのである。観察する限り、白い陶器ではなく、磁器と考えてよいと思うし、他の窯からの持ち込みでもない。

　日本で初めて磁器を焼いた「栄誉」は、天狗谷窯から小溝窯へ移り、そして、現在、高麗谷窯に渡されようとしている。李参平の存在によって、有田は磁器発祥の地とみなされていたが、その存在ゆえに有田から多久へと塗り替えられようとしている。しかし、天狗谷窯の意義が減じられなかったことと同様に、有田が果たした歴史的な役割が小さくなったわけではない。当時の人々の視点に立ち返れば、その役割の大きさが見えてくる。

第2節　窯場の整理統合と陶工追放

　第1節で述べたように、朝鮮半島から伝わった技術をもとに、十七世紀初めに日本で最初の磁器が誕生した。現在の佐賀県の多久や有田あたりの地域である。いずれも有田焼の陶祖とされる李参平ゆかりの土地である。多久地域では、白磁製品が少量出土しているのみで、まだ試験的な生産にとどまっていたとみられるが、有田地域では

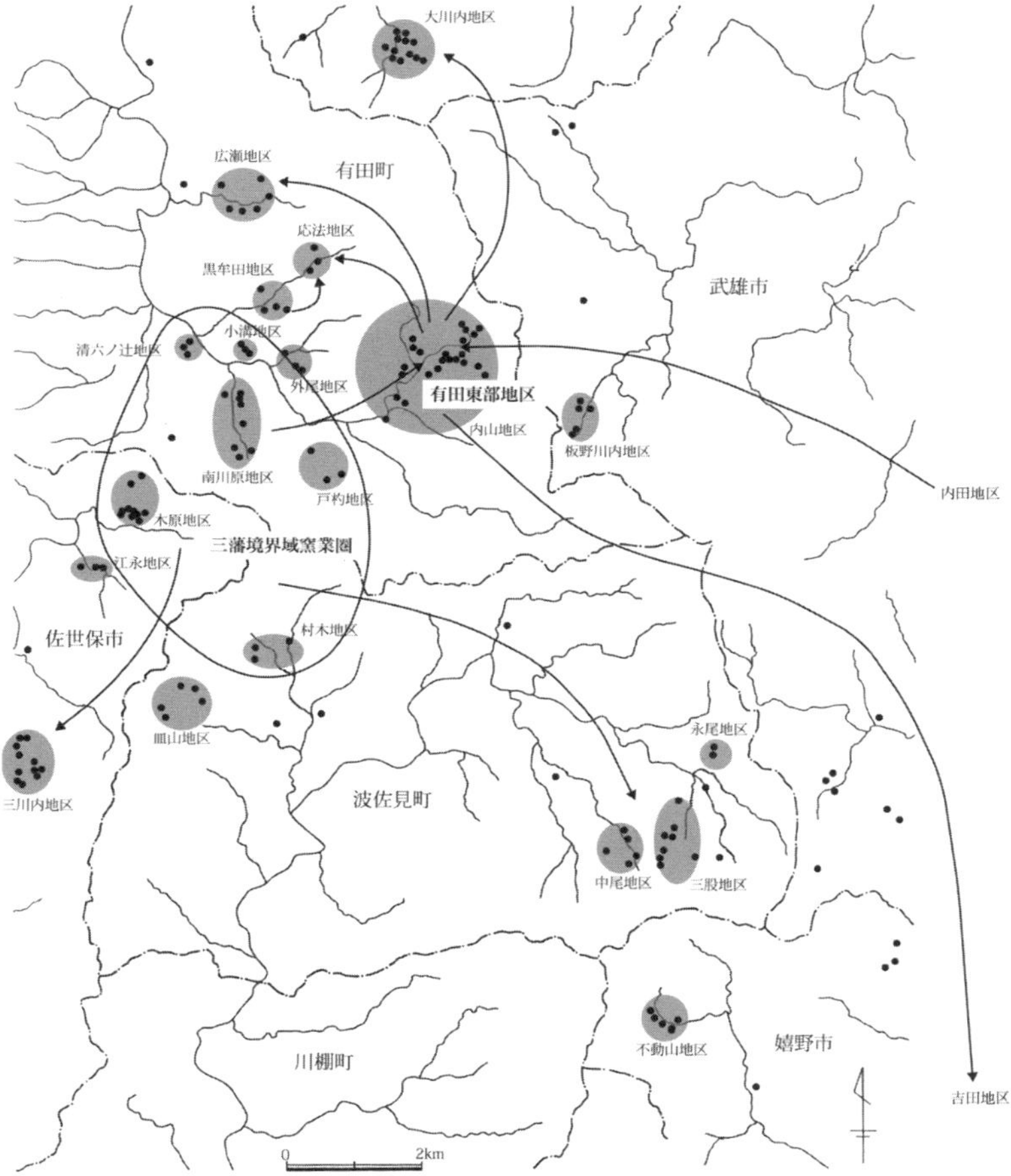

図 26　16 世紀末～ 17 世紀の陶工移動図［2］

中国風の染付製品が数多く生産されている。朝鮮半島の量産技術である目積みによる重ね積み技法も用いられている。

一六一〇〜一六二〇年代に有田西部地区（南川原、小溝など）で磁器が生産されるようになった頃、有田西部地区を中心として佐賀藩・大村藩・平戸藩の三藩の藩境付近に窯業圏が形成されていった（図26）。有田西部地区の先進的な技術が求心力となって、朝鮮人陶工だけでなく、多くの日本人陶工も集まり、窯業圏が拡大していった。それは藩境を越えて広がっていった。佐賀藩の隣藩の大村藩の波佐見でも陶器が量産され、磁器も少量ではあるが、生産されるようになった。波佐見焼の陶祖として李祐慶の名前が知られるが、今のところ実在したとする証拠はない。磁器を焼成した畑ノ原窯（図27）などが慶長の役直後に開窯したのであれば、大村喜前が連れ帰った朝鮮人陶工が開窯したとも考えられるが、[9] 一六二〇年代頃に開窯した窯であれば、必ずしもそうではなく、後から集まってきた陶工らによって開窯した窯である可能性もあろう。いずれにせよ藩境を越えた三藩の陶工らの交流が進んだ。窯跡から出土する陶器などは区別することが難しいほど、よく似ており、共通した技術で生産していた。

朝鮮人陶工に多くの日本人陶工が加わり、さらに窯業が盛んになる過程で、問題も生じてきた。焼き物を焼くには大量の燃料が必要となる。当時の燃料は薪である。燃料を確保するために周辺の山を伐り荒らす結果となったのである。今で言えば、森林破壊の環境問題であろうか。当時の薪は家庭の調理や暖房をはじめ、幅広い分野で主要な熱源であったため、環境だけではなく、エネルギー問題でもあった。そのため、半ば無秩序に拡大してきた窯場や窯業の発展を抑制する必要が生じてきた。その方策が窯場の合理化であった。寛永十四年（一六三七）佐賀藩は伊万里四ヶ所、有田七ヶ所の計一一ヶ所の窯場を廃止し、有田の東部地区（後の内山地区）（図28）を中心に一三ヶ所に統合したのである（図26）。その際、八二六人の日本人陶工を追放し、朝鮮人陶工についても他国から訪れ、家を持たない者は追放されている。

ここで八二六人の日本人をはじめとした陶工たちが追放されたことによる周辺の窯業地への影響を考えてみる。追放された人々がその後、どのような行動をとったかよくわからないが、伊万里・有田から追放された人々の中には窯業から離れたものや、各地の

図 27　畑ノ原窯跡（長崎県波佐見町）

図 28　有田内山地区（佐賀県有田町）

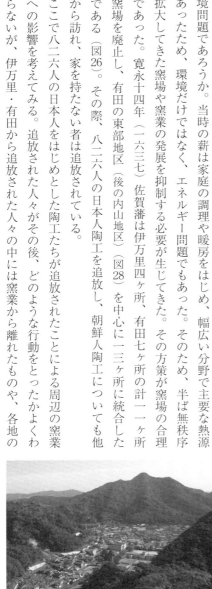

陶器生産の中に吸収された人々もいたであろう。中には磁器づくりの技術をもって他地に移ったものもいたとみられる。追放された先で彼らがやきもの作りを続けた場合、その土地に新しい技術が持ち込まれるか、生産規模が大きくなることなどが考えられる。あるいは新たな窯場が誕生することも考えられる。

まず寛永十四年（一六三七）前後に有田を離れたと伝えられる高原五郎七と今村三之丞の二人の陶工の動向をみてみよう。

① 高原五郎七の動向

高原五郎七は「名誉ノ焼物師」としてしばしば名前が現れる謎の多い陶工である。有田の『柿右衛門家文書』の六代柿右衛門の「口上手続覚」には、次のように書かれている（有田町史編纂委員会一九八五）。

一、高原五郎七と申す者、太閤の御家来に候て、朝鮮御渡海の砌、清正公御連れ越しなされ候由。右の者、大阪（坂）方没落の後、子細これあり、元和三年南川良へ罷り越し、其辺の川に明礬流れ居り候を見つけ、水上に上土これあり候と相考え、川筋に相伝い候処、泉山へ白土これあり候を見出し試み候ところ、南京白手の陶器出来立て、只今の通りの品を焼き出し、是迄相続罷在り候事

また、三川内の『今村家文書』には、竹（高）原五郎七は椎峰を経て有田の南川原皿山に移り、この年に「青磁」ができたことや今村三之丞が「白手焼物細工」を学ぶために五郎七の元にいたことなどが書かれている。泉山磁石場の発見、南京白手（磁器）の創始、青磁の開発など、有田焼の歴史上、重要な発見や開発の伝説にまつわる人物である。

そして、高原五郎七が有田を離れる様子を具体的に記したものもある。『有田皿山創業調子』の中の「源姓副田氏系図」の日清・副田喜左衛門の項に次のように書かれている（有田町史編纂委員会一九八五）。

内野山へ赴き、高原五郎七とて名誉の焼物師なりせば、段々手入れして弟子付き致し、数年随身しけれども、五郎七は一向に奥義を伝えず。其の後、有田岩谷川内へ移り青磁を焼き出し世上に発向す。（中略）然るに切支丹宗門御穿鑿きびしく、五郎七は邪宗門の聞こえこれあり、御捕らえあるよし承りつけ、前夜に逃げ去り、行くかた相知れず。青磁の諸道具を跡もなく谷に投げ捨て置きし（後略）

細かい信憑性に疑いがもたれる資料ではあるが、大園隆二郎が指摘した寛永十三年（一六三六）頃と推定されている藩主鍋島勝茂から多久美作守に宛てた「鍋島勝茂書状」（『多久家文書』佐賀県史料集成第八巻二二六、二二八）をみると、有田在住の「高原市左衛門尉」に切支丹の嫌疑がかけられている事実が記されており、大橋康二はこの「高原市左衛門尉」を高原五郎七と同一人物とみている（大橋一九九六）。切支丹の嫌疑がかけられ逃亡したのは事実のようである。

その後、高原五郎七の名前は、京都の金閣寺住持鳳林承章の『隔蓂記』の寛永十九年（一六四二）に「高原五郎七作之茶碗」や「茶碗五郎七焼」として登場している。逃亡に成功してからも焼物づくりを続けたとみられる。

② 今村三之丞の動向

今村三之丞は三川内焼の創始にまつわる人物である。慶長の役の際に朝鮮半島から連れ帰られた巨関の子である。『今村家文書』によると、慶長十五年（一六一〇）に生まれ、寛永十四年（一六三七）頃には三川内皿山代官を兼ねて棟梁を任じられ、元禄九年（一六九六）に死去したと伝わっている。その行動については、『今村家文書』の中に記されているが、後世の写本であり、原本が失われている。どのような状況で書かれたものか不明である。しかし、それでも書かれている内容は具体的であり、何らかの史実が形を変えながらも反映されているものであろう。『本朝陶器攷証』や『今村家文書』に書かれている三之丞の行動は以下のとおりである（平戸市文化協会一九九四、佐世保史談会二〇〇二）。

一、巨関ノ子三之亟（丞？）ト云者今ノ今村家ノ祖ナリ中野村土ノ宜シキを得サルヲ以領内所々ニ移リ（後略）（『本朝陶器攷証』）

三之丞平戸を出龍造寺領有田南川原江参ル寛永六年之頃ニ当ル　五郎七弟子と成逗留之内悴出生七才ニ相成候時有田黒髪山法印ニ預ケ
寛永六ヨリ慶安四迄唐津椎ノ嶺ゟ南川原迄之逗留凡二十年余ニ当ル
此間名を次郎兵衛と変ル
慶安四年之頃大村領三ツノ又来り逗留凡五年余
承応元ヨリ明暦二迄ニ当ル（『今村家文書』）

其後五郎七上方江罷登病死ニ付右三之丞大村領三ツノ又皿山取立逗留仕候内御国江罷帰候様と被召呼候ニ付早速ニ罷帰焼物釜芦ノ本釜塗立焼物仕候得共（後略）（『今村家文書』）

つまり、中野窯では良い原料を手に入れることができないので、領内を転々と移っている。そして、寛永六年（一六二九）頃に有田の南川原にやってきて、「名誉ノ焼物師」の高原五郎七の弟子となり、その後、慶安四年（一六五一）に波佐見の三股山に移り、「取立」を行うために滞在していたところ、帰国の命があり、平戸藩に戻ったという。三之丞は佐賀藩の窯場の整理統合の際、追放される条件は満たしている。日本人陶工ではないが、「他国から訪れ、家を持たない者」に該当するからである。かつ有田の南川原の窯場は寛永十四年（一六三七）の時点で廃止された七ヶ所の窯場に含まれていた可能性が高く、慶安四年（一六五一）まで有田に留まったとは考えにくい。また寛永十四年に三川内皿山代官を兼ねて棟梁を任じられたのが事実であればなおさらであろう。そのため、細かい年代の信憑性は高くないとみた方がよいかもしれない。前にも述べたように『今村家文書』は二次的な史料である。記述は具体的でとても興味深いものであるが、他の史料、あるいは『今村家文書』の文書同士においても内容に齟齬があるものも多く、どこまでが史実なのかよくわからない。それでもこれらの記載から寛永年間ぐらいまでは藩境を越えて陶工が往来していたことはわかる。そして、三之丞が有田の南川原や波佐見の三股山[10]と関わりがあったことまでは認めてよいかと思う。また高原五郎七がその名前にあやかるだけの名声のある陶工であったこともうかがい知ることができる。

その一方、三之丞の居住地が藩内であることを記したものもある。「二代目慶長十五庚戌年生　今村三之亟（丞？）正一　莜の本に父と共に元和九年より寛永拾年迄居住す寛永拾癸酉年針尾三ツ岳に於て良土を発見す（後略）」とあり、寛永十年（一六三三）まで平戸藩内の莜の本に居住し、磁器の原料となる陶石を探しあてたとしている。「五代弥次衛正幸書留置」にも、「一、三ツ岳網代を地土として色々工風をこらし漸くニ焼物色合等も宜敷ニ付藩主へ申上候処（中略）干（于？）時寛永丁丑年二代三之亟（丞？）正一書畄置（後略）」とあり、寛永十四年（一六三七）までには三ツ岳において原料を発見していることになる（平戸市文化協会一九九四）。同じ頃に三川内皿山代官を兼ねて棟梁を任じられたとされているのも三ツ岳網代の陶石の発見を受けてのことであろう。三ツ岳網代の陶石を発見しておきながら、その後、波佐見の三股山に逗留することは理解しにくい。技術習得と原料発見の二つの物語をそれぞれ関連づけることなく、書き留めたような感じにも見える。

このように少しあやふやなところがある伝承ではあるが、今村三之丞は唐津藩の椎の峰や佐賀藩の有田の南川原などで技術を習得し、その後は大村藩の三股山の操業にも参画している。一方で同じような時期に自藩の平戸藩では三ツ岳網代の陶石を発見し、平戸島の中野窯に関わり、三川内で皿山代官を兼ねて棟梁を任じられるという伝説的とも言える活躍をみせている。

以上、文献史料から佐賀藩の窯場の整理統合の頃の陶工たちの動向を垣間みたが、次に考古資料と合わせて一六三〇～一六四〇年代頃の窯場の様子をみてみよう。

図29　現在の中尾山の風景
（長崎県波佐見町）

図30　畑ノ原窯跡出土磁器

①有田と波佐見

前に述べたように『今村家文書』には、平戸藩の三川内焼の今村三之丞が波佐見の三股山や中尾山（中尾川内山）（図29）で活動していたことが書かれている。

大村藩では佐賀藩の窯場の整理統合のような政治的主導による合理化は行われていないが、結果的には有田と同様に、農業と窯業を切り離し、窯業の中でも陶器生産を切り捨てて、磁器のみを生産する体制に移行している。窯業の中心も磁器原料産地に近い三股に移り、特に青磁生産を中心に行うようになる。李参平、高原五郎七、家永正右衛門、そして、今村三之丞など今に名を残している陶工らは磁器の原料である陶石を探し求めている。磁器を焼きたかったのであろう。佐賀藩のように政治的に陶器生産を中止させなくても、磁器の原料の陶石が豊富にあれば磁器専業となることが経済活動上、必然的な流れなのであろう。

そして、波佐見の初期の磁器が焼かれた窯は、畑ノ原窯などがある村木地区の窯場である。いずれも一六二〇～一六三〇年代頃に操業された。発掘調査によって出土した製品の大半が陶器であり、磁器の割合は非常に小さい。また磁器の多くは白磁や染付製品である（図30）。

続いて原料産地に近い三股山に窯業の中心が移動し、三股古窯や三股青磁窯などが操業された。これらの窯では青磁が大量に出土しており、青磁を主体に生産していたことがわかる。また辰砂を用いた装飾も少なくない。村木地区でも畑ノ原窯・山似田窯・古皿屋窯から青磁が出土し、三股古窯や三股青磁窯と類似したものが発

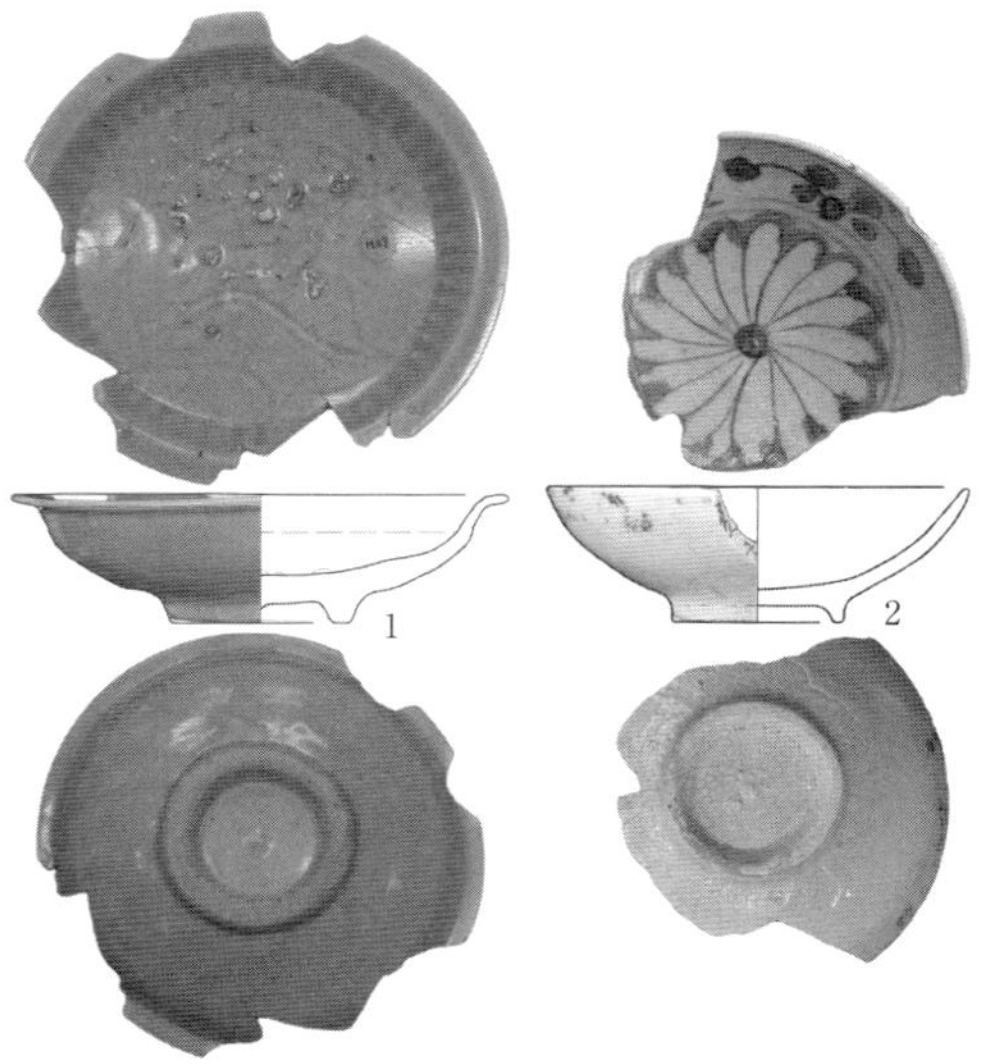

図31　三股古窯出土遺物

見されているものの[11]、全体として村木地区と三股地区の違いは顕著である。単純に村木地区から三股地区が移動しただけではないようである。三股地区で出土した染付の文様は有田の内山地区の製品のものと類似しており（図31）、また三之丞が師事していた高原五郎七は青磁を開発したと伝えられる人物である。『今村家文書』にある今村三之丞のように有田から波佐見に移ってきた陶工がいた可能性も考えられるであろう。

②有田と平戸

今村三之丞は、佐賀藩の窯場の整理統合で追放される陶工の条件には該当していたとみられるが、実際に有田を離れた時期や事情はよくわからない。『今村家文書』にあるとおり、有田の南川原で技術を習得した後、出奔したことになっているが、そのまま信用するのは難しい。佐賀藩の窯場の整理統合前後に三川内皿山代官に任じられているようなので、それまでには離れていたとみられる。

そして、佐賀藩の窯場の整理統合前後に、平戸藩では磁器の焼成が始まる。前にあげた文献にも寛永十年（一六三三）には針尾三ツ岳で陶石を発見し、寛永十四年（一六三七）には「焼物色合等も宜敷」までになっている。それでは一六三〇年代に磁器を焼いた窯はどこであったか。いずれにせよ三之丞が有田などで培った磁器製作の技術が生かされた窯とみられるが、候補として考えられるのは、平戸島の中野窯と三川内の長葉山窯である。

中野窯については、三之丞の行動のところでも触れたが、『本朝陶器攷証』や『壺陽録』に次のように書かれている（平戸市文化協会一九九四）。

肥前平戸
一、平戸領早岐郷三川内山陶器之草創ハ慶長三年朝鮮ヨリ御帰陣ノ節松浦式部卿法印鎮信熊川ノ陶器師巨関ト云者ヲ連レ帰リテ平戸島中野村ニテ始メテ陶器ヲ製セシム是ヲ中野焼ト云其風ハ高麗ノ風ナリ今其地ヲ称シテ皿焼ト云
（『本朝陶器攷証』）

（前略）又釜山浦より焼物師壱人召連られ高麗陶器作らしめたまふ中野村上椿村と云処高麗の土地に似たれはとて初て居着其後子供栄へ芦の浦にも居近代早岐へ移る今村弥次兵衛祖也（『壺陽録』）

つまり、朝鮮半島から連れ帰った陶工が初めて築いた窯である。そして、高麗陶器とあるので、当初は磁器ではなく、陶器を焼いていたというものであろう。そして、廃窯については、慶安三年（一六五〇）に三川内に移転したと伝えられている。

図32　中野窯跡（長崎県平戸市）

発掘調査では、皿焼窯と茶碗窯の二基の登り窯が発見されている（平戸市文化協会一九九四）。連房式階段状登り窯であり、窯構造や窯道具をみると、同時代の有田や三川内の窯と同様の技術で築かれ、焼かれたことがわかる。ただし、茶碗窯は他の肥前の窯と異なり、レンガ（トンバイ）を側壁にまで使用している（図32）。レンガを多用する中国系の技術導入も考えられるが、窯構造自体は他の肥前の窯と変わりなく、窯業技術というより建築技術としての導入とみるべきかもしれない。砂目積みの陶器皿など陶器製品もみられるが、いずれも磁器が主体である。磁器は白磁や染付が多く、黄釉・鉄釉の製品もある。皿焼窯では砂目積みの陶器皿が残り、一六三〇～一六四〇年代に多い天目形の碗がみられる。また、祥瑞の影響を受けたとみられる染

図33　三川内皿山（長崎県佐世保市）

付丸文、口紅（辰砂）の製品などは有田や波佐見では一六四〇年代頃に多いものである。一六五〇年代前後の有田の技術革新期の新技術についてみると、色絵やハリ支え技法[12]は確認できないが、糸切り細工技法[13]はみられる。ただし、白磁製品が多いので色絵を行っていた可能性がないわけではない。新技術が一般化していく過程の時期と考えれば、一六五〇年代に廃窯となったとみてもよい。

製品は全体的に上質である。原料の質の限界があるので、正確には上質であろうとした窯である。それは上級品に使うことが多い匣鉢（サヤ）[14]が多数みられることからもわかる。器壁も薄く、皿の底部の高台も広めである。裏文様を丁寧に描いたものもある。久村貞男は製品の特徴や窯規模が小さいことから藩直営の御用窯として差し支えないとしており、三之丞が中野窯を操業しながら他領へ出向を繰り返していたと考えている（佐世保史談会二〇〇二）。確かに平戸藩の御用窯を任せられるのは三之丞しかいなかったかもしれない。

一方、長葉山窯は三川内山（図33）にあり、1号窯と2号窯の二基の登り窯が発掘されている。1号窯が古いとされている。松浦藩主隆信が三之丞に長葉山に「藩製陶所」を設けることを命じて、椎の峰から福本弥次右衛門、山内長兵衛、前田徳左衛門の三人を招聘、さらに窯焼方として中里茂右衛門、口石長右衛門、金氏太左衛門、藤本治左衛門等があたったという（佐世保市教委一九九九）。1号窯の物原（失敗品の捨て場）の下層では陶器のみが出土し、上層では磁器も現れる。つまり、陶器だけを焼いていたが、途中から磁器も焼き始めている。出土している染付沢瀉文皿、染付柳文碗、染付山水文碗などは一六四〇～一六五〇年代の製品とみられ、一六五〇年代頃の染付日字鳳凰文皿もある。2号窯は染付見込み団龍文碗や染付見込み荒磯文碗など一六五〇年代後半以降の磁器が出土し、焼成室床面からは銅緑釉皿が出土しており、これは最終焼成時の製品とみられる。

ここで考古学資料からみた一六三〇年代前後の平戸藩内の磁器生産の変遷を整理してみると、まず一六三〇年代頃に中野窯の磁器窯としての皿焼窯などが開窯し、上質なものを目指した磁器生産を行っている。それは寛永十年（一六三三）の三ツ岳網代の陶石の発見を受けてのことであろう。それから陶器の量産をすでに行っていた三川内の長葉山窯でも一六四〇年代頃に磁器生産を始めている。長葉山窯では一六三〇年代まで遡るような磁器は見られないので、寛永十四年（一六三七）の「焼物色合等も宜敷」とある焼物については中野窯の磁器窯で焼かれたものであった可能性が高い。三川内での磁器生産が軌道に乗ると、上質な御用品を小規模な専用窯で焼くことを諦め、中野窯を移転させ、三川内三皿山（三川内・江永・木原）に窯場を集約させたと考えられる。十七世紀後半には染付見込み団龍文碗や染付見込み荒磯文碗など海外向けの製品を量産する一方で、三川内の伝代官所跡（図34）で出土した上質の製品のような御用品を焼くようにしたのである。

図34　三川内皿山伝代官所跡
（長崎県佐世保市）

本題の佐賀藩の窯場の整理統合によって追放された陶工が、平戸藩で窯業を続けたかどうかの問題に戻ろう。佐賀藩の窯場の整理統合が行われた一六三〇年代頃に陶工たちが大きく動いたことは確かである。平戸藩でも中野窯の磁器窯が開窯し、同時期に長葉山に「藩製陶所」が設けられ、他藩の陶工も招聘されている。しかし、これが佐賀藩の窯場の整理統合を契機とするかどうかはわからない。むしろ各藩での豊富な磁器原料の発見が契機となっている可能性が考えられる。豊富な磁器原料の発見についてはいずれも一六三〇年代前後であろうと考える。三ツ岳網代の陶石が寛永十年（一六三三）に発見されたと伝わっている。佐賀藩の泉山陶石、大村藩の三股陶石の発見年の記録はないが、一六三〇年代に開窯したと考えられる天狗谷窯が泉山磁石場発見後に最初に築かれた窯であれば、泉山磁石場の発見年も一六三〇年代から大きく遡るものではないであろう。三股陶石に

図35　三股陶石採石場（長崎県波佐見町）

しても三股山の開窯年代と離れるものでもない。

もう少し細かくみてみよう。波佐見の畑ノ原窯などで出土している型打成形による染付菊花形皿は、佐賀藩では有田の西部地区の多くの窯で出土している。藩を超えて技術や様式が共有されている。しかし、その生産量には大きな違いがある。畑ノ原窯などでは磁器は製品の全体の数《パーセント》を占めるに過ぎず、佐々木達夫は「肥前三藩の接点地域の磁器試作窯跡」の一つとしている（佐々木編一九八八）。その一方、佐賀藩では型打成形による染付菊花形皿は量産された製品の一つであり、例えば、迎の原上窯の最終段階の床上出土の製品五三点全てが磁器製品であり、その中の四一点以上が型打成形による染付皿である。遺跡内で出土した遺物四〇二点のうち、七〇《パーセント》以上は磁器製品である。すでに試作段階を経て、量産段階に入っているとみてよい。窯規模や窯構造などに違いがあるわけではなく、この差は単純に入手できる原料の差が反映していると考えられる。佐賀藩では泉山磁石場など豊富な原料の存在を背景に磁器の量産を始めた頃であり、大村藩では磁器原料を発見あるいは隣藩の佐賀藩から入手しながらの試作段階、そして、磁器の生産をまだ行っていない平戸藩では原料が発見されていない段階ではないかと思う。どの原料を使用したか厳密にはわからないが、現在、知られている各藩の磁器原料をあてはめれば、泉山陶石、三股陶石（図35）、三ツ岳網代陶石の順に発見されたことになる。三ツ岳網代陶石の発見が寛永十年（一六三三）頃であると伝わっていることは前に述べたとおりである。大村藩の三股陶石が発見された頃、平戸藩ではまだ陶石が発見されていなかったため、有田を離れた今村三之丞が自藩だけではなく、数年間、大村藩の三股山などに滞在したとも考えられる。

自藩でそれぞれ磁器原料が発見されたため、佐賀藩に領外から集まっていた人々がそれぞれ自藩に戻り、磁器の生産に取り組むことは自然な流れであろう。磁器原料の発見も窯場の整理統合も同じ一六三〇年代頃の出来事であるの

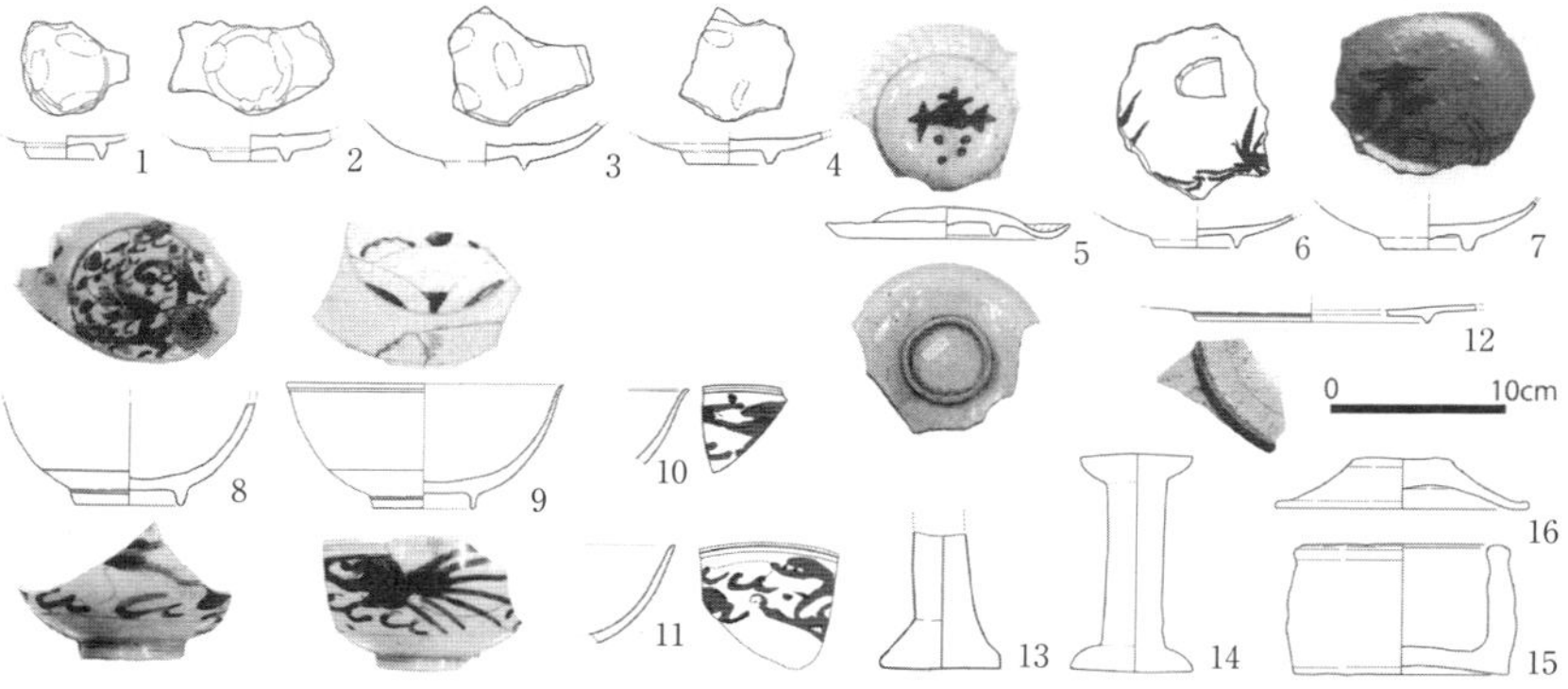

図36　天草楠浦窯出土遺物（中山2017）

で、どちらが契機となって陶工が移動したのかわからないが、両者が無関係であることはなかろう。佐賀藩の窯場の整理統合の要因は陶工が増加したことであったが、泉山磁石場発見自体が陶工増加の原因となったことも考えられる。産業の揺籃期のダイナミックな人々の動きを感じることができる。

③　肥前と天草

天草地方の陶磁器生産の始まりについて、中山圭は寛永十四年（一六三七）の窯場の整理統合や天草島原一揆後の天草荒廃との関わりの可能性を指摘している（中山二〇一七b）。現在、確認されている窯跡の中で最も古いものが天草下島中部の楠浦とよばれる地域にある楠浦窯である。発掘調査は行われていないが、十七世紀前半の唐津系の砂目積み陶器皿（図36－1～4）、型打ち成形による菊花形の染付皿が採集されている（図36－5）。有田西部地区では一六二〇～一六三〇年代頃にみられる組み合わせである。年代的には寛永十四年（一六三七）の窯場の整理統合によって追放された陶工らが移り住んでやきものを焼き始めたとして矛盾はしない。磁器の技術が初めて肥前地域の範囲を超えて島へ渡っている。

その他、楠浦窯では山水文小皿など染付や辰砂[15]で文様を描いた製品もみられる（図36－6・7）。寛永十四年（一六三七）の窯場の整理統合で廃窯したとみられる小溝上窯跡でも辰砂の製品は出土しているので、技術そのものは窯場の整理統合以前からあったものであるが、有田で辰砂が多用されるのはその後の一六四〇年代頃であり、山小屋窯などで数多く出土する。また、一六四〇年代頃に興った広瀬山でも辰砂の技法は多用されており、広瀬向窯跡から多くの辰砂の瓶をはじめ、小皿や小坏、鉢などが出土している。広瀬山は窯場の整理統合によって一度、縮小された窯業圏が一六四〇年代頃の磁器需要の増大によって拡大した際に興った窯場である。そのため、窯場の整理統合によって追放された陶工らがそのまま新たに窯場を築いたものではなく、統合された有田東部地区の窯場の陶工らも加わって始まったものである。中山は辰砂の製品などを前に述べた唐津系の砂目積み陶器皿、型打ち成形による菊花形の染付皿に続く製品と考えているが（中山二〇一七b）、年代的にも文様をみても妥当な考えであると思う。ちなみに辰砂の製品は前に述べた波佐見の三股山、平戸の中野窯でもみられるものである。

楠浦窯は、中山の指摘のとおり、一六三七年の窯場の整理統合によって追放された陶工らが移り住んで開窯した可能性が高いとみられるが、その後も一六四〇年代頃の辰砂の導入など継続的に技術と意匠の影響を受け続けたのであろう。ただし、それは有田や波佐見などの窯場との直接的な関係であったかどうかはわからない。有田と天草の間には長崎があり、長崎を介した間接的な影響関係であった可能性もあろう。

明から清への王朝交代の混乱に伴い、一六五六年には清によって海禁令が出される。肥前磁器にとって大量輸出時代の幕開けとなる。海外の需要の増大により、肥前の窯業は活況を呈したとみられる。窯業圏の中心である有田ではオランダ貿易を見据え、良質で多様な製品の量産が行えるように窯場の再編成が行われ、波佐見などでは窯場を増やして生産能力を増大させた。大量輸出時代の影響は肥前地域だけではなく、この天草地方の窯場にも及んでいる。前にも述べた楠浦窯跡、内田皿山窯跡（苓北町）、下津深江窯跡（天草市天草町下田北）などでは東南アジア向けの染付見込み荒磯文碗が発見されており（図36-9）、内田皿山窯跡では染付芙蓉手皿も出土している。肥前と天草、海を挟んでともに海外輸出時代を迎えている。長崎がそれをつなぐ役割を果たしたことは想像に難くない。

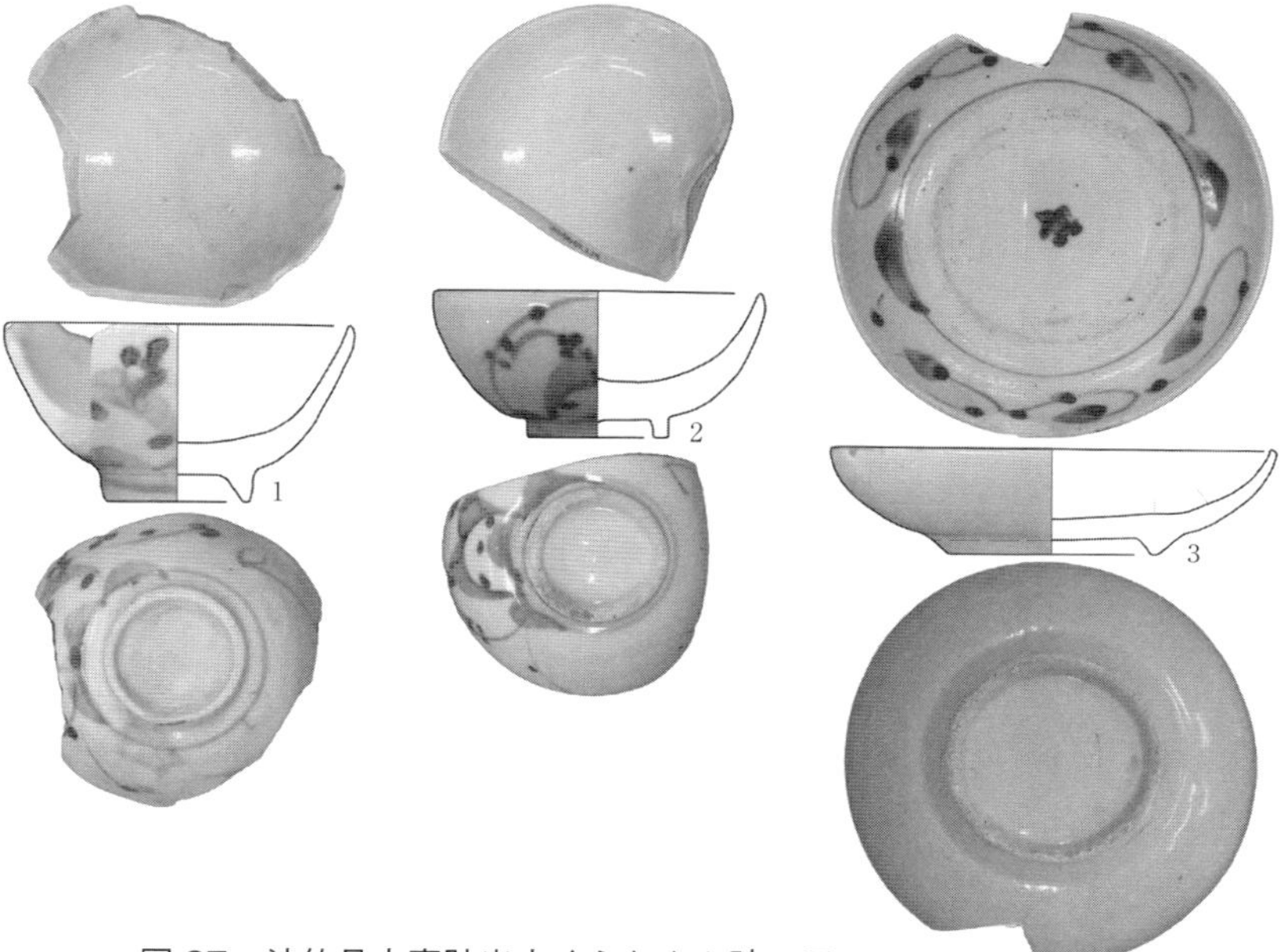

図37　波佐見古窯跡出土くらわんか碗・皿

第３節　原料産地の殖産興業

十七世紀末に鄭氏一派が清に降伏し、清が展海令を公布して海禁を解除すると、中国磁器の再輸出が本格化し、肥前磁器の輸出は大きく減退した。有田によるオランダ貿易は続くが、東南アジアを主な市場としていた染付見込み荒磯文碗などを中心に生産していた有田以外の窯業地の海外輸出時代は終わりを迎えた。その結果、国内市場の開拓に精を出すことになったのである。開拓といっても地理的に未開の地があるわけではない。その頃にはすでに北は北海道、南は沖縄まで肥前で焼かれた磁器は流通していた。市場の開拓は、これまで磁器を使用していなかった社会層への売り込みであった。そのため、波佐見などでは低廉な染付碗・皿を量産した。いわゆる「くらわんか」[16]と呼ばれる厚手で粗放な文様を描いた主に染付の碗や皿（図37）である。十八世紀は磁器使用が一般化していく過程の世紀と言える。十七世紀までは磁器は限られた階層を中心に使用される器物であったが、十八世紀には多くの人々が使用できるものとなり、そして、日用品化していった。

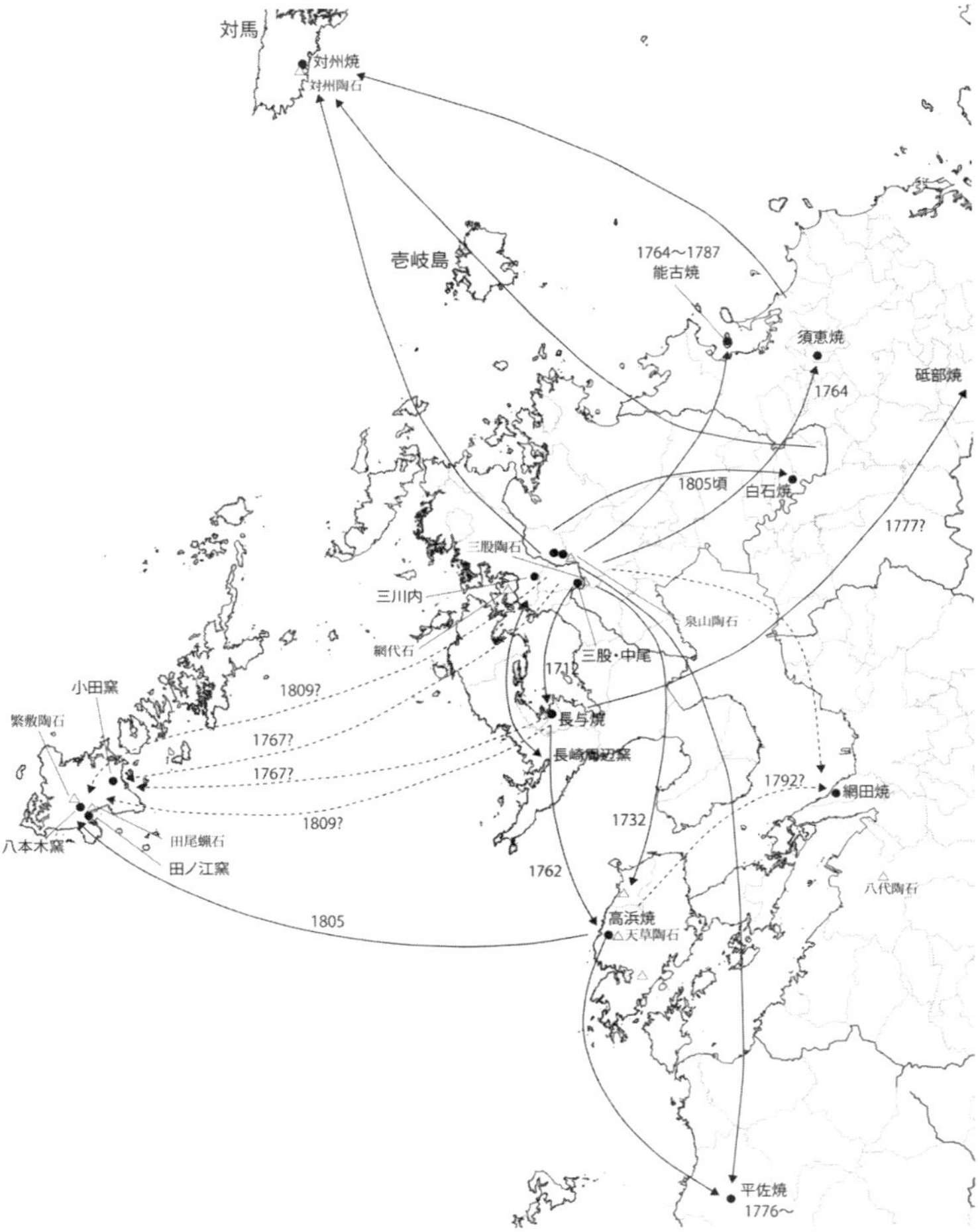

図 38　18 〜 19 世紀の陶工移動図

十七世紀にはほぼ国内市場を独占していた肥前磁器であったが、十八世紀には各地で磁器産地が生まれた（図38）。まだ市場における肥前地域の優位性を脅かすほどではなかったが、確実に肥前地域、特にその中核である有田や波佐見、三川内の独占的な立場は失われつつあった。市場の独占を支えてきたものは、その技術と原料であったが、それらを独占することが難しい時代になってきたのである。十七世紀にも九谷（石川県）や姫谷（広島県）など肥前以外の地に技術が渡り、窯場が興ったが、単発的なものであり、継続的な産地と

図39　長与皿山窯跡（長崎県長与町）

図40　高浜焼窯跡（熊本県天草市）

はならなかった。しかし、十八世紀に肥前の陶工が他産地に移り、技術を伝えた先は産地として存続していく窯場も少なくなかった。また、その多くが磁器の原料となる陶石を産出する地域である。まず同じ肥前地域内では長与皿山（長崎県長与町）（図39）の開窯について、『郷村記』によれば、次のように記されている（長与町教委一九七四）。

皿山之事（中略）其後正徳二辰年波佐見稗木場より太郎兵衛と云者当地へ来り此所へ皿山を立陶器を焼く（『郷村記』）

正徳二年（一七一二）に「陶器を焼く」とあるが、陶器と磁器を区別した上での陶器ではなく、「やきもの」の意味である。長与皿山は中尾土とよばれる陶石（あるいは陶土）を産出し、元禄十一年（一六九八）には現川窯に分売した記録も見られる[17]（長与町教委一九七四）。

また、天草地方の『上田家文書』[18]の「御改申上焼物運上金之事」に享保十八年（一七三三）のこととして次のように書かれている（池田一九八九）。

（前略）肥後国天草郡下津深江村焼物山、肥前国大村領三ツ又焼物師共、子丑弐ヶ年、年延奉願焼物仕候而茂、年柄悪敷渡世相成不申、去国元江罷帰焼物不仕候間、来寅年年延相止候様被仰付被下候（『上田家文書』「御改申上焼物運上金之事」）

すなわち、享保十七年（一七三二）より下津深江村（熊本県天草市）で波佐見の三股山

図 41 立亀焼窯跡（長崎県対馬市）

の陶工たちが焼き物を焼いたが、採算が取れず二か年で中止になったとある。さらに『上田家文書』には「當村皿山焼物仕立候初ハ去ル寶暦十二午年肥前大村領ゟ焼物師共雇入」（越中一九八九）とあり、宝暦十二年（一七六二）に大村領の陶工らを雇い入れて高浜焼が始まったことがわかる（図40）。天草地方は言うまでもなく、天草陶石を産出する地域である。

そして、五島でも磁器が焼かれた。『五島編年史』の明和四年（一七六七）の項には、『鶚山君御直筆御日記』の記録として「大村領ヨリ陶師来リ、福江小田ニテ焼物始マル、然モ永続セズ」と書かれている（中島一九七三）。同じく『五島編年史』の天和二年（一六八二）の「御掟書」に書かれた勝手に他領へ売り捌くことを禁止した特産品として、「楊梅の皮、焼物土石並薬石、ゆすぢう、たぶの木の皮、しいの木の皮、しきみの木の皮」などをあげている（中島一九七三）。五島藩にとって「焼物土石」、「薬石」が重要な産物であったことがわかる。これらの「焼物土石」、「薬石」の産地は特定されていないが、福江島内には繁敷や田尾、増田などに陶石や蠟石が産出する鉱山がある。

十八世紀後半には対馬でも磁器を焼き始めている（図41）。開窯当初の技術がどこから導入されたか明らかではないが、肥前系であることは確かであろう。少し時代は下るが、対馬で磁器を作り朝鮮半島への輸出計画を最初に出した荒川喜右衛門の子の近右衛門は、文政四年（一八二一）に「みずから肥前へ〔度々罷越〕、〔製作方〕ばかりか〔土性〕の吟味まで行ったうえ伊万里職人をよび作陶に及ん」でいる（泉一九九〇）。その他、単発ではあるが、各地の陶工を招いているようである。地名と人名をあげると、大坂出身の「皿山荒仕事功者」である伊三郎、平戸生まれの長次郎という「皿山仕事功者」、筑前の作兵衛という「皿山功者」、摂州の和吉という「磻造竈焼一躰全備之職人」、筑前博多の久助という「茶碗竈職方」（絵書）、平戸領早岐の豊次郎という「茶碗絵書職手馴候者」、田代（肥前田代領）より召し連れて来た浜崎五

図 42　砥部焼の産地（愛媛県砥部町）

図 43　砥部焼の陶片（愛媛県砥部町）

兵衛という「皿山仕事功者」などであり（泉一九九〇）、肥前だけでなく、筑前や大坂方面など各地の陶工が関わっている。そして、対馬も対州陶石の産地である。

続いて、九州地方だけでなく、四国の砥部（愛媛県砥部町）（図42）にも陶工が渡っている。大村藩の長与皿山の職人、安右衛門・さと・市次・政治・安平を雇い入れて磁器焼成を試みたという（波佐見町史編纂委員会一九七六）（図43）。砥部については天草と同様に砥石の産地として知られており、大坂の砥石問屋和泉屋治兵衛がこの原石の屑片を利用した磁器生産を考えたとされている（波佐見史編纂委員会一九七六）。

いずれも地元に原料産地を有し、肥前の技術を導入している。対馬の例を除いて、とりわけ大村領の陶工がよく登場している。佐賀藩と比べて大村藩の規制や管理は緩やかであり、技術の流出についても厳しい制限は認められないという[19]。大村領の陶工は特に一七六〇～一七七〇年代頃に他の窯場に技術を伝えている。高浜に招かれたのが一七六二年、砥部に招かれたのが一七七五年である。五島に大村藩領の陶工が招かれたのも一七六四年であり、比較的年代は近い。天草、砥部、五島はいずれも磁器原料を産出する地域であり、磁器が生活用品として浸透していくという共通背景に起因して、期せずして同じ頃に地元原料を生かした窯業を開始するに至ったことが考えられる一方、一七六〇～一七七〇年代頃には大村藩領の生産地側にも技術を外部に持ち出しやすい、あるいは持ち出すことを余儀なくされる事情があったことも考えられる。特に長与は長崎近郊に位置している。当時、長崎は海外への窓口であるとともに、国内各地をつなぐ結節点でもあった。この結節点を通じて、長与の陶工はその技術を携えて各地に赴いたとみられる。記録が残るものでは砥部も高浜も長与の陶工が関わっているし、五島もその可能性がある。磁器技術の伝播に大きな役割を果たしていることがわかる。

対馬の場合、大村領の陶工の関与が確認できないが、招いた陶工の記録が十八世紀ではなく、十九世紀のものであるため、より広域的に陶工が移動する時代であったからであろう。後述するように、十九世紀になると五島でも四国の讃岐から陶工を招いている。また「功者」という言葉が多くみられるように、単に磁器を焼くという技術ではなく、求める技術が異なっていたのかもしれない。

いずれの例も原料の存在が磁器産業を興す契機の一つであったことは確かであろう。自国の産物である「陶石」を生かして産業の振興を図ろうと、肥前の陶工を招いて磁器を焼かせたものである。その結果、肥前本土から天草、五島へと陶工らが技術を携えて「西海」を渡っている。

第４節　海を渡る陶石

磁器はどこでも作れるものではない。それは原料があるかないかにかかる部分が大きい。それゆえ名を今に伝える初期の有田の陶工らは磁器の原料を探し求めている。そして、佐賀県・長崎県下で利用された主な陶石は、泉山陶石（有田町）、三股陶石（波佐見町）、網代陶石（佐世保市）、対州陶石（対馬市）、五島陶石（五島市）などである。それぞれが近郊の磁器産地の原料となった。三股陶石は波佐見焼、網代陶石は三川内焼、対州陶石は対州焼、五島陶石は五島焼の原料である。「西海」にその鉱脈などが散らばっている。

天草高浜村（天草市）の上田家に残る寛政年間の『近国焼物山大概書上帳』（大橋二〇一〇）には、九州を中心とした窯場の製品の種類や特徴、窯や焼成室の数、使用している原料などが記されている。掲載された窯場の中の南京焼（磁器）の産地に限って、①地土（地元の原料）のみを使用する地域、②地土に天草陶石を配合して使用する地域、③天草陶石のみを使用する地域に分けると、以下のとおりとなる。

①地土（地元の原料）のみを使用する地域

有田内山（泉皿山、中樽皿山、上幸平皿山、大樽皿山、本幸平皿山、白川皿山、稗木場皿山、岩屋川内皿山、内野皿山、白焼釜皿山）、有田外山（外尾皿山、南河原皿山、黒にた皿山、応房皿山、廣瀬皿山、大川内皿山、市瀬皿山）、志さ皿山、中尾皿山、三俣皿山、長尾皿山、日向国皿山、對嶋国皿山

②地土に天草陶石を配合して使用する地域

弓野皿山、三河内皿山、長与皿山、稗木場皿山、黒崎皿山、須恵皿山、伊豫国皿山

③天草陶石のみを使用する地域

筒江皿山、志田皿山、濱皿山、吉田皿山、さざ皿山、川内皿山（平佐焼（図44）か）、大田皿山（網田焼か）、安芸国廣嶋皿山（江波焼か）

十八世紀末の段階は、地土のみを使用する地域は有田と波佐見を中心としたもので、その他は肥前の平戸藩の志佐（松浦市）以外、日向（小峰窯か）、対馬（対州焼）のみであり、やはり肥前以外の原料産地は多くない。朝鮮人陶工が北の海の回廊から渡ってきて集住した歴史的な結果と、天然の資源の恵みの重なりが一大磁器産地を生み出している。

地元に原料が存在することが磁器生産において重要であることは十八世紀においても同様であるが、一方で良質な磁器の原料が商品化していくのもこの時代のことであった。現在の肥前磁器の原料の大半は天草陶石である。天草陶石が商品として流通し、多くの窯場がその質と量を頼りにするようになるのが十八世紀であった。

図44　平佐焼窯跡（鹿児島県薩摩川内市）

図 45　志田西山窯跡（佐賀県嬉野市）

天草陶石の使用の開始について、肥前では正徳二年（一七一二）に始まると言われている。『肥前陶磁史考』には、その年に木原山の擔當者横石藤七兵衛が天草島の下津深江から早岐の問屋へ砥石として入荷していた石を磁器の原料として試したことに始まるとある（中島一九三六）。しかしながら、天草地方では十七世紀前半には磁器生産を開始し、十七世紀後半には海外輸出も行っているので、現在の鉱脈ではないにしてもその頃にはすでに現地で天草島の陶石は使用されていたのであろう。そして、前に述べたように宝暦十二年（一七六二）には高浜焼が始まり、明和八年（一七七一）に天草郡代に提出した建白書『陶器工夫書』の中で、平賀源内は、天草陶石に対して「天下無双の上品」と最大級の賛辞を与えている。

十八世紀末になると、『近国焼物山大概書上帳』でみたように、天草陶石は肥前以外の九州地方の福岡県、熊本県本土、鹿児島県、中国地方の広島県、四国地方の愛媛県に流通し、肥前でも磁器原料に乏しい武雄、嬉野、鹿島などはもちろん磁器原料が豊富であった三川内や波佐見の一部にも天草陶石は出回っている。すでに地元の磁器原料の有無が産地の形成を決定づける条件ではなくなってきている。天草陶石は、「西海」を渡るだけでなく、「西海」から玄界灘、響灘を経て瀬戸内海に運ばれている。また、有明海を通して東側から肥前にもたらされた。それは陶石というモノの販売にとどまらず、原料に対する鑑識眼を伝えた。陶石の見返りに技術や知識が天草に集約されるようになると、天草が技術を伝える側にまわるようにもなった。それについては次節で改めて述べることにしよう。

天草陶石の商品としての流通は、磁器生産圏の拡大だけではなく、肥前地域内の生産バランスにも変化を起こした。すなわち、「大外山」[20]の志田地区の窯場の急成長である。志田地区は、志田東山と西山（図45）に分かれ、それぞれ佐賀本藩の大外山や支藩に属する皿山であり、もともと磁器の原料に乏しい土地であった。ここで有田地区の内山と外山、そして、それ以外の大外山について少し説明を行うと、有田地区は、有田焼生産の中核を担う内山と、それぞれ個性をもちながら内山の周囲に点在する外山に分けられる。泉山陶石でも良質なものを内山で使用し、外山では一部の窯（藩窯の大川内山など）を除いて内山より質の劣るものを使用していた。そして、大外山は泉山陶石の使用そのものが制限された窯場であった。志田東山は佐賀本藩であっても大外山の窯場であり、志田西山はそもそも佐賀本藩ではなく、支藩の窯場であることから、泉山陶石の使用ができなかった。そのため、「大外山」の窯場では質がかなり劣る磁器を生産するか、陶器を生産するほかなかったのである。

しかし、前に述べたように、「天下無双の上品」である天草陶石が流通し、磁器原料に乏しかった「大外山」の窯場にも泉山陶石以上の品質をもつ磁器の原料を入手できるようになった。明和四年（一七六七）の上田家の記録によると、すでに「しだ皿山」では天草陶石を使用している。天草陶石の産地から志田地区へは天草西岸沖を北上し、橘湾から島原半島を回り込んで有明海に入り、塩田川を遡れば辿り着く。天草陶石を入手する上で、肥前地域の中では最も有利な位置にある窯場の一つであった。原料を確保した志田地区の窯場は、全国販売網をもつ筑前商人とつながる伊万里商人との結びつきをもつようになった。志田西山に残る文久四年（一八六四）の石碑（図46）には伊万里商人横尾武右衛門の功績が以下のように刻まれている（前山一九九〇）。

図 46　横尾武右衛門顕彰碑
（佐賀県嬉野市）

この西山□陶器を商ゐそめし文化乙丑としならん、（中略）世に広く陶器の運路を開き、（中略）当山産物の弘まりしは全恩沢の至り也（後略）

つまり、文化乙丑（文化二年［一八〇五］）に伊万里商人の横尾武右衛門が販路を開いたことで、志田西山の焼物が広く流通するようになったとある。横尾武右衛門は筑前商人の本拠地（図47）の一つであった芦屋（福岡

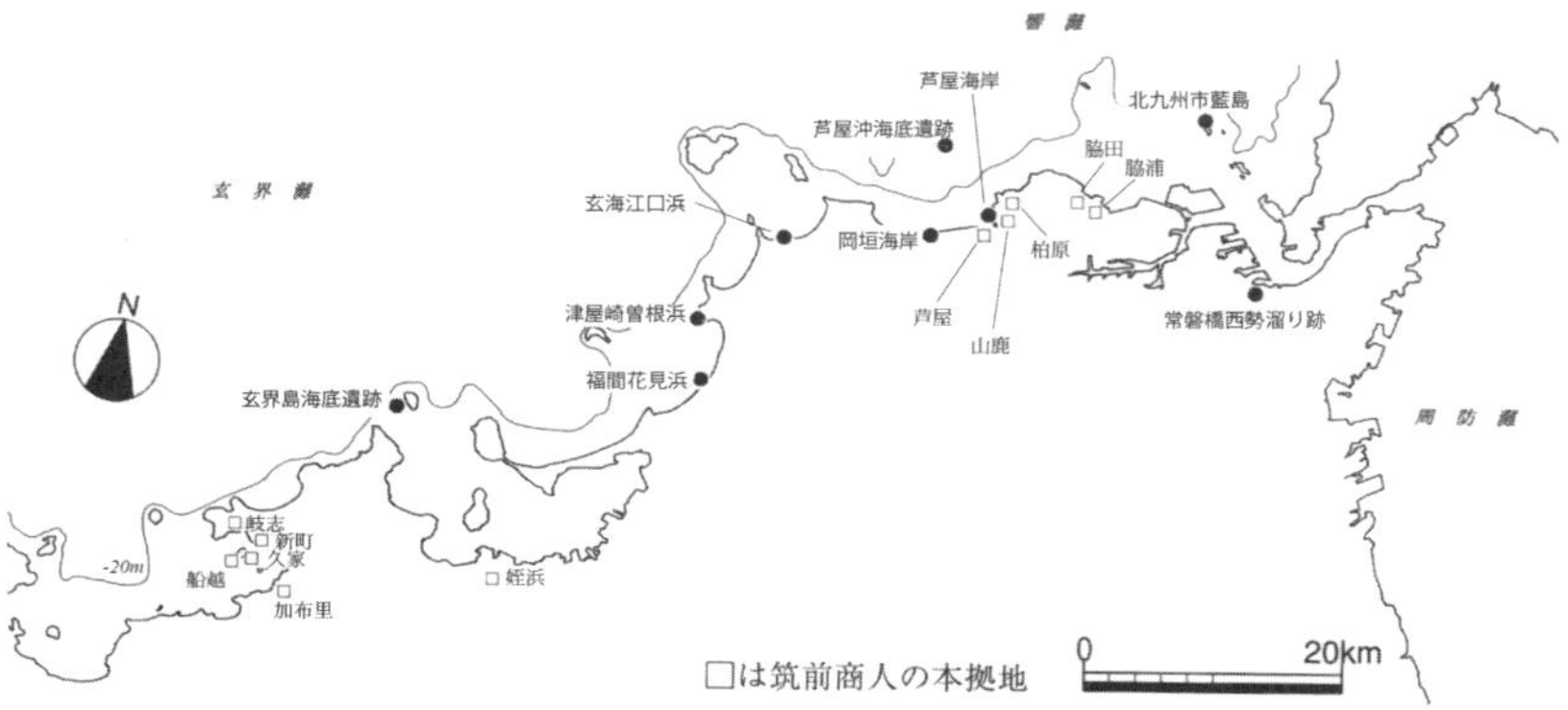

図 47　筑前商人の本拠地と海底・海岸遺跡位置図

図 48　岡湊神社の石灯篭（福岡県芦屋町）

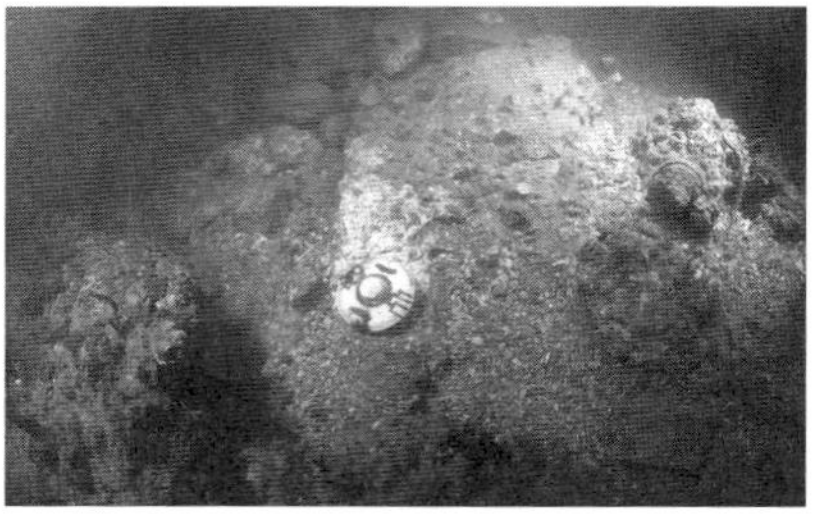

図 49　芦屋沖海底遺跡（福岡県芦屋町・岡垣町）

図 50　芦屋沖海底遺跡引き揚げ陶磁器

県芦屋町）の岡湊神社（図48）や神武天皇社の石灯籠にも奉献者として名前が刻まれている。全国販路を有していた筑前商人との結びつきがあったことがわかる。つまり、志田西山－伊万里商人－筑前商人－全国市場という流れで志田西山の磁器が運ばれていた。その途上の遺跡が芦屋・岡垣沖の水深二〇数メートルの海底にある（図49）。ナカテとよばれる海域の海底の岩場で十九世紀前半の志田焼の小皿・中皿が有田焼の大皿などと一緒に発見されている（図50）。有田焼などを販売していた伊万里商人が志田焼も扱うようになり、それらを筑前商人が買い積みし、北部九州沖を東に向かう途中に海難に遭遇し、沈んだものとみられる。

　原料と販路を手に入れた結果、志田地区の窯場は大きく成長している。寛政二年（一七九〇）の志田皿山の絵図には二基の登り窯しか描かれていなかったが、幕末の絵図には志田西山に本登（二一室）と新登（一五室）の二基の登り窯、志田東山に三基の登り窯（焼成室五二室）が描かれており、五基の登り窯、八八室の焼成室を数えるまでになっている（小木ほか一九九四）。

この幕末の志田焼が大量に出回ったことで産地誤認を生み出すことにもなったようである。陶磁器コレクターの中では志田焼の製品を同時代の広島県の江波焼と考える人たちもいた。江波焼は幕末から明治期にかけて焼かれた焼き物であるが、窯跡も埋め立て等によって失われており、具体的な製品はよくわかっていない。それではなぜ志田焼の製品を江波焼と認識するようになったかであるが、おそらく広島近辺にも大量に出回るようになった志田焼が数多く地元に伝世したことで、地元の江波焼と誤認されるようになったのではないかと思う。こうした産地誤認は後に述べる五島焼においても同様のことが起きているようである。それだけ志田焼が大量に流通していたということであろう。

最後に「西海」を運ばれた原材料は、天草陶石だけではない。五島の資源も海を渡っている。五島の「焼物土石」や「薬石」が重要な産物であったことは前に述べた。幕末には「五島土」が有田でも使用されている。『肥前陶磁史考』によれば、久富与次兵衛昌常は、初めて泉山の磁石に、天草石を混用して試し焼きを行っており、彼は五島土の使用も行っている（中島一九三六）。

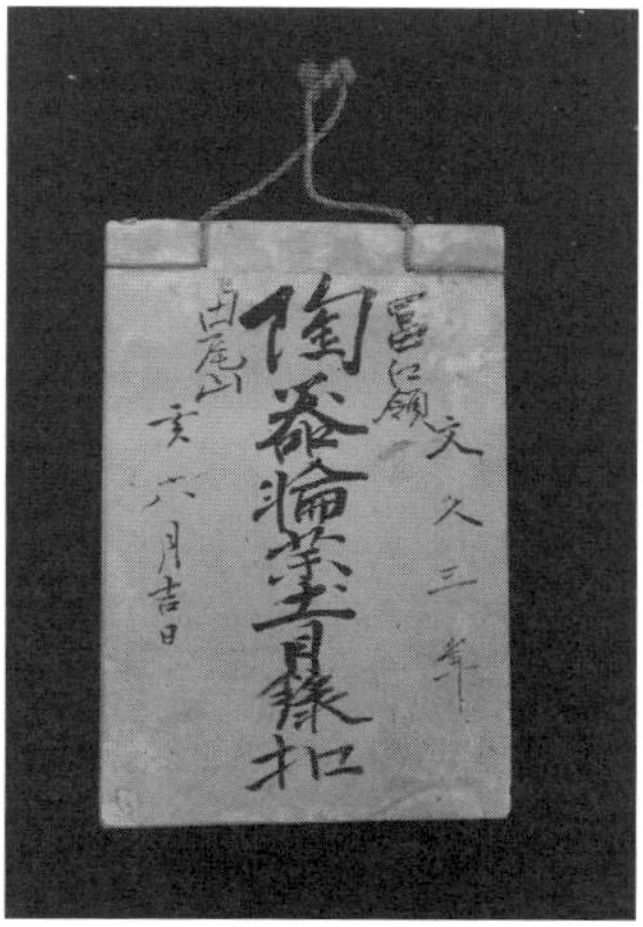

図51　冨江領田尾山陶器輪薬目録扣
（佐賀県立九州陶磁文化館蔵）

さらに波佐見でも五島の釉薬土が使用されたことを示す文書が残る。表紙に「冨江領田尾山陶器輪薬土目録扣　文久三年亥六月吉日」（一八六三）、裏面に「朝永清蔵」と記された目録の控え（佐賀県立九州陶磁文化館蔵）である（図51）。朝永家は波佐見焼の積出港の一つである川棚（長崎県東彼杵郡川棚町）の海運・酒造等を営んだ豪商である。田尾山は五島市田尾郷にあり、その陶土（釉石か）を波佐見の皿山に運んだ記録と考えられている。田尾鉱山は、五島鉱山とともに蝋石鉱山として知られている。

第5節　島と島の交流―五島焼―

十八世紀には天草陶石の普及に伴い、肥前以外でも磁器生産が継続的に行われるようになるが、まだ肥前磁器の地位を脅かすほどではなかった。しかし、十九世紀になると、全国各地で磁器の生産が行われるようになった。特に大窯業地であった瀬戸・美濃地方で磁器生産が始まったことで、肥前磁器の独占状態は実質的に終わりを告げる。

瀬戸焼の磁祖とされる人物は加藤民吉（一七七二～一八二四）である。民吉は磁器製法を学ぶために享和四年（一八〇四）に九州に向かうが、最初に逗留した場所は天草であった。加藤民吉は天草や佐々などに滞在し、肥前磁器あるいは肥前系磁器の技術を習得して、瀬戸にもたらしたとされる。天草では肥前系の磁器である高浜焼を焼いており、佐々では天草陶石を用いて磁器を焼いていた。もはや天草は単なる磁器原料である陶石の供給源というだけでなく、各磁器産地の情報を収集し、同時代の技術を俯瞰する立場にあり、さらには他産地に技術を伝えている。例えば、薩摩の平佐焼などの場合、陶石とともに技術も伝えている（渡辺二〇二二）。時には長崎を舞台に海外輸出も試みている。

そして、天草の高浜焼から陶工を招聘して開かれた窯場の一つが五島列島の福江島にある。次に西海を越えて天草などの技術が伝わり、興った五島列島の福江島の窯場をみていく。

1　近世五島焼

近世五島焼は、五島列島で焼かれた近世陶磁器を指す。現代陶芸としての五島焼とは直接の歴史的、技術的な繋がりはない。そして、五島列島の多くの島で陶磁器が生産されたわけではなく、江戸時代において陶磁器生産が確認されている島は福江島のみである。

福江島は、北東から南西の方向に配列された五島列島の南西部に位置し、この列島の中で最も大きな島である。海岸

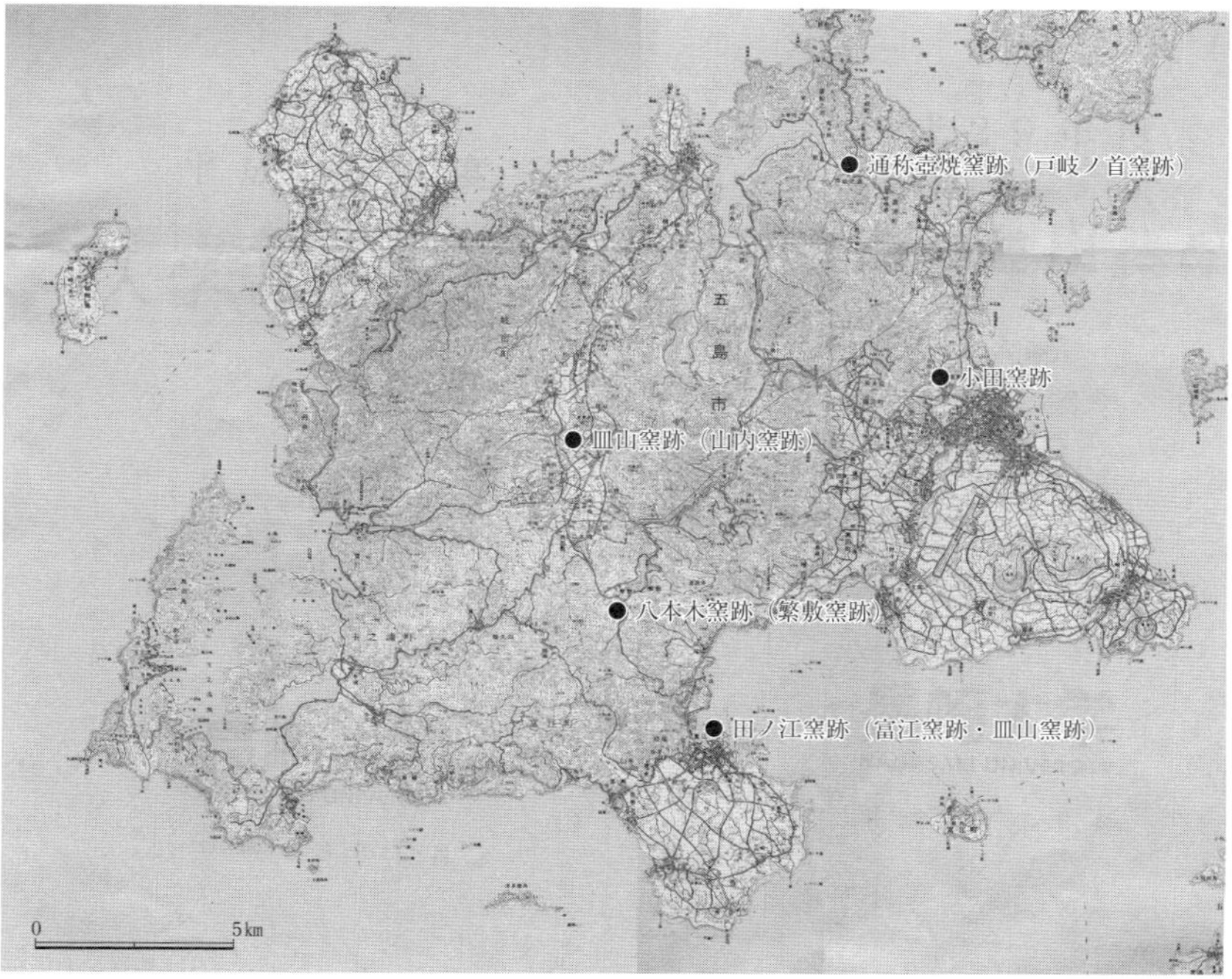

図 52　五島焼窯跡位置図

線はリアス式海岸で入り組んでおり、陸地は山林が多く、平野に乏しい島である。江戸時代、福江島は福江藩に属し、五島氏が治めていた。初代藩主は五島玄雅であり、十一代藩主の盛徳の時に明治維新を迎えるが、その間に寛文元年（一六六一）、藩主盛勝の時に後見人の叔父盛清に三千石が分知され、富江領が成立している。富江領八代当主の盛明の時に福江藩に併合されたが、その際には武装蜂起による抵抗が見られた。いわゆる富江騒動である。

本節では、福江藩と分知された富江領を区別し、両方を含む藩全体を指す場合は五島藩領と便宜上、呼ぶこととしたい。

2　近世五島焼の研究史

近世五島焼は、福江島の福江藩領、富江領のいずれの領地においても生産されているが（図52）、近世五島焼に関する資料は決して多くない。近年まで考古学的調査はほとんど行われていなかったと言って良いし、文献史料もまた多くは存在しない。中島功が著した『五島編年史』などに断片的な記載が見られる他（中島一九七三）、天草地方の『上田家文書』など他地域に残る文献が確認されているぐらいである。研究材料に恵まれたものではないが、まずは文献史料を元にした先行研究を中心に紹介していこうと思う。

五島焼の創始については、豊臣秀吉による朝鮮出兵に参加した五島純玄・玄雅が朝鮮人陶工を連れ帰ったことに始まると言われたこともある（郡家ほか一九八〇）。しかし、それを裏付ける資料はもちろんそうした史実をうかがわせるものもない。おそらく肥前本土各地の窯場が朝鮮人陶工の関与で成立したとされることから同様の経緯が推測されたのであろう。あるいは「文禄・慶長の役に従軍した諸将が連れ帰った朝鮮の陶工が、後年五島に配されて各地に焼窯が作られ、陶磁器が焼かれた」（岐宿町二〇〇一）と書かれたものもある。しかし、これもまた現実的な話ではない。次に述べるように、文禄・慶長の役と五島焼の開始の年代に大きな開きがあるためである。

下川達彌は五島における陶磁器生産の開始について、肥前陶磁の生産開始から一五〇年から二〇〇年ほど遅れて始まっているとし、その理由として大陸に非常に近い位置にあるために、大陸系の陶磁器の入手が容易であったことや朝鮮に出陣した五島純玄が文禄三年（一五九四）に朝鮮の陣中で亡くなったために陶工を連れて帰るような状況になかった可能性を挙げているが（下川二〇〇一）、陶磁器の入手が容易であったことを示す証拠や状況を示すものはない。その他に陶磁器の生産開始が遅れた理由については、郡家真一らは自領内における消費の限界と、領外への販路の開拓の困難さ、さらに有田や波佐見などの大生産地から容易に製品が持ち込まれていたことが原因であろうと指摘している（郡家ほか一九八〇）。

そして、藩と窯業との関わりを示す最も古い史料は、生産そのものではなく、陶土など原料に関するものである。前にあげたように勝手に他領へ売り捌くことを禁止した特産品として、「焼物土石並薬石」などをあげている。十七世紀末に陶磁器が生産された形跡は今のところ、確認されていないが、少なくとも磁器の原材料に関する知識はあったとみられる。

五島にはもともと陶磁器を焼く技術がなかったため、製陶技術は肥前本土や天草から海を越えてやってきた陶工らによってもたらされたものであった。五島焼で最も古い窯として知られているのは小田窯である。肥前本土の大村領から陶工が渡ってきて始まった窯場である。前にも述べたように、この窯については『五島編年史』の明和四年（一七六七）の項に記載がみられる。すなわち、「大村領ヨリ陶師来リ、福江小田ニテ焼物始マル、然モ永続セズ」（『鶚山君御直筆御日記』）とある記載である。「福江小田」は福江藩領内の窯である。大村領の陶師については、どこの窯場の陶工であるか、不明であるが、波佐見か長与かいずれかであろう。藩内で産出する磁器原料を生かすために技術導入を図ったものと推測される。

富江領内で最も古い窯として確認されているのは八本木窯である。この窯は天草高浜焼の技術を導入して成立した窯であり、開窯の経緯については詳細な史料が残る。文化二年（一八〇五）に富江領の六代当主の五島伊賀守運龍が天草の高浜村庄屋七代宜珍の弟上田定胤（礼作）を招聘して焼かせたことが記録として残されている。そして、越中哲也（越中一九八九）、吉永陽三（吉永一九八八）、下川達彌（下川二〇〇一）ら多くの研究者が、富江に残る田ノ江窯がこの窯に該当するものとしている。一方、『富江町郷土誌』は文化二年に五島運龍に上田礼作、五太夫兄弟が招聘され、陶山が開発されたのは八本木窯であることを示し、田ノ江窯より八本木窯の開窯が早いとする（富江町郷土誌編纂委員会二〇〇四）。『富江町郷土誌』には、以下の文献史料の記述をあげている。翻刻文は平田正範による（平田一九八九、一九九〇、一九九八）。

文化二年四月三十日
一五嶋富江御用人松園多門左衛門様　今晩当地江御着船之由
五月一日
一松園多門左衛門様御見舞　足軽相河伴右衛門殿
一夕方松園氏案内

五月二日
一松園氏御出　礼作五太夫へ　陶山并開発方御頼被成度為　工人壱人画工両人荒獅子（荒使子の意か）両人遣呉候
　様御頼
五月三日
一松園氏　皿山御見物ニ御越
五月五日
一松園様麻上下御着用　当日礼ニ御出
閏八月九日
一礼作駿平五太夫　并細工人崎蔵　絵書兼四郎種蔵　荒獅子平蔵九郎七政倖万次　五嶋行　源吉舟ゟ
一槍柄木壱本鰹節一連　外ニ書状一封　右松園多門左衛門様江進物
一瓜鉢一枚　外ニ書状一封　右瑞雲寺方丈へ進物
右の通遣候

つまり、文化二年（一八〇五）四月三十日に五島藩富江領の御用人である松園多門左衛門が天草を訪れ、上田礼作・五太夫に陶山開発を依頼しており、同年の閏八月九日には上田礼作・駿平・五太夫が細工人、絵書、荒使子らとともに五島に出向いていることがわかる。富江領内で窯が築かれるのは、これ以降である。なお、招聘のきっかけになった出来事として、終章第4節で述べる「宗門絵板」紛失事件をあげている。さらに礼作らの五島行きについては次の記録も見られる（平田一九八九、一九九〇）。

文化四年八月十二日

一礼作五嶋行出帆　家内不残乗船
八月廿八日
一五嶋行源吉舟帰帆　五太夫ゟ書状壱封　礼作ゟ素八行一封　外ニ跡付壱箇到来　礼作共当廿一日富江江着　同所江一宿　繁宿村江引越候由　源吉舟同所ゟ昨廿七出帆　今日帰着

文化七年二月廿日
一順宝丸五島行出帆
但新酒廿八挺積入
礼作五太夫方へ
和紺青七斤外三斤ハ旧冬五太夫帰ニ遣ス
都合拾斤皿山為取付近候段懸合遣ス

文化四年（一八〇七）八月十二日に五島に向けて出帆し、富江を経た後、繁宿（繁敷か）に引越していることがわかる。開窯にあたっては一定の準備期間も必要と思われ、本格的に窯が稼働し始めたのは、この頃であるかもしれない。なお、後で述べるように文化四年の暮れから礼作の故郷の天草の高浜では疱瘡の流行に伴い、文化五年に野崎島の沖ノ神嶋神社に御祈祷を依頼することとなり、天草から野崎島に依頼に行くものたちに礼作らへの手紙を託している。また、文化七年（一八一〇）の日記には「皿山」の文字が見られることから、文化七年には操業していたとみられる。そして、礼作が引越した先については、八本木窯の窯場を描いた絵図にも描かれており（図53）、「禮作」と記された家屋が見られる。絵図の中では最も大きな家屋として描かれている。絵図は包みに「五島冨江　八本木皿山　繁鋪開発場　繪圖　文化七午年五月　上田禮作記」、裏面に「文化七年記　五嶌冨江　八本木皿山　繁鋪開場　繪圖」とあり、文化七

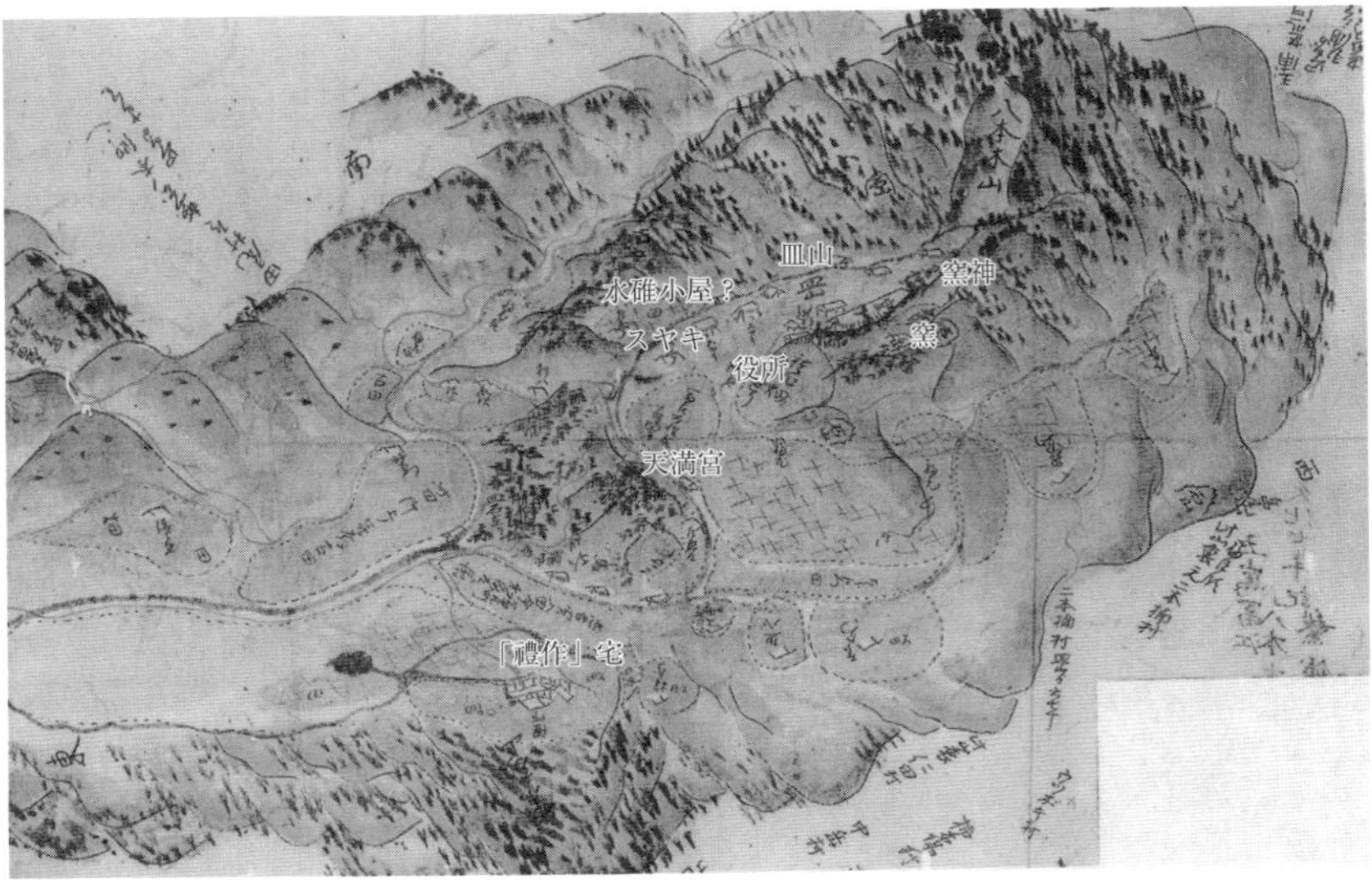

図 53　八本木皿山絵図（上田家資料館）

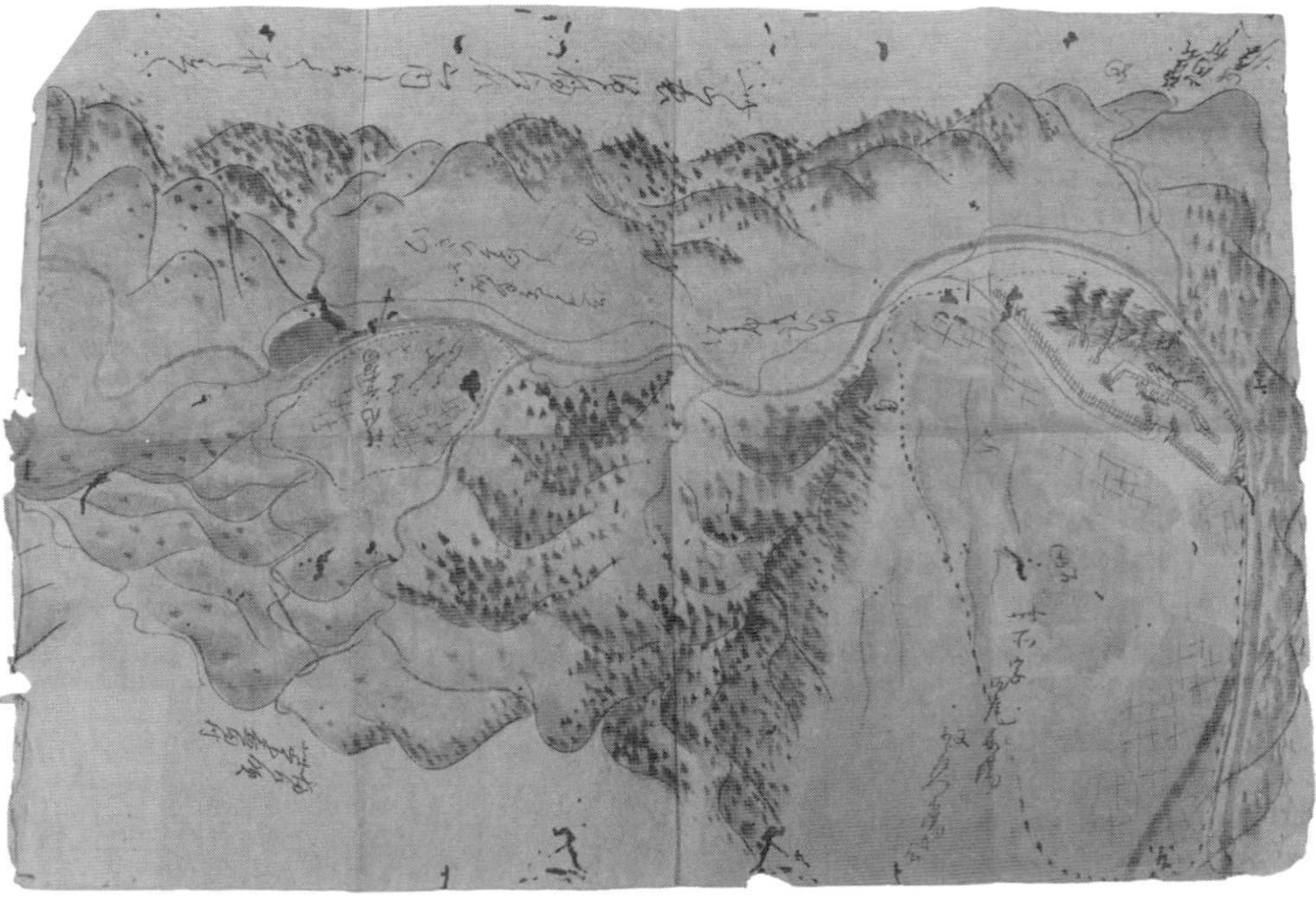

図 54　「五島富江窯所在地絵図」（上田家資料館）

年（一八一〇）に礼作自身が当時の様子を記したものである可能性が高い。また興味深いのは八本木皿山と繁鋪開（発）場が併記されていることである。つまり、八本木に窯を築いて磁器を生産するだけでなく、繁敷で新たに開墾も行い、集落全体の開発を行う意図があったと考えられる。そして、開墾の主要人物は絵図にある「福蔵」なる人物ではないかと思う。絵図には「福蔵ひらき」、「福蔵開」の文字が複数の田畑に添えられているからである。[21]「開」という言葉は開拓民や開拓した土地のことを意味するが（西村一九六七）、[22]福蔵が五島の地下であるのか、移住者であるのかは不明である。

この絵図の他にもう一枚、別の絵図も残されている。「五島富江窯所在地絵図」（図54）というものである。この絵図には八本木皿山の北方にあたる田尾木場の近くに柵に囲まれた建物が描かれており、「五太夫」の名前が添えられている。この建物の性格はわからないが、何らかの管理施設と思われる。

続いて、手控え日記（図55）の表紙には次のように記される。

> 五島冨江繁敷村
> 文化九年申七月より
> 五嶋冨江陶山休方並福蔵中岳へ引越に付
> 諸事取計一件手扣日記
> 上田　禮作
> 上田五太夫

文化九年（一八一二）七月に始まる日記に、「冨江陶山」が休止し、福蔵が中岳に引越したことが記されている。こ

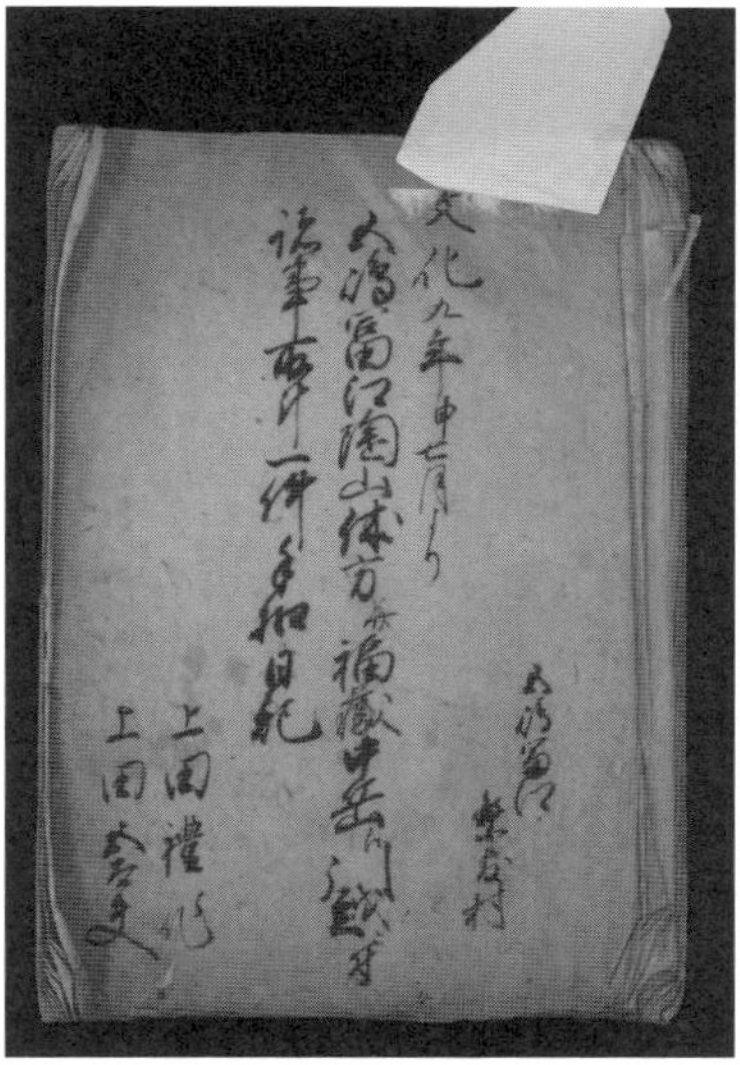

図 55　「五島冨江陶山休方」手扣日記（上田家資料館）

の手控えに前にあげた絵図にも見られた「福蔵」の名が見られる。中岳の範囲は広く、正確な引越先は特定できないが、山内窯があるところであるため、陶工である福蔵が山内窯に移ったと解釈したこともあったが、福蔵は陶工ではなく、繁敷の「開発者」の可能性も考えられることは前に述べたとおりである。福蔵の引越が意味するところは繁敷の農地開発もまた中止あるいは終了となったということであろうか。手控え日記の中に答えはあると思うが、残念ながらまだ解読には至っていない。また翌文化十年（一八一三）に五島の測量を行った伊能忠敬らが五太夫に再会したことを記した手紙を高浜の宜珍（源作）あてに送っている。[23]

そして、以下のように五太夫らが五島を離れ、天草に帰る記述も見られる（平田一九九一・一九九二、富江町郷土誌編纂委員会二〇〇四）。

文化十一年一月十四日
一登也五太夫　今夕方今富へ参ル　牛深へ罷越候筈ニて
十二月廿二日
一五嶋ゟ登也義去ル廿日脇津へ乗入今日牛深へ乗通候由　小田床福徳丸ゟ書状到来
十二月廿五日
一登也五島ゟ牛深江頃日着船　今日此方へ見舞　且五島船頭水主両人同道　是ハ伊右衛門方へ泊リニ遣
文化十二年十一月廿四日
一五島ゟ五太夫荷物積舟帰　同人参合候而直ニ浜蔵へ揚ル

以上のことをまとめると、文化二年（一八〇五）に上田礼作らを招聘して、まずは富江領内に窯を開く準備を進め、文化四年（一八〇七）ごろには本格的な稼働を始めたものの、窯の経営がうまくいかなくなり、文化九年には休止し、その後、文化十二年（一八一五）には五太夫が天草に帰っているようである。文化七年の頃、八本木窯が稼働していたことは絵図でも確認できるため、文化二年から十二年頃の間に操業していた窯は八本木窯と見られ、その後、新たに築かれた窯が田ノ江窯である可能性が高い。

礼作らが五島を離れて以降の富江領内における磁器生産に関する記録も断片的ではあるが、存在する。例えば、『五島編年史』の天保五年（一八三四）の項には、「富江皿山、年々十貫匁位ノ損失ノ趣、是ハ先ヅ治左衛門ニテ受持罷在候由」とあり、田ノ江窯も経営がうまくいっていないことがわかる。そして、嘉永元年（一八四八）の項に「四月八日、富江皿山、房吉、鎌太郎、永左衛門三人組合ニテ火入ニ付、武社宮神主ニテ清祓ヲ勤ム。八月朔日、十月廿二、火入レ。（一例ヲ示スニ止ム）」とあり（中島一九七三）、嘉永年間までは操業していることもわかる。このことは伝世品の存在によっても知ることができる。すなわち、玉之浦町大宝寺蔵の「天保五年（一八三四）」銘の線香立てや富江町瑞雲寺蔵の「奉寄進　陶山中　嘉永二年（一八四九）酉六月」銘の徳利の存在から（中島一九七三）、天保年間や嘉永年間に操業が行われていたことが推測される。

そして、『五島編年史』には、田ノ江窯について、「コノ皿山ハ富江五島家ノ経営ニシテ皿山奉行ヲ置キ瑞雲寺前ノ貞方氏ヲ以テ之ニ当ラシム」と記される（中島一九七三）。また、田ノ江窯に隣接する宝性院が所蔵する「田ノ江村徳松」銘の大皿を紹介し、徳松について宝性院の過去帳の記載から「清作ノ子ニシテ、清作ハ四国讃岐ヨリ来ルト伝称シ、相良姓ナリ」と記し、次のような系図を示している（中島一九七三）。宝性院横の墓地に残る墓にも同様に刻まれている。

清作（嘉永四年七月十七日歿　清山常楽信士）
徳松（文久二年六月四日歿　鏵道玄心信士）
常吉

房吉（姓相良ヲ称ス。明治十年十二月廿六日歿　仙翁冬禅信士）

3　五島焼の窯跡

福江島には古窯跡が複数存在している（図52）。しかし、前にも述べたように、これまで五島焼に関する考古学的研究はほとんど行われてこなかったため、位置や範囲が明らかでないものが多い。

『五島編年史』は、小田、田野江、八本木（繁敷）、松山（山内）、小田（梨山）、籠淵（壺焼）の六ヶ所の窯跡の存在を示している（中島一九七三）。次に『日本やきもの集成11』は小田窯、籠淵窯、富江窯、山内窯、戸岐ノ首窯の五ヶ所の窯（郡家ほか一九八〇）、『長崎の陶磁』は小田窯、籠淵窯、山内窯、戸岐ノ首窯、富江窯、八本木窯の六ヶ所の窯を挙げている（佐賀県立九州陶磁文化館一九八八）。そして、長崎県遺跡地図には、四ヶ所の窯跡が記載されている。旧福江藩領内の皿山窯跡、通称壺焼窯跡の二ヶ所、旧富江領内の皿山窯跡、八本木窯跡の二ヶ所である。複数の文献において、窯跡の数も異なり、名称も異なっている。埋蔵文化財行政の公式名称である長崎県遺跡地図の名称を使用したいが、山内窯や田ノ江窯（富江窯）がいずれも皿山窯跡と記載されており、混同を避けるためにも本書では岐宿町所在の皿山窯跡については山内窯跡、富江町所在の皿山窯跡については田ノ江窯跡の名称を使用する。

(1) 福江藩領

① 小田窯跡

『五島編年史』には「コノ皿山ハ今ナホ皿山ト云ヘリ、福江町大荒郷字小田池ノ南一五五八番地ハソノ址ナラン。」（中島一九七三）とあり、現在の五島市大荒町小田山付近にあったとされる。焼土が確認されているが、窯跡の遺存状況等は不明である。

②　山内窯跡

五島市岐宿町中岳郷字中野に位置する。山内盆地の中央部に位置する荒神岳の南麓の畑の下方の道路下に「皿山窯跡」の石碑がある。現況は山林であり、すぐ側に小川が流れている。地形は大きく改変されている。遺物の散布状況やおおまかな地形から考えると、物原は下方の小川側と思われるが、窯の範囲や方向は不明である。製品の失敗品、窯道具、窯壁片などが採集できる。

③　通称壺焼窯跡（戸岐ノ首窯跡）

五島市岐宿町戸岐首郷字地蔵口に位置する。戸岐ノ首の道路脇の畑の一部に窯壁片や少量の製品の失敗品、窯道具が確認できる。地形改変が著しく旧状は不明である。窯の範囲や方向、物原の位置なども不明である。

⑵　富江領

①　八本木窯跡

五島市富江町繁敷字カニ畑五四六番地に位置する（図56）。地目は田であるが、現況は山林となっている。窯跡を再造成して水田として利用し、その後、山林となったと思われる。水田の石垣には窯壁片、焼土片が見られる。

前述の通り、八本木窯跡については、文化七年（一八一〇）頃の八本木窯周辺を描いたものと推測される絵図が残る。東西南北の方位が記され、山や川、田畑や人家、村内の道、周辺の村などに通じる道などが描かれた詳細な絵図である。家屋や田畑については所有者とみられる人物の名前などが記されている。八つ折りの色付きの地図である。田尾村、二本楠村、玉浦など周辺の村までの距離が記されているが、「皿山」

図56　八本木窯跡遠望（長崎県五島市）

を起点とした距離であり、この絵図が「皿山」を中心とした地図であることがわかる。つまり、「皿山」に関わることは省略されずに描かれている可能性が高い。

その「皿山」すなわち、八本木窯の窯場が絵図の中の「八本木山」の麓に描かれている。「皿山」に描かれた文字と構成要素を以下に挙げてみる。

「窯」（屋根がついた登り窯）＝一基
「役所」等建築物＝三棟
「スヤキ」（屋根がついた単室窯）＝二基
「窯神」＝鳥居一基、祠一基
「水碓小屋」（文字表記なし）＝五棟（皿山以外に下流にも五棟（農業用か））
「崎蔵」、「九郎七」＝陶工の住居か。

記されている文字は、「窯」、「役所」、「スヤキ」、「窯神」などの施設名と「崎蔵」、「九郎七」などの人名である。「窯」は登り窯とみられる窯に屋根が架けられている。「役所」と書かれた付近には三つの建築物が描かれている。全ての建物を指しているのか、それともその一部が役所であるのかわからないが、細工場なども含まれているとみられる。いずれにせよ八本木窯の経営に藩が介在していたことをうかがわせる。「スヤキ」は素焼き窯とみられ、皿山周辺には二基描かれている。独立した単室窯に屋根が架けられているようである。屋根の下に見える窯には出入り口が一つ描かれている。「窯神」は赤い鳥居の印と祠のような図が描かれている。鳥居は単なる記号として描かれているのかもしれないが、祠が存在していたことはわかる。その他、皿山付近に流れる川の側には水碓小屋とみられる小屋が五棟、すなわち右岸に二棟、左岸の三棟描かれている。ただし、左岸の一棟は川から少しだけ離れて描かれており、水簸施設に伴う小

図 58　八本木窯跡の「窯神」（長崎県五島市）

図 57　八本木窯跡の窯壁（長崎県五島市）

図 59　礼作滞在地石垣（長崎県五島市）

屋であるかもしれない。これらの施設で現況を確認できるものは、「窯」の一部（図57）と窯神（図58）のみである。ただし、窯神については祠の形はしておらず、現在は自然石が横倒しになっているのみである。「崎蔵」、「九郎七」は小屋に付された名前であり、陶工の住居の可能性がある。『上田宜珍日記』には、文化二年（一八〇五）に天草から富江に渡ってきた細工人や荒獅子（荒使子か）の名前として記されている。陶工たちは皿山の地区内あるいは近くに住んでいた可能性を示している。なお、後述するように陶工を統括していた上田礼作は皿山から離れた場所に居を構えていたとみられる。

「皿山」以外で絵図に描かれているもので現況を確認できるものが、「天満宮」、「禮作」である。「天満宮」と記された場所は、現在、その敷地は旧富江小学校繁敷分校の跡地となっており、敷地内に太宰府神社が建てられている。「禮作」と付されたひときわ大きな建物が繁敷山の麓に描かれている。言うまでもなく禮作とは天草の高浜から招かれた上田礼作のことである。現在もその箇所に建物が建てられており、石垣は当時のものと伝えられている（図59）。なお、現在の窯跡の土地所有者の宅地の敷地でもある。

現況は不明であるが、「皿石在り」と記されている場所がある。この皿石が陶石を意味するものであれば、陶石の採掘地あるいは置き場である可能性がある。そして、皿山から離れた下流の川岸に水碓小屋とみられる五棟の小屋が描かれている。農業用の施設である可能性が高い

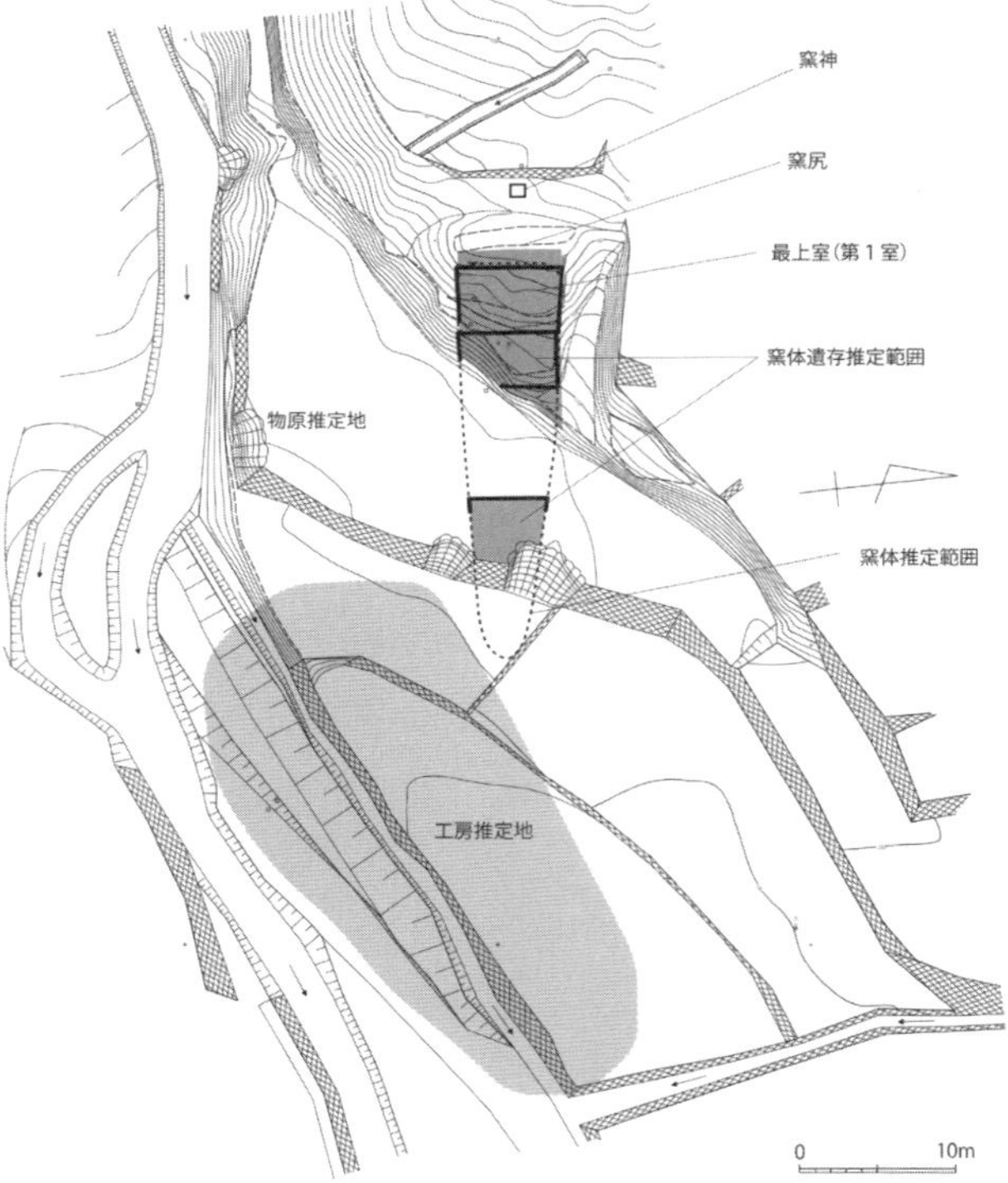

図60　八本木窯跡全体図

が、「皿石在り」の場所が陶石関連の場所であれば、窯業用の可能性もある。

また、「石山」が数ヶ所描かれている。陶石の存在を示している可能性もあるが、「皿石」とは区別しているようであるため、露岩など地形・地質的な特色を記しているだけの可能性もある。

現地では最上室（第1室）とみられる焼成室の窯壁が地表に露出しており、両側の側壁と奥壁、両奥隅部が確認されている。窯の方向は東から西に上がる窯とみられる（図60）。横幅は約六・七メートルである。発掘調査では、北側の側壁が高さ一一〇センチ以上、南側の側壁が高さ十数センチ以上、残っていることが確認されている。床境も確認できており、その高さは約三〇センチである。奥壁から床境までの距離、すなわち砂床の奥行は三・一メートルである。第2室の焼成室の奥壁が確認できていないため、焼成室の奥行きは不明である。しかし、さらにその下の第3室の奥壁が下方の崖部で確認されており、二室分の奥行きが約九・五メートルなので、一つの焼成室の奥行きは平均約四・七五メートルとなる。また、二〇二四年の発掘調査では第5室の奥壁と側壁、砂床が確認されている。横幅は約三・七五メートルである。第1室の半分強の幅であり、窯の下方から上方に向かって横幅が拡大していく扇形の平面プランをしている。その扇形の角度から

図61　田ノ江窯跡近景（長崎県五島市）

図62　田ノ江窯跡遠景（長崎県五島市）

図63　田ノ江窯跡調査風景（長崎県五島市）

図64　田ノ江窯跡検出遺構（長崎県五島市）

推定すると、長さ二二～二六メートル（最大でも三〇メートル）の比較的短い登り窯であったとみられる。このような短い登り窯は、肥前では他に松浦皿山窯（長崎県松浦市）がある（倉田編一九八二）。松浦皿山窯は燃焼室（胴木間）と焼成室五室を有する全長約一八メートルの登り窯が検出されている。八本木窯と同じく窯の下方から上方に向かって横幅が拡大しており、最上室の横幅は五・六四メートルである。松浦皿山窯の全長と焼成室を参考にすれば、八本木窯の焼成室数は六室から七室と推定される。そして、登り窯の下方（南東側）に絵図に描かれているような役所や素焼き窯などがある工房空間があったと考えられる。

②田ノ江窯跡

田ノ江窯は、五島市富江町松尾に位置している（図61）。富江の市街地から北西へ約七〇〇メートル離れた場所の山裾の傾斜地に窯跡が残っている。海岸線の道路から一五〇メートルほど内陸に入った位置にあり、対岸からも窯跡のある山裾を望むことができる（図62）。窯跡は東から西へと上る尾根の北側に位置し、北東側の谷を挟んで宝性院がある。宝性院の北側には墓地が広がっているが、田ノ江窯の操業に関

図 65　田ノ江窯跡の窯壁（長崎県五島市）

わったと伝えられる相良氏の墓もその墓地の一角にある。ちなみに同じく操業に関わったとされる貞方氏の墓は窯の南側にある。

発掘調査（図63）等の結果、全長六五メートルの規模の連房式階段状登り窯であったことが明らかになった（野上二〇一七、野上ほか二〇一九、野上編二〇二二）。前にあげた八本木窯の二倍以上の規模である。登り窯の出入り口、木口、作業段、物原は谷側（北側）にあったとみられるが、地形改変が著しい。焼成室（図64）の規模は、横幅が約六・六メートル、奥行は四メートル前後である。温座の巣が確認できるところでは、二七個の通炎孔が確認されており（図65）、通炎孔の大きさは幅一三～一四センチ、高さ二四～二七センチである。一部、トンバ

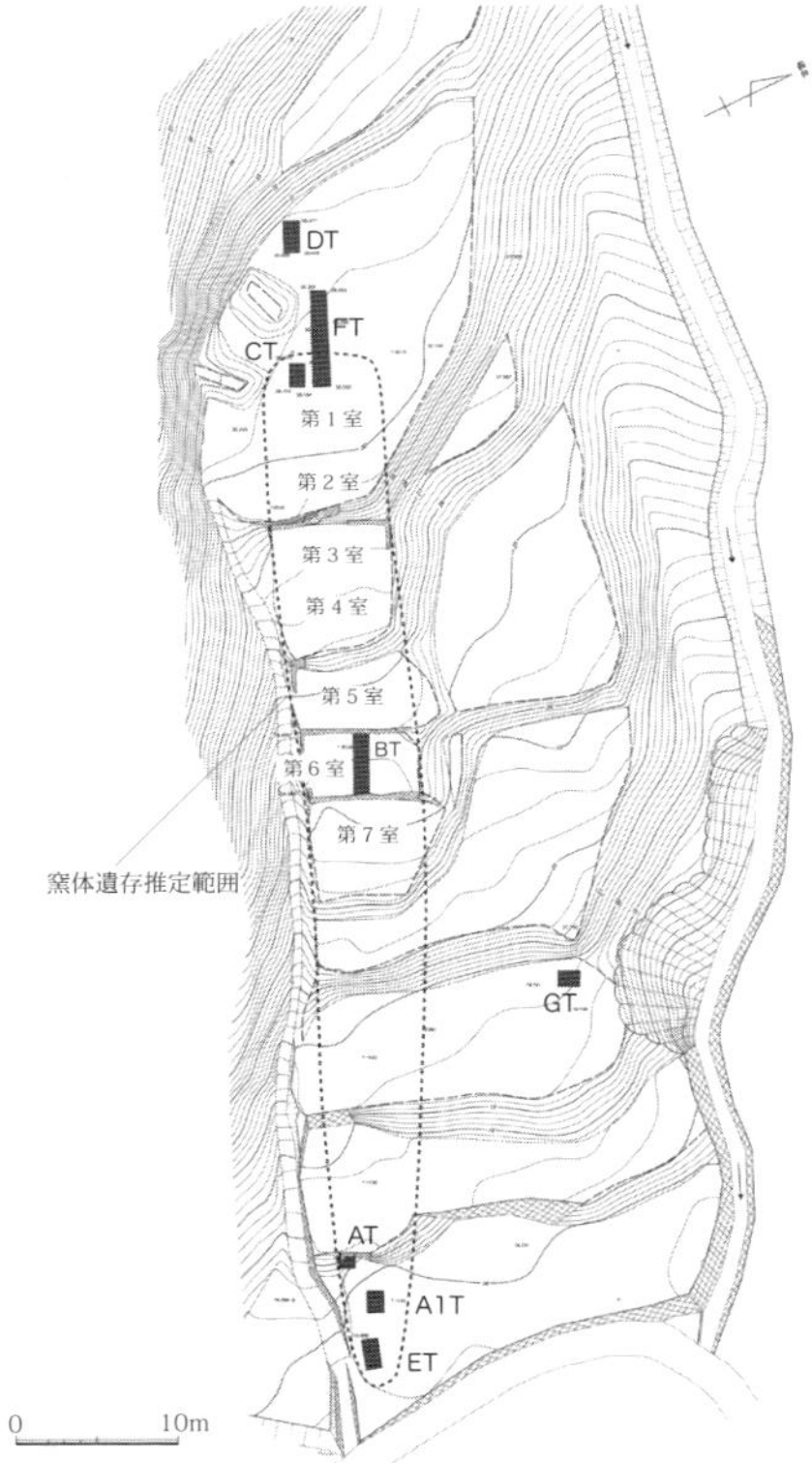

図 66　田ノ江窯跡全体図

イではなく、ヌケ[24]が分炎柱として用いられている部分もある。築窯にあたって大規模な造成が行われたこともわかっている。窯は等高線に斜めに交わる方向で築かれているが（図66）、その際に尾根の北側の斜面を削りながら、埋土を行い、平坦地を確保している。

田ノ江窯が築かれた当時、長崎県内では相次いで窯が築かれている。文化元年（一八〇四）には小串亀山窯、文化四年（一八〇七）には亀山窯、そして、文化五年（一八〇八）には瀬古窯が開窯している。同じ頃に開窯した瀬古窯の規模と比較してみる。瀬古窯では1号窯と2号窯の二基の登り窯が確認されており（長崎市埋蔵文化財調査協議会二〇〇〇）、1号窯よりも2号窯の方が古く、開窯期の窯と推定されている。田ノ江窯の焼成室の規模は1号窯（横幅七・五メートル内外、奥行五メートル）よりは小さく、2号窯（横幅六・六メートル内外、奥行四・五メートル）と近い。焼成室の数も1号窯、2号窯ともに一五室と推定されるので、田ノ江窯は瀬古窯の2号窯と同規模かやや大きい窯であったと推定される。

4　五島で焼かれた陶磁器

次に五島焼の窯跡で出土した遺物や採集された遺物について紹介する。

(1) 福江藩領

① 小田窯跡

『五島編年史』には現地について「ママ遺物ヲ発見スルコトヲ得」（中島一九七三）とあるので、以前は遺物の採集も可能であったと見られるが、詳細は不明である。

② 山内窯跡

岐宿資料展示室に山内窯跡から採集された製品の失敗品と窯道具が保管展示されている（野上二〇一八）。製品には陶器と磁器があり（図67）、ほとんどが磁器である。陶器は碗（図67－11）と皿（図67－26）があり、皿には足付きハマ[25]のハリの跡が残る。磁器は白磁と染付があり、ほとんどが染付である。釉はややくすんだものが多く、青みがかった釉や灰色がかった釉調のものがみられる。器種は碗、碗蓋、鉢、皿、仏飯器、瓶、蓋物などがある。以下、磁器製品を器種ごとに紹介する。

a　碗（図67－1～10）

碗は丸碗（図67－1）、小広東碗とみられるもの（図67－2）や端反碗[26]（図67－3・4）などがある。図67－1は山水文、図67－2は牡丹文が外面に描かれている。図67－3は海浜文、図67－4は仙芝祝寿文が描かれた染付端反碗である。図67－3は染付花唐草文皿が内面に熔着している。また、碗の高台は外側に開くものが多く（図67－5～7）、それらは端反碗あるいは望料形碗[27]と推測される。また、蛇の目状の高台をもつものもある（図67－9）。図67－10は見込みに「福」字、外面には牡丹状の花文に加え、「寿」字が墨弾きで入れられている。形は碗蓋のようにも見えるが、「寿」字の天地より碗の底部とした。

b　碗蓋（図67－12～14）

染付端反碗の蓋とみられる。図67－12は笹状の文様、図67－13は千鳥状の文様、図67－14は草葉文がそれぞれ内面に入る。文様構成から図67－14は図67－5の碗の蓋とみられる。

c　鉢（図67－15～17）

図67－15・17は口縁が外反する染付鉢である。口縁の内側に雲文（渦文）がめぐらされており、外面には蔓草文が描かれている。

d　皿（図67－18～25）

磁器皿は全て蛇の目凹形高台[28]をもつ染付皿である。また、口縁の形がわかるものは全て玉縁状をしている（図67－18・19・21・23）。図67－18は、内面に「大」字、外側面に「前」字が入る。文字の意味の詳細は不明である。文様は見

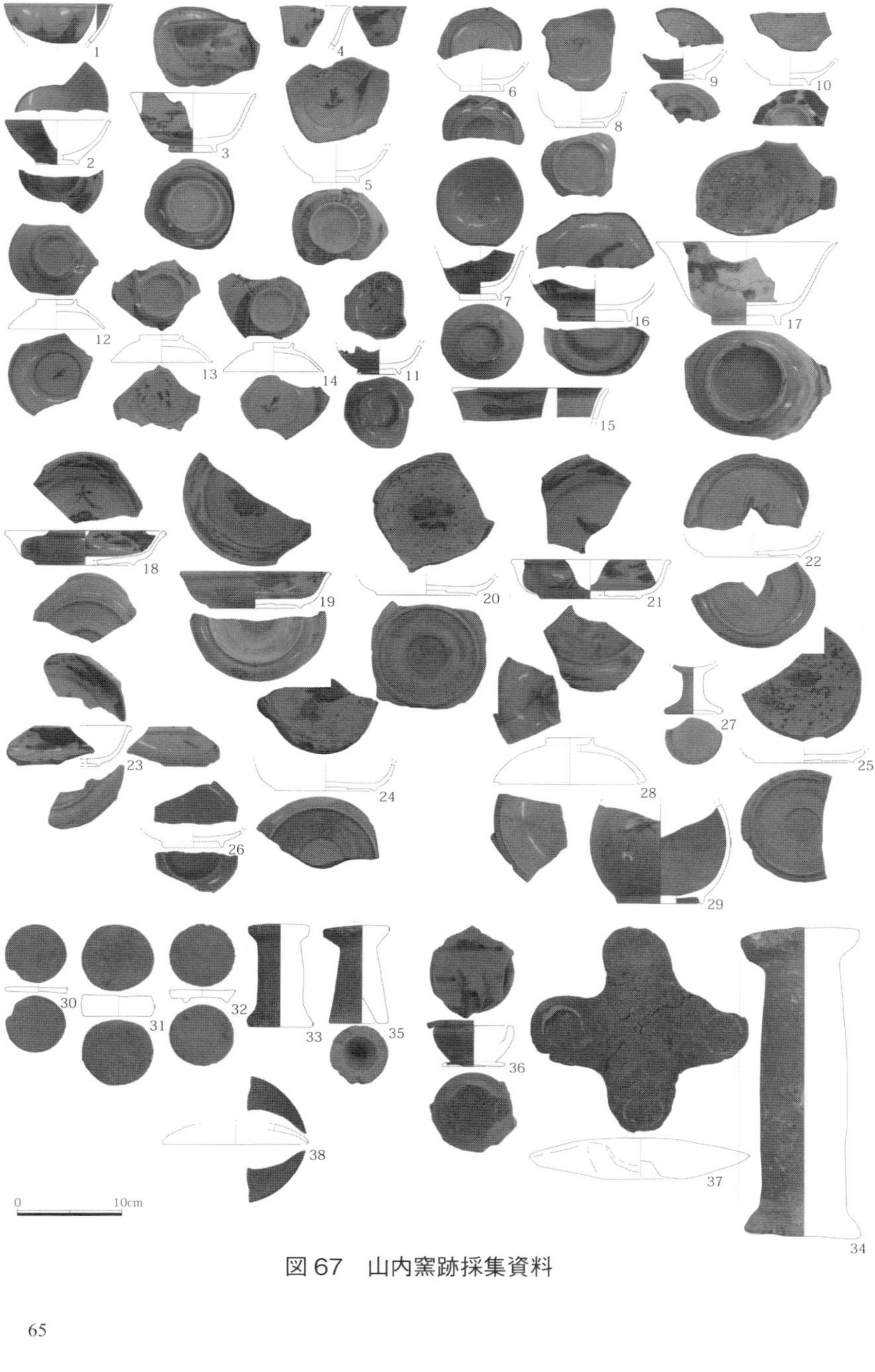

図 67　山内窯跡採集資料

込みに花卉文が入るものが多い（図67－20・24・25）。他に見込み文様としては蝶とみられるもの（図67－22）や唐花とみられるもの（図67－19）がある。内側面には唐花唐草文（図67－18・19・21・23）や仙芝祝寿文（図67－22）などが描かれている。また、高台内にアルミナを塗布したものもみられる（図67－20）。チャツ[29]の跡が見られるものがあるが（図67－19など）、内面に足付きハマの痕跡が見られるものは確認されない。

e　仏飯器、蓋物、瓶（図67－27～29）

図67－27は白磁仏飯器である。上部が欠損しているため、染付であるかもしれない。図67－28は白磁蓋物の蓋である。図67－29は染付瓶である。外面に笹文とみられる文様が描かれている。

f　窯道具

円形ハマ[30]、足付きハマ、トチン[31]、シノ（ナンキン）[32]、十字形ハマ（四ツ羽根ハマ）などがある。図67－30は薄手の半磁質の円形ハマである。外縁が盛り上がっている。図67－31は厚手の陶質円形ハマである。図67－32は足付きハマである。上面に糸切り痕が見られ、足の部分は粘土を押し込めたような跡がある。最初に三つの足の部分を型にそれぞれ押し込み、その後、本体の粘土を押し込んだものとみられる。図67－33は陶質トチン、図67－35は陶質シノである。図67－36は磁質のチャツであり、上面に染付山水文皿、底部に薄手のハマが熔着している。図67－34は陶質の大型トチン（オオヌケ）である。図67－37の陶質の十字形ハマ（四ツ羽根ハマ）と組み合わせて使用するものとみられる。図67－38はボシ[33]の蓋とみられるものであるが、あるいは蓋物の製品であるかもしれない。

③　通称壺焼窯跡（戸岐ノ首窯跡）

採集資料の中には、染付碗、染付格子文皿などの製品、トチン、羽根ハマとみられる窯道具が見られる。染付格子文皿は、見込みが蛇の目状に釉剝ぎされ、アルミナが塗布されている。ただし、全てがこの窯で焼成されたものであるか、明らかではない。

(2) 富江領

① 八本木窯跡

八本木窯跡の製品や窯道具については、富江歴史民俗資料館に採集資料が保管展示されているほか（野上二〇一八）、二〇二二～二〇二四年の発掘調査等で出土した資料がある（図68）。製品はほとんどが磁器であるが、陶器質のものが少量みられる。

図68－1～9は染付碗および白磁碗、青磁碗（図68－9）である。丸碗（図68－1～4）、望料形碗とみられる碗（図68－5）、小碗（図68－6）、広東形碗[34]（図68－7）、筒形をした白磁碗（図68－8）などがある。見込みを蛇の目状に釉剝ぎしたもの（図68－1・3）や見込み中央に「八本」を意匠化したものがある（図68－4～7）。もちろん八本木窯産であることを示す銘であろう。文様は折れ松葉文（図68－1）、折枝梅花文（図68－2）、菊花唐草文（図68－5）などがある。図68－10・11は染付碗蓋である。図68－10は丸碗の蓋、図68－11は広東形碗の蓋である。図68－11の内面には「八本」を意匠化した銘が入る。

図68－12～23は小皿である。丸高台のもの（図68－12～14）と蛇の目凹形高台のもの（図68－15～18、20～23）がある。丸高台のものの中には内面蛇の目釉剝ぎしたものがあり（図68－13・14）、口部を輪花（波縁）状にしたものもある（図68－13）。玉縁状の口縁をもつものもみられる（図68－21）。文様は草花文（図68－12）、蔓草文（図68－15・23）、蝶文（図68－16）、独釣文（図68－17・18）、唐花文（図68－19）、松文（図68－22）などがある。図68－24・25は染付中皿である。いずれも丸高台であるが、高台の幅が大きく異なる。図68－24は底部を円錐形の窯道具（ハリ）で支えるハリ支え技法を用いたとみられる一方、図68－25は内面蛇の目釉剝ぎし、重ね積みを行ったとみられる。文様は蔓草文や竹笹文などがある。

図68－26～30は染付鉢および白磁鉢である。図68－26は内面を円形に釉剝ぎしたもので焼成不良である。窯道具としても使用された可能性がある。図68－27は胎土が陶器質であるが、釉は畳付を除いて施釉されている。外面は鎬状に削

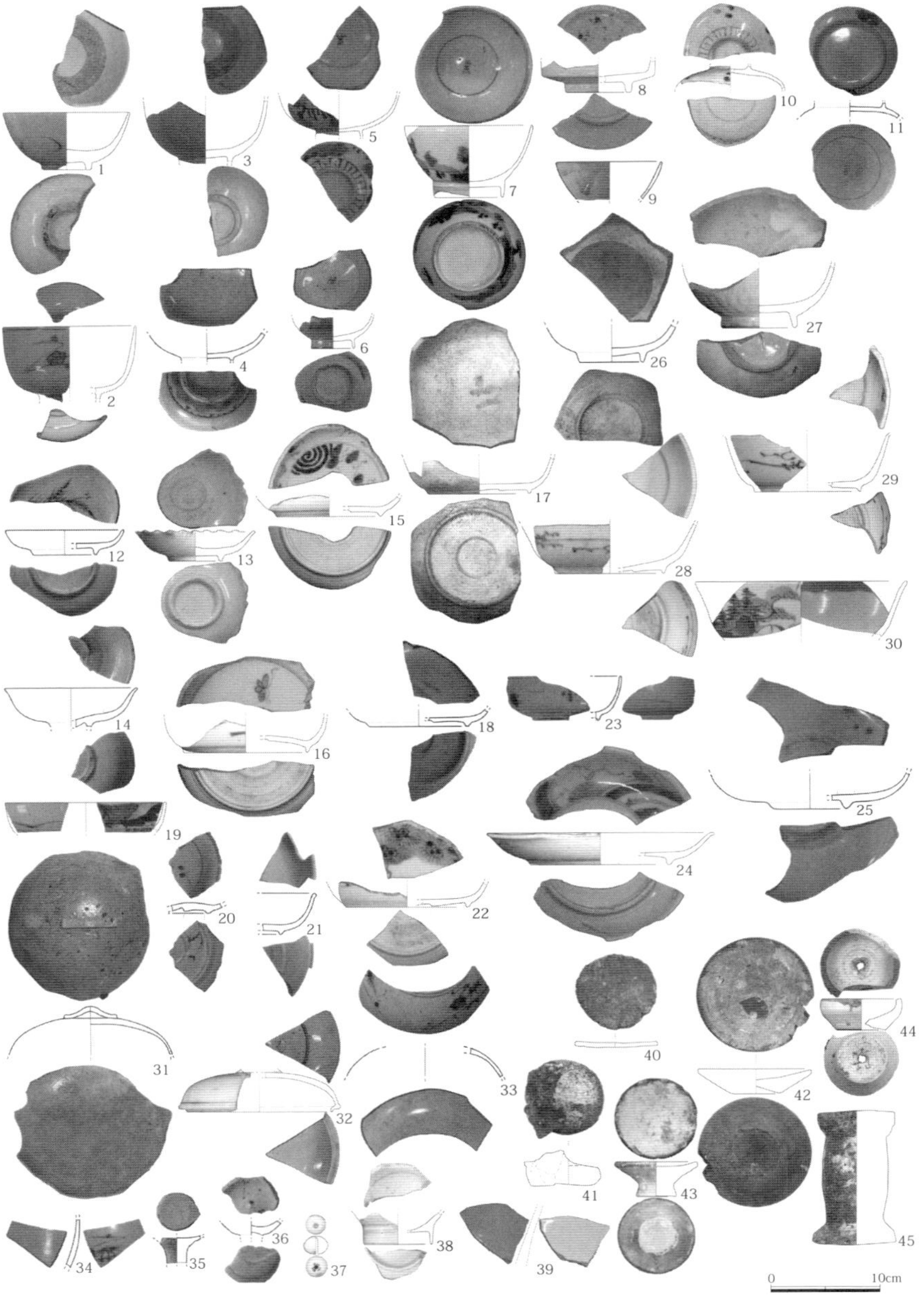

図 68　八本木窯跡採集・出土資料

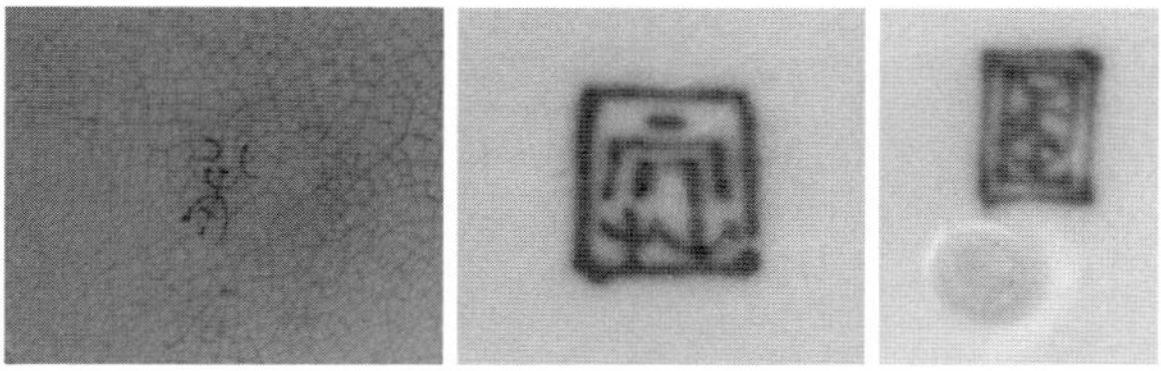

図69　高浜焼（右２点）と八本木窯製品（左１点）の高台内銘

られている。図68－28～30は染付鉢である。図68－28・29は外面に唐草文が入り、蛇の目凹形高台をもつ。図68－30は丁寧に山水文が描かれている。採集・出土資料の中では最も質の高い製品の一つである。図68－31～33は染付蓋物の蓋である。上面に摘みがあり、圏線を入れたもの（図68－31・32）や梅竹文を描いたもの（図68－33）がある。図68－35・36は仏飯器、図68－37は緒締玉である。また、上から数えて五室目の焼成室の床面から染付広東形碗（図68－38）や白磁製品の破片（図68－39）が出土している。八本木窯の最終焼成時の製品の可能性をもつものである。

窯道具はハマ（図68－40～42）、シノ（ナンキン）（図68－43）、チャツ（図68－44）とトチン（図68－45）がある。ハマは薄手の円形ハマ（図68－40）、厚手の円形ハマ（図68－41）、断面逆台形ハマ（図68－42）がある。

②田ノ江窯跡

富江歴史民俗資料館に田ノ江窯跡の採集資料が保管展示されている（野上二〇一八）。また、二〇一七年から二〇二一年にかけての発掘調査によって多くの製品や窯道具が出土している（図70）。

製品は陶器と磁器がある。ほとんどが磁器である。陶器は褐釉ひょうそくがあり、磁器には染付と白磁がある。ほとんどが染付である。碗、小皿が主体であり、その他に鉢（大碗）、香炉などがある。以下、器種毎に紹介する。

a　碗（図70－1～5）

図70－1・2は染付広東形碗である。図70－1は他の碗に他の碗に比べて呉須の発色もよく、絵付けも丁寧であり、上質である。見込みに「寿」字が入る。図70－2は見込みに小さな点状の文様を三つ配した文様が入る。図70－3・4は筒丸碗である。図70－3は外面に二重格子文が描かれている。図70－4は腰の部分が折れて稜があり、外面に菊文が

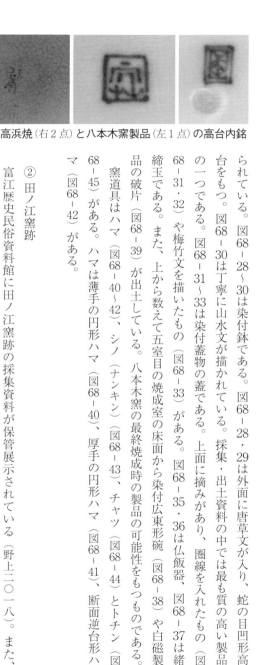

描かれている。図70－5～9は染付端反碗である。おそらく図70－10も染付端反碗であろう。図70－5は口縁部内側に松の連続文が入り、外面には草文が描かれている。図70－6は海浜文、図70－7は折れ松葉文、図70－8は山水文、図70－9は竹笹文が外面に描かれている。図70－6～9の口縁部内側は文様がないか、圏線のみ入れられている。図70－7の内面は蛇の目状に釉が剝がされており、図70－8の見込みには浜千鳥が描かれている。

b 碗蓋

図70－11～13は碗の蓋である。染付端反碗の蓋とみられる。図70－11は海浜文、図70－12は蝙蝠文、図70－13は花文が外面に入れられる。いずれも口縁部内側に連続文や帯状の文様が入り、見込み中央に「寿」字などの文様が入れられている。

c 皿

図70－14～22は皿である。小皿と中・大皿がある。小皿は口径一三～一四センチ程度のものが主体であり、確認できるものは全て蛇の目凹形高台をもち、玉縁状の口縁部をもつものが多い。図70－15は見込みに同心円状の文様が描かれている。図70－16は草花と蝶が描かれている。図70－17は見込みに竹笹を環状に描いたものが入り、内側面は二重格子文が描かれている。また、底部には窯道具のハマが熔着している。図70－18の内側面には竹笹文が入る。図70－19～21は見込みに比較的大きく主文様を描いたものである。図70－19は山水と帆船、図70－20は蕉葉文、図70－21は雪輪と竹笹文が見込みに入る。図70－22は染付中皿あるいは大皿である。外側面には唐草文が描かれている。

d 鉢

図70－23・24は染付鉢である。図70－23は折縁の鉢であり、縁には波涛文、外面と見込みには栗文が描かれている。高台は丸高台である。図70－24は外面に仙芝祝寿文が描かれている。その他、蛇の目凹形高台をもつ染付鉢もある。

e その他

図70－25は褐釉のひょうそく、図70－26は白磁の摺鉢である。

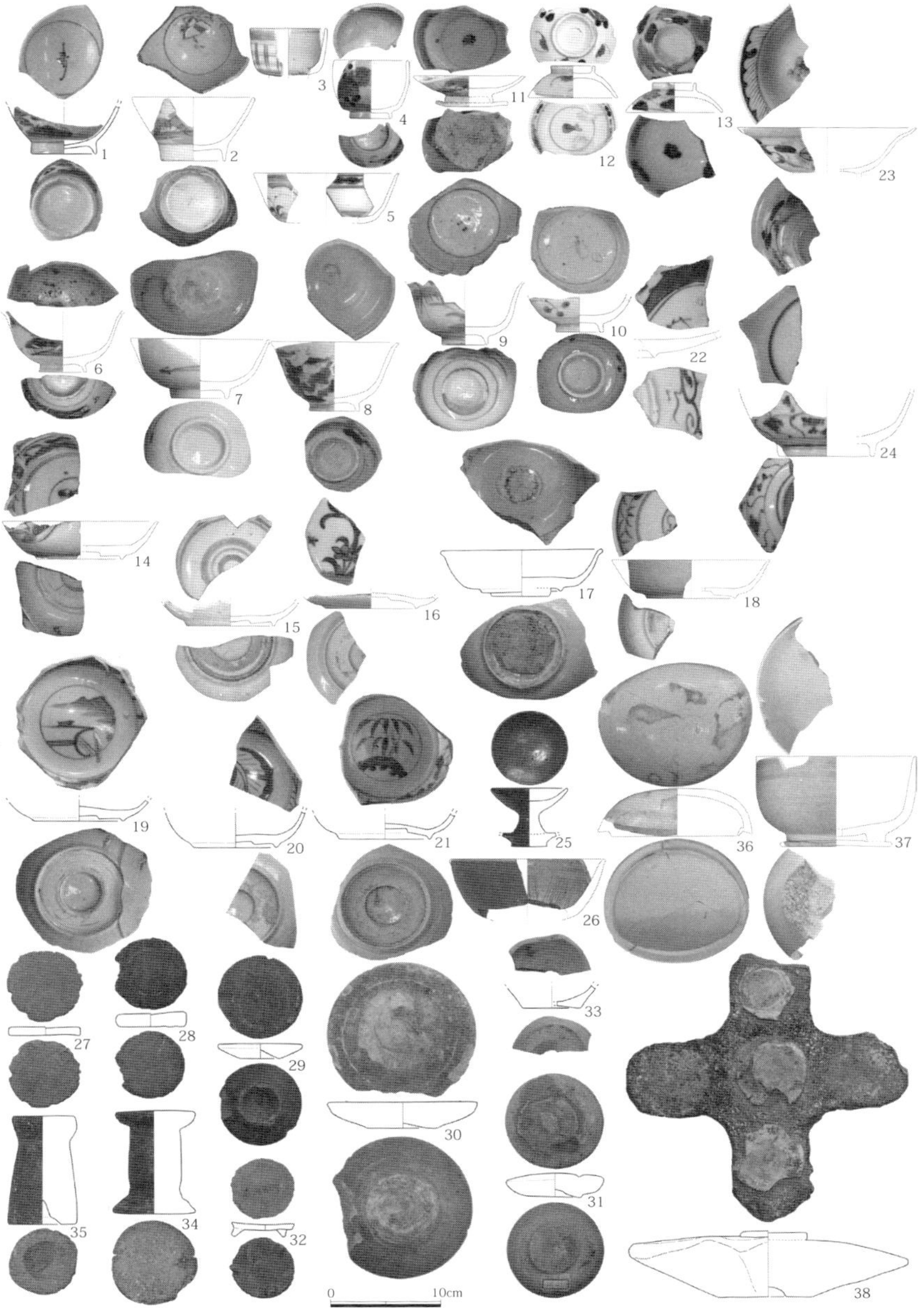

図70　田ノ江窯跡採集・出土資料

f　窯道具

窯道具は陶質と磁質のものがある。円形ハマ、断面逆台形ハマ、足付きハマ、トチン、シノ（ナンキン）、十字形ハマ（四ツ羽根ハマ）などがある。

図70－27はやや薄手の陶質円形ハマである。同種のハマには碗と思われる製品の高台の痕跡が見られるものもある。図70－28は厚手の陶質円形ハマである。やや薄手の磁質円形ハマもある。図70－29は陶質の断面逆台形ハマである。図70－30・31は磁質の断面逆台形ハマである。図70－32は磁質の足付きハマである。上面には碗と思われる高台の痕跡が見られる。図70－33は磁質のチャツである。小皿を焼成するには大きすぎるので、蛇の目凹形高台の鉢などを焼成するためのものであろうか。図70－34は陶質のトチンであり、図70－35は陶質のシノである。図70－36・37は磁器製のボシの蓋と身とみられるものである。量的には少ないが、上質な製品を焼くための道具であろう。図70－38は陶質の十字形の羽根ハマである。中央に一つ、それぞれの羽根の上に一つずつ、計五枚の円形ハマがのせられていた。

5　五島焼に影響を与えた他産地の窯場

五島焼との関わりが伝えられている産地がいくつか知られている。すなわち、肥前地方の大村藩領の窯場のほか、肥前以外の天草地方、讃岐地方の窯場などである。

これらの窯場との関わりの内容について、簡単に繰り返すと、大村藩領の窯場との関わりを示すものは、明和四年（一七六七）の項の「大村領ヨリ陶師来リ」との記載や文化六年（一八〇九）の項の「大村ノ皿焼両人罷下リ」の記載などである。天草地方との関わりについては、文化二年（一八〇五）に富江領の五島運龍が天草の高浜村の上田定胤（礼作）らを招聘して焼かせたことが知られている。そして、讃岐地方については、田ノ江の陶工と見られる「徳松」について、「清作ノ子ニシテ、清作ハ四国讃岐ヨリ来ルト伝称シ、相良姓ナリ」と伝えられている。

(1) 大村藩領

八本木窯や田ノ江窯、山内窯については、製品も窯道具も肥前系の技術によるものである。その中でも八本木窯よりも田ノ江窯や山内窯の方がより強く典型的な肥前系の技術や製品の形や意匠の影響をみることができる。言い換えれば、肥前本土の製品と区別がつきにくい。そして、肥前本土の大村藩領の主要な磁器生産地は波佐見と長与である。波佐見焼は佐賀藩領の有田や平戸藩領の三川内とともに、肥前窯業圏の中核を形成していた。一方、長与焼は波佐見の陶工によって開かれた窯場であり、基本的な技術は近似する。そのため、生産技術の比較によって、五島に招聘された大村藩の陶工が波佐見の陶工であるか、長与の陶工であるか、判断することは難しい。ただし、波佐見と長与を比べた場合、当時、より技術を他産地に伝えやすい環境にあったと見られる窯場は国内各地をつなぐ結節点でもあった長崎に近い長与である。前に述べたように実際にその技術を携えて各地に赴いている。

(2) 天草地方

天草地方は、良質な磁器原料である天草陶石を産出する地域であり、現在の肥前磁器の大半が天草陶石を原料としている。天草陶石の使用の開始時期については諸説あるが、前にも述べたように十七世紀前半にはすでに天草下島の楠浦窯（天草市楠浦町）で磁器生産が行われており（中山二〇一七b）、さらに十七世紀後半には内田皿山窯（苓北町）や下津深江窯（天草市天草町）などでも磁器が生産され、海外輸出まで行っている（池田一九八七、一九八九）。そのため、十七世紀前半にはすでに天草陶石の使用は始まっていたと考える方が妥当である。

そして、富江領に招聘された上田礼作がいた高浜焼（天草市天草町）の窯場は、高浜村上田家の伝五右衛門武弼が宝暦十二年（一七六二）に長与の陶工山道喜右衛門を招いて、高浜村鷹の巣山で焼き物を焼いたことに始まると伝えられる。しかしながら、高浜焼の窯跡の採集遺物の中には、十七世紀後半の染付見込み荒磯文碗（図71－1）や十七世紀後半～十八世紀前半の染付芙蓉手皿（図71－2）の破片も見られることから、高浜においてもやはり十七世紀から断続的

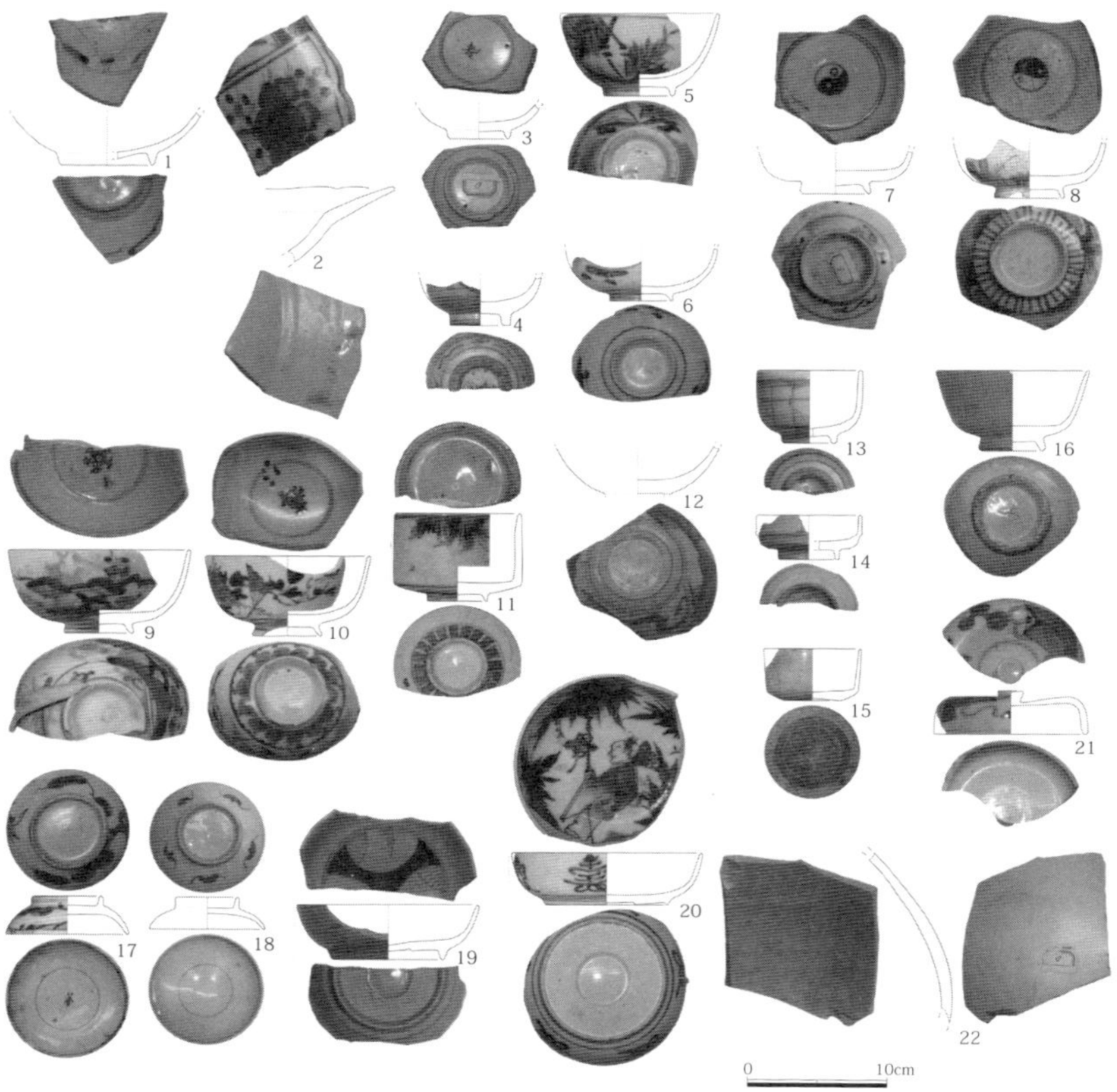

図71　高浜焼窯跡採集資料

に磁器生産が行われてきた可能性がある。これまで高浜焼の窯跡の発掘調査は行われたことはなく、その具体的な様相は明らかにされていないが、伝世品と少量の採集遺物によって生産された製品を知ることができる。高浜村の上田定胤（礼作）が招聘されたのは文化二年（一八〇五）のことであり、その時期に該当すると思われる製品も見られる。望料形碗（図71－7～10）、筒形碗（図71－11）や広東形碗（蓋）（図71－17・18）などである。いずれもその時期に流行した器形であるため、とりわけ五島焼と高浜焼の関わりを示すものではないが、上田礼作らを招聘した際、高浜焼が操業を行っていたことは推測できる。強いて共通点を挙げれば、八本木窯では、八と本の文字を組み合わせて意匠化した独自の「八本」銘を入れた製品が焼かれており、陶工

図 72　須恵焼窯跡（福岡県須恵町）

図 73　吉金窯跡現況（香川県さぬき市）

の招聘を依頼した先の高浜焼で見られる天草の文字を意匠化した銘と相通ずるものがある（図69）。

(3) 讃岐地方

讃岐地方における磁器の創始は天明元年（一七八一）、さぬき市大川町富田の吉金に開窯した赤松松山であるとされる（丸山一九七八）。赤松松山（伊助）は平賀源内の弟子であり、祖父弥右衛門の時から、志度で製陶を営んでいたが、天明元年の火災によって家屋敷を全焼したため、富田に移転してきた。富田で焼かれた土管に「寛政十一己未寒川郡冨田西村　焼物師助三郎焼」と銘があるものがあり、これと同種の土管に磁器片が付着したものがあるという（丸山一九七八）。また赤松家の記録に「寛政辰年筑前賀治郡末村権平孫権助を雇」うとある。末村は筑前で磁器を生産していた須恵村のことであろう。なお、須恵焼の窯は肥前系の磁器窯であり（図72）、天明七年（一七八七）に「有田筋より佐十郎と申す者、焼物細工に罷越」とあり、有田周辺の陶工が訪れた記録も残る。富田の磁器生産技術が須恵焼のものであれば、肥前の技術が間接的に伝わったことになる。

讃岐から富江に来たとの伝承のある清作の没年は嘉永四年（一八五一）であり、十九世紀前半に活躍した陶工である可能性が高い。そして、彼が招聘されたのは、上田礼作らが天草に引き上げた後の田ノ江窯の開窯以降のこととみられ、早くとも一八一四年以降と考えられる。そのため、讃岐の赤松松山の時代ではなく、土管の銘にもある助三郎、すなわち富永助三郎（一七七五〜一八三七）の時代か、それ以降の

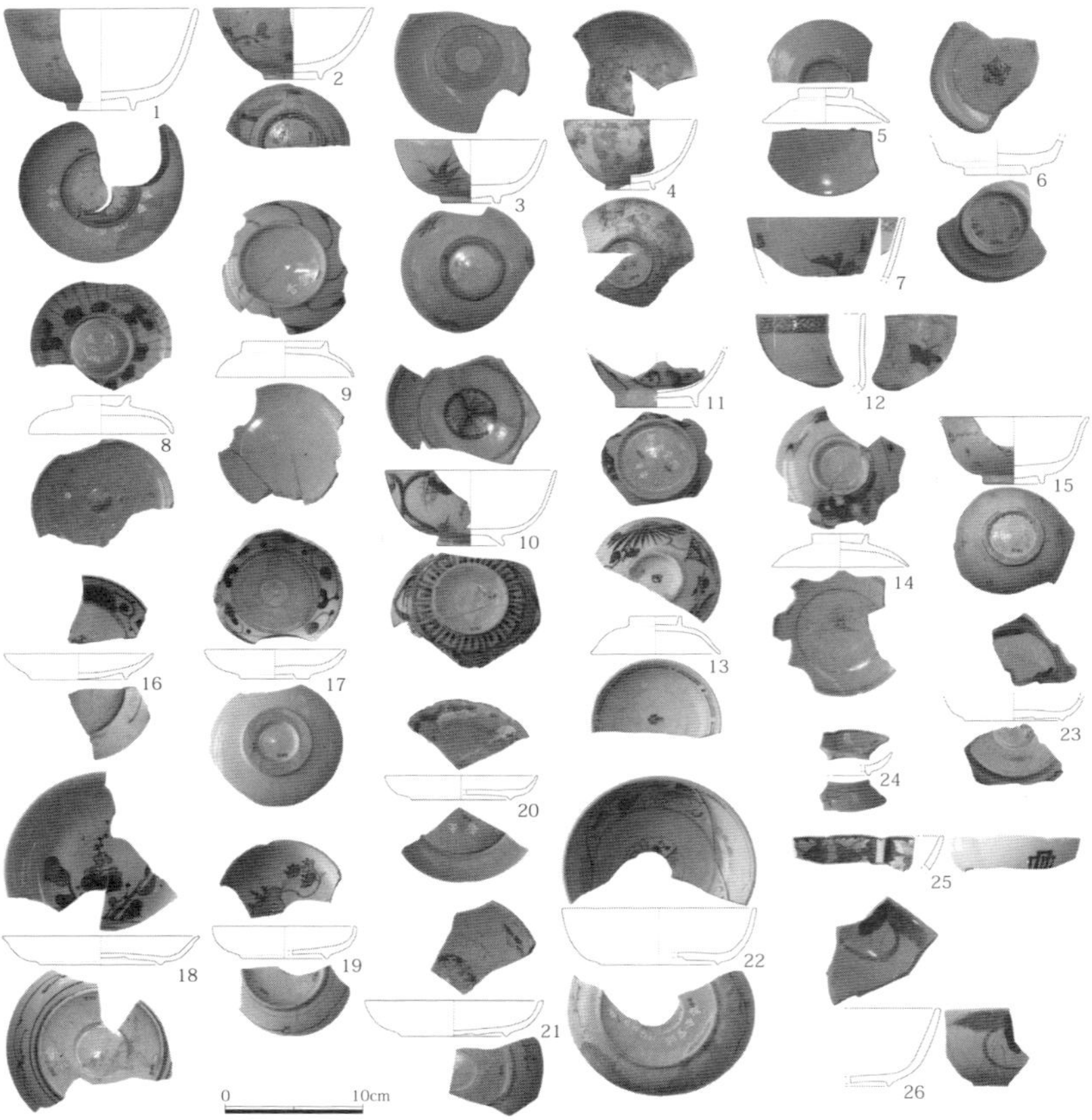

図74　吉金窯跡採集遺物（さぬき市歴史民俗資料館蔵）

陶工ということになる。

次に窯跡から出土した磁器の年代から吉金窯（図73）の操業年代をみてみる。出土した製品の器種は、碗、碗蓋、皿、鉢などがある（図74）。

碗は丸碗（図74－1～3）、朝顔形碗[35]（図74－6・7）、望料形碗（図74－10）、筒形碗[36]（図74－12）、小広東形碗[37]（図74－4）、広東形碗（図74－11）、端反形碗（図74－15）、碗蓋は碗（身）に対応する蓋が出土している（図74－5・8・9・13・14）。染付端反碗は少なく、十九世紀第一四半期までの製品が多い。

皿は青磁染付皿（図74－23）、染付皿（丸高台）（図74－16・19）、染付皿（見込み蛇の目釉剝ぎ[38]、蛇の目高台）（図74－17）、染付皿（蛇の目凹形高台）（図74－18・21・22）、染付皿（高台内無釉）（図74－20）などがある。皿の裏文様は唐草文が多く、その他、源氏香文を外面に配するものもある。

以上、製品からみる限り、吉金窯の操業年代は十八世紀第四四半期から十九世紀前半頃ではないかと思う。

森下は、肥前・信楽・瀬戸で使用されている窯道具が使用されているものの、各地の窯道具や使用方法を混ぜ合わせて窯詰めしており、使用方法まで忠実に模倣していなかったことがうかがわれるとする（森下二〇〇八）。確かに肥前系の逆台形ハマ、トチン、ヌケ、羽根ハマが見られる一方、関西系と見られる重ね詰み用のサヤ、足付き輪状トチミ[39]なども見られる。さらに熔着資料などをみると、必ずしも磁器を肥前系の窯道具のみで焼成していない。しかしながら、最初から模倣しなかったというよりはむしろ技術導入当初は使用方法まで含めて導入したが、やがて転用や代用が行われるようになったのではないかと考えられる。

図75　平尾窯跡検出窯体（香川県さぬき市）

そこで窯道具と密接なつながりがある窯[40]について見てみると、地表に露出している窯壁の構造を観察する限り、肥前系の窯である（図73）。その一方、胴木間の平面プランは半円がつぶれた形を呈しており、関西系の形態を持つ。修復しているとみられる痕跡があり、窯規模を縮小して新たに胴木間を築いて当初の形を変えた可能性が高い。おそらく磁器の焼成を目的に肥前系の窯構造と窯道具を導入したが、やがて改良が加えられ、窯構造を変化させ、窯道具の転用が行われるようになったと考えられる。

こうした例は、十九世紀の九谷でも見られる。磁器生産を始める段階では、肥前系の窯構造も窯道具もそのまま持ち込んでいるが、やがて他の技術、この場合は関西系の技術で磁器も併せて焼くようになる。多品種の製品を一つの窯で焼く場合は、窯規模の大きな肥前系よりも関西系の方が有利であったと見られる（野上二〇〇四、二〇〇八）。

平尾窯跡でも磁器が出土しているが、その量は陶器に比べて非常に少ない。わずか一パーセント未満である（森下二〇一〇）。基本的に陶器生産を行った窯とみてよい。そして、平尾窯跡の発掘調査の写真（図75）を見ると、焼成室の構造から関西系の窯であることがわかる。やはり当初、陶器は関西系、磁器は肥前系の技術をそれぞれ導入し、やがて技術系統が曖昧になったのではないかと推測される。

また、陶工の移動について、興味深い史料が残る。陶工が他領に行くのを禁じた文政五年十二月五日（一八二三）の達し書である。要旨は「助三郎の弟子の佐蔵、兵蔵が片元村へ細工手伝いに行っている」、「要助の弟子、一郎衛門が土佐へ、同じく熊蔵・文吉・時蔵が伊予へ、其次と与之助が阿波へ細工に行っている由だが、他所へ行くのは禁じられており、ことに師道の細工を他国に伝授するのは国益に反するから、早早に呼び返すように」というものである（丸山一九七八）。五島へ渡った記載はないが、富江に讃岐の陶工を招いた頃、讃岐の陶工らは藩境を越えて技術を伝えていた様子がわかる。その技術とは特に「細工」が主体であったこともうかがえる。

6　近世五島焼をめぐる諸問題

(1)　創始

五島焼の創始については明らかではない。文献史料によれば、明和四年（一七六七）に大村の陶工が来訪し、小田で始まったとされているが、考古学資料では未確認である。前にも述べたように、同時期には長与の陶工などが各地に招聘され、新たに磁器産地が興っており、それらと共通の成立背景を持つものであろう。

(2)　窯の変遷

小田窯については、「永続セズ」と記されていることから、長くは続かなかったのであろう。寛政年間の『近国焼物山大概書上帳』にも記されていないので、遅くとも寛政年間以前に廃窯しているとみられる。また他に十八世紀後半に操業したような窯も確認されていない。次に確認される窯は十九世紀初頭の窯である。先に述べたように文献史料によれば、文化二年（一八〇五）、富江に天草から上田礼作らを招いて窯を開いている。富江には窯跡が二つあり、一つは田ノ江窯であり、もう一つは八本木窯である。いずれも旧富江領内の窯である。八本木窯の詳細が不明であったことから、多くの研究者が田ノ江窯をこの記録の窯に比定していたが、前述したように天草の上田家に残る文書の記載から、田ノ江窯ではなく、八本木窯が該当する可能性が高いと考えられる。

ここでは発掘調査の成果をもとに、八本木窯と田ノ江窯の年代的な関係を明らかにしたい。八本木窯は地形改変が大きく、明確な物原（失敗品の捨て場）が残っていないため、十分な資料は得られていないが、今のところ、広東形碗は一定量見られるものの、端反碗はほとんどない。肥前磁器の編年観では、十九世紀前半の中で端反碗が碗の主流となっていく中で、広東形碗が消失していくと考えられている。八本木窯の最終段階の製品の一つが染付広東形碗とみられるため、八本木窯は端反碗の流行前に廃窯を迎えていた可能性が高い。また、八と本の文字を組み合わせて意匠化した独自の「八本」銘を入れたことをすでに述べたが、それには技術の導入元の天草と銘と通ずるものがあり、藩が積極的に関与して築いた最初の窯としての自負も感じられる。

続いて田ノ江窯の出土資料の中で最も年代が遡りうる製品は広東形碗であるが、量は端反碗に比べて少なく、操業年代の中心は碗の主体が広東形碗から端反碗へと移っていく時期ではないかと思われる。よって、出土した製品から推測される田ノ江窯の操業年代は十九世紀前半から中頃にかけてである。天保年間や嘉永年間の紀年銘をもつ伝世品が示す田ノ江窯の操業年代とも矛盾しない。

八本木窯と田ノ江窯を比較すると、八本木窯ではほとんど見られない端反碗が、田ノ江窯では広東形碗とともに数多く見られるため、八本木窯が相対的に古いことは考古学的にも確認できる（岡田二〇一九）。続いて八本木窯と田ノ江窯の操業期間に重複があったかどうかを検討する。そのために広東形碗と端反碗の年代的関係について、他の生産地や消費地の発掘調査資料をみてみる。まず生産地の資料をみてみる。文化十年（一八一三）～文政元年（一八一八）操業の大山新窯では広東形碗と端反碗が共伴しており、一八一〇年代には端反碗が生産されていることを知る。享和二年（一八〇二）銘の可能性が高い「和二戌天」銘が入る染付小片が出土し、文化年製（一八〇四～一八一八）銘をもつ皿に類似した製品が含まれる赤絵町遺跡1号窯床下資料では広東形碗が中心で、端反碗は極めて少なく、文化八年（一八一一）開窯の小樽2号窯の物原下層では広東形碗が主体である。一方、赤絵町遺跡1号窯床下資料に類似する製品が出土する赤絵町遺跡Ⅱ層（整地層）より層位的に新しい2号埋甕資料では端反碗が主体である。消費地遺跡をみると、和泉伯方藩上屋敷跡の文政六年（一八二三）の火災に伴う資料をみると、すでに広東形碗は碗の主体を占めていない。これらの資料から広東形碗や筒形碗などが主体を占める年代を一七八〇～一八一〇年代、広東形碗と端反碗が混在する年代を一八一〇～一八四〇年代、端反碗が主体を占める年代を一八二〇～一八六〇年代と推定する（野上二〇〇〇）。なお、田ノ江窯の出土資料にみられる筒丸形碗は、有田では一八一〇年代頃に現れ（野上二〇〇〇）、波佐見などでは一八二〇年代頃に現れる（中野二〇〇〇）。

よって、八本木窯は端反碗が広く普及する以前、すなわち一八二〇年代より前の窯である可能性が高く、田ノ江窯は広東形碗と端反碗が共に出土し、広東形碗も一定量を占めることから十九世紀前半の中でも一八一〇～一八二〇年代頃に開窯した可能性が考えられる。このことはすでに述べた文献史料の解釈とも矛盾しない。つまり、上田礼作の招聘依頼を行った一八〇五年から数年以内、おそらく一八〇七年頃には八本木窯が開窯し、八本木窯が廃窯したとみられる一八一五年以降で紀年銘資料に記された最も古い年である一八三四年以前に田ノ江窯が築かれた可能性が高い。

次に八本木窯から田ノ江窯への移転理由を考えてみる。八本木窯は水と木（燃料）には恵まれた場所であり、さらに八本木窯の古地図には、陶石を意味すると推測される「皿石在り」の文字がある。つまり、水、燃料、原料の存在など磁器生産のための自然条件に恵まれた場所であったことが確かである。一方、田ノ江窯の立地的な利点は、運搬のための港（海岸）に近く、消費地である市街地に近いことがまず挙げられる。燃料となる薪や田尾など地元の陶石の安定供給などが前提条件となったと考えられるが、単なる生産のための条件だけでなく、流通のための条件も含めた総体的な条件が重視されたものであろう。また、八本木窯と田ノ江窯では登り窯の規模が大きく異なる。八本木窯は焼成室六〜七室程度の二〇メートル台の窯であるのに対し、田ノ江窯は全長六五メートルの規模を有している。明らかに磁器の量産化を目指している。この量産化も窯の移転に影響を与えたものとみられる。

それでは、山内窯との関係はどうか。発掘調査が行われていないため、生産された製品の全体像がわかっていないが、碗は丸碗と端反碗、皿は蛇の目凹形高台で玉縁状口縁をもつ小皿が主体であり、田ノ江窯と共通する部分が多い。そして、端反碗がほとんど見られない八本木窯に対し、山内窯では端反碗は見られるものの広東形碗が見られないため、八本木窯より開窯は遅れ、一八一〇年代以降である可能性が高い。山内窯が明和四年には存在していたとする記述もあるが（岐宿町二〇〇二）、これは『五島編年史』の記述内容を誤解したものである[41]。現段階で言えることは、八本木窯より山内窯の開窯が遅く、操業期間の重複がないか、あるいはあっても短いということである。そして、田ノ江窯とは同時に操業されていた可能性が高い。

また、当時の人の動きを示す史料も残る。前にも挙げた繁敷の「冨江陶山」が休止したことを記した文化九年（一八一二）七月頃の手控え日記である[42]。この表紙には窯の休止に加え、福蔵が中岳に引っ越したことが記されている。八本木窯の操業を主導した礼作らが五島を離れ、天草に帰るおよそ二〜三年前のことであった。繁敷は八本木窯がある地区であり、中岳とは山内窯があるところを含んでいる。前にも述べたように福蔵は「開拓者」であった可能性もあると考えているが、福江藩領と富江領の領地境を越えた移動であり、八本木窯の休窯・廃窯にあたっては、領地境を越えて山内窯に移った陶工もいた可能性は考えられよう[43]。

(3) 原料

五島の福江島内の産物として、「焼物土石並薬石」があったことは前に述べたとおりである。十八世紀後半にはこの原料の存在によって窯業が始まったと考えている。該当する窯は小田窯である。そして、十九世紀初頭に天草高浜の技術を導入して始まった八本木窯も地元の原料を使ったとみられる。文化七年に上田礼作が記した絵図には、「皿石在り」と書かれており、「石山」と記された岩山も陶石であった可能性がある。近代以降、繁敷鉱山として、陶石が採掘された実績もある。

それでは、八本木窯に続いて操業されたとみられる田ノ江窯や山内窯はどうであろうか。山内窯で使用された原料についてはは今のところ手がかりが全くないが、田ノ江窯についてはいくつか資料がある。例えば、『五島編年史』には、「原料ノ土ハ、後述ノ如ク、田尾山ニ仰ゲリ、今ニ土俗、茶碗粉山ト呼べリ。コノ土ヲ売却シタル収入ハ藩校成章館ノ経費トナレリト云フ」（中島一九七三）とあり、田尾山、すなわち田尾鉱山の原料を使用したとある。また、「伊賀守運龍ノ時製塩ト共ニ最も盛大ナリシガ後嘉永ノ頃ハ此事止ミ田尾ノ石粉ハ泊富一平ナル者ニ年五十両ニテ権ヲ譲リ之ヲ成章館ノ費用ニ充テタリ」（富江村小学校職員會編一九一八）と記しているものもあり、窯の廃止後に「石粉」採掘の権利を譲っていることを思わせる。他にも「田ノ江水源地ノ附近ニ皿山ノ跡アリ今ハ山麓ナル畑地ノ側ニ窯ノ基部僅カニ残レリ此處ニ皿山役所ヲ設ケ製陶ノ事務ヲ扱フ陶土ハ田尾ヨリ採リタルモノニシテ燃料ハ野松ヲ伐リテ用ヒタリト云フ」（富江村小学校職員會編一九一八）とある。田尾の原料を使用したというのが一般的な認識のようである。実際、出土遺物を観察すると、八本木窯と田ノ江窯の製品は胎土が異なっており、明らかに原料が異なると考えられ、田ノ江窯で繁敷の陶石を使用した可能性は低く、より近い田尾の原料を使ったと考える方が妥当であろう。

ただし、近代以降の田尾鉱山や五島鉱山で採掘されたものは蠟石とされている。他の土と混和したり、釉薬の原料として使用されたりすることが多かった。例えば、前に述べたように、有田では天草陶石に混和して五島土を使用しており、波佐見では川棚商人が扱った田尾山の釉薬土を使用している。さらに近代以降も「近頃　農商務省工業試験所ニ於テ我が五島産の蠟石ヲ混和シテ試焼セシニ不圖モ好成績ノ磁器ヲ得　従来堅牢ヲ以テ世界第一ト誇リシ佛国製ノ磁器ニモ劣ラザル程ノ良品ヲ焼出スルニ至レリ」（大濱村一九一八）とその価値が認められているようである。そのため、必ずしもいわゆる「単味」で使用されただけではないかもしれない。田ノ江窯は海岸部に位置する上、天草との関係を考えれば、天草陶石など他地域の原料を運び入れて混和して使用したことも考えられる。

⑷　技術導入

五島焼が行った他産地の技術導入について、これまで述べたように波佐見焼あるいは長与焼、高浜焼、富田焼など肥前内外の産地の陶工が来島していることが文献史料等に残されている。

八本木窯については、招聘された上田礼作らによって天草地方の窯業技術が導入されたとみてよかろう。文献史料には、細工、絵書、荒使子など複数の工程の技術者や労働者を伴っているので、総体的に導入したとみて良いであろう。

続く田ノ江窯については、八本木窯の技術を継承しつつも讃岐から陶工が招かれており、複数の系統の技術が融合した可能性がある。しかし、田ノ江窯の出土資料からみる技術は、典型的な肥前系の技術である。同じ肥前系である天草の技術を導入した八本木窯よりもむしろ典型的と言ってよい。讃岐から新たに技術が持ち込まれたとするならば、讃岐に伝わった肥前の技術がそのまま導入された形となる。いわば肥前の窯業技術の「逆輸入」の形をとることになるのであるが、当時の讃岐では磁器と陶器の生産技術と融合し、変容している。そうした変容の技術は田ノ江窯では全くみられない。そのため、讃岐から陶工を招いたとしても八本木窯の時のような総体的な技術の導入ではないように思う。成形や装飾など特定の技術に限ったものであった可能性が高い。つまり、讃岐から伝えられる技術は「細工」の技術が主ではなかったかと思われる。生産の基礎となっている技術は、八本木窯から継承された技術と新たな肥前地域からの導入によるものではないかと考える。後者の可能性を示唆するものとして、文化六年（一八〇九）の項の「大村ノ皿焼両人罷下リ」の記載がある。肥前本土の技術が長崎などを経由して容易に導入できる立地環境にあり、他にも文献史料などには記されていない技術導入があった可能性が高いように思う。

(5) 流通

五島焼の流通圏を知ることは重要である。地元の寺や神社に残る伝世品の存在によって、地元の施設で使用されていたことはわかる。続いて福江島の中でもそれぞれ福江藩領、富江領内の需要に応えるためであったのか、五島藩全体を市場としたのか、五島列島の島嶼部まで市場としたのか、あるいは本土側まで流通していたのか、明らかにしていく必要がある。それによっても五島焼の成立背景が変わってくる。肥前本土には大規模磁器生産地があり、その本土側に向けて磁器を流通させることは考えにくいことかもしれないが、前にも述べたように五島焼が成立する頃は長崎周辺で磁器窯の成立が相次いでいるので、長崎とその背後の市場に向けた生産を試みた可能性は考えられると思う。

そして、五島焼の流通圏を知るためには、五島焼の出土分布状況を知らなければならないが、消費地遺跡から五島焼を抽出することは容易ではない。発掘調査も不十分で五島焼の製品の特質を十分に把握できているわけではないためである。

そうした中、消費地遺跡で確認されている五島焼の数少ない出土例が、福江藩の居城である石田城の例である（長崎県教委一九九七）。石田城は江戸末期の嘉永二年（一八四九）に築城に着手し、文久三年（一八六三）に完成した近世城郭である。国内で最も新しい近世城郭とも言われている。城内にある五島高校の施設の建替等に伴う発掘調査が一九九五年から二〇〇〇年にかけて、長崎県教育委員会によって行われている。有田焼、波佐見焼、現川焼などの肥前陶磁が多数出土している。その中に見込みに「大」字を染付した製品が含まれている。見込みに「大」字を入れた製品は、山内窯で採集されており、有田や波佐見の製品と胎土も異なっているため、五島焼の製品と見て良いであろう。山内窯は福江藩領内の窯であるため、自藩の製品を城内で使用していたことは確認できる。

同様に富江陣屋では、富江領内の窯の製品を使用していた可能性が考えられる。富江陣屋は富江中学校とその隣接した敷地に存在していた。現在は石蔵などが当時の遺構として残るのみである。付近には江戸期の遺物も散布しているため、発掘調査を行えば、富江領内の窯の製品の使用の一端を知ることができるであろう。八本木窯の製品には「八本」

の文字を意匠化したものも含まれるため、それらを中心にまずは抽出することになろう。

⑹ 終焉

五島焼はいつ終わったのか。小田窯は「永続セズ」とあり、八本木窯は文化十二年（一八一五）には五太夫が天草に帰っているので、それまでには廃窯を迎えたであろう。その後の窯として、田ノ江窯、山内窯、戸岐ノ首窯などがあるが、いずれも廃窯時期は明らかではない。窯体の発掘調査を行った田ノ江窯では出土資料の中に明治以降にまで年代が降るような製品は見られず、焼成室床上の製品も江戸期のものであった[44]。また、田ノ江窯を含めた五島焼の窯跡の採集品の中に精製コバルトを用いた製品も見られない[45]。よって、今のところ、紀年銘の製品の存在から嘉永年間までは操業が行われた可能性が高いが、確実に明治時代まで操業が行われた資料はない。

一方、窯の操業そのものに関わるものではないが、近代以降も陶石に関する記録はあるようである。明治三年（一八七〇）に増田村の亀吉という者が田尾の陶石の採掘を願い出て、許可されている（下川二〇〇一）。しかし、問題があって結局、中止となったようである。陶石そのもので商売をしようとしていたのであれば、その時点ではすでに田尾の陶石を利用した磁器生産は行っていなかったと考えられる。

⑺ 伝世品

玉之浦町大宝寺蔵の「天保五年（一八三四）」銘の線香立てや富江町瑞雲寺蔵の「奉寄進　陶山中　嘉永二年（一八四九）酉六月」銘の徳利の存在はすでに述べたが、その他にも五島焼と見られるものがいくつか存在する。天満宮（天満神社）所蔵品、瑞雲寺所蔵品、田ノ江窯の操業に関わった貞方氏の子孫の方が所有されている製品、五島観光歴史資料館の展示品などである。

繁敷に所在する天満宮には、「奉寄進」と記された広口花瓶（図76）が奉納されている。八本木窯の製品とみられる。

図 76　天満宮蔵広口瓶

図 77　五島焼伝世品
（佐賀県立九州陶磁文化館 1988 より）

佐賀県立九州陶磁文化館が開催した『長崎の陶磁』展では、瑞雲寺（五島市富江町松尾）に所蔵されている染付竹林七賢人文火鉢（図77－1）や染付瑞雲寺銘瓶（図77－2）、個人蔵の染付菊耳花瓶（正面に「奉寄進」、背面に「冨江　陶山方」銘）（図77－3）を紹介している（佐賀県立九州陶磁文化館一九八八）。

貞方氏が所蔵している製品は、染付格子文盃台（底部「嘉」銘）（図78－1）、染付草花文蕎麦猪口（内底部「嘉」銘）（図78－2）、染付竹笹文壺（底部「貞方氏」銘）（図78－3）、染付「貞氏」銘瓶（図78－4）、染付富士山楼閣山水文変形皿（図78－5）などがある。銘にある「貞氏」、「貞方氏」は言うまでもなく貞方氏のことであり、「嘉」もまた貞方氏の嘉八の一字を銘として入れたものである。嘉八の没年は安政六年（一八五九）である。これら銘のあるものについては、田ノ江窯の製品であることは確かであろうと思う。また、『日本やきもの集成11』には、底部に「貞嘉」とみられる銘が入った染付梅鳥文壺が紹介されている。

五島観光歴史資料館には、「集月寺」銘の染付大瓶（図79－1）、染付山水文香炉（図79－2）、白磁ひょうそく、染付笹文小皿、染付花瓶、染付仏飯器、染付楼閣山水文八角鉢、白磁大瓶、染付楼閣山水文皿、染付蕎麦猪口（図79－3・4）、染付宝文香炉（図79－5）、染付端反碗（図79－6）、青磁仏花器、染付中皿、白磁大

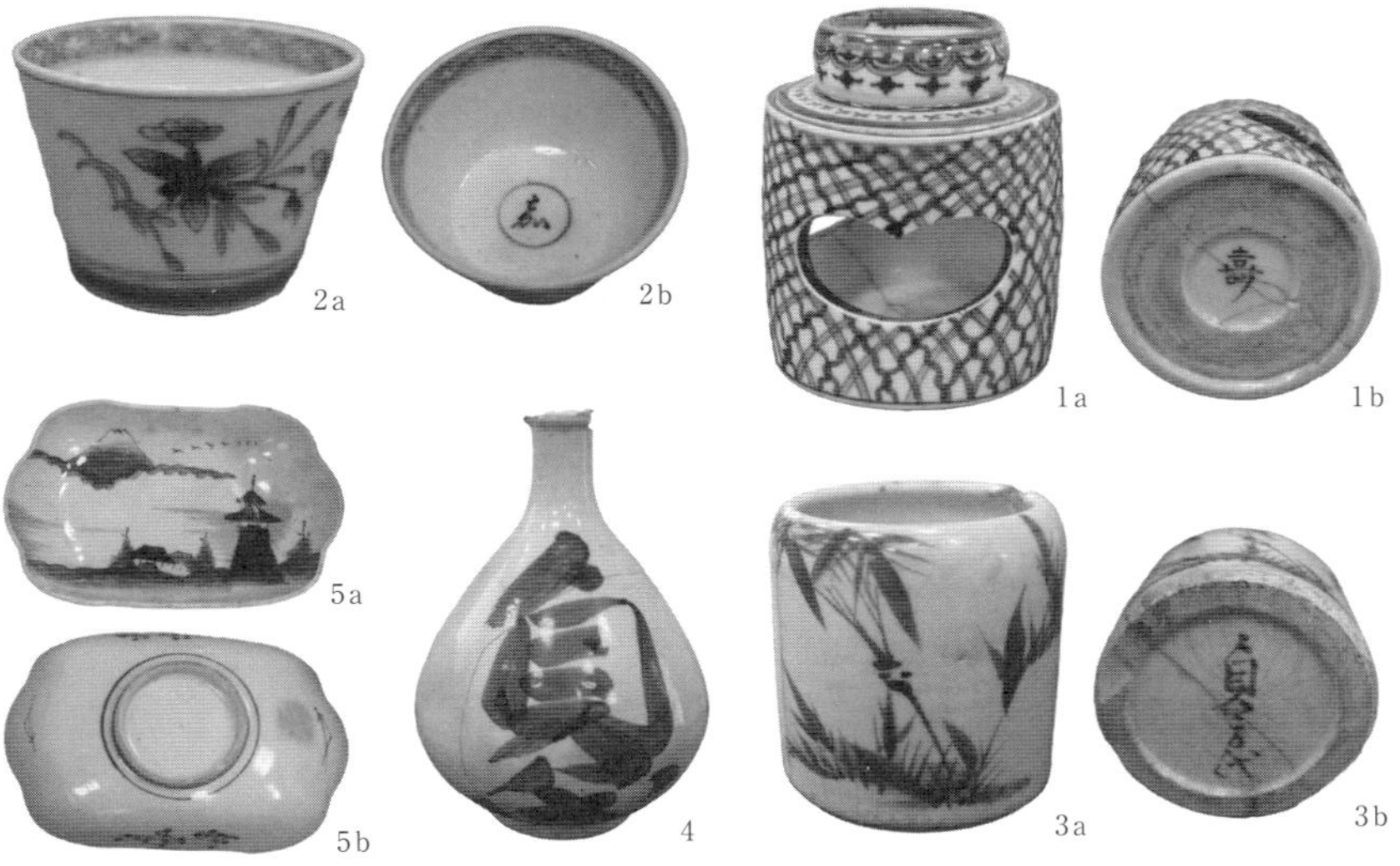

図78　貞方氏（五島市富江町）所蔵品

図79　五島観光歴史資料館展示資料

瓶などが五島焼として展示されている。伝世品であるため、銘があるものを除いて、確実に五島焼と同定するのは難しいが、これらの多くは肥前本土の製品と比べて、胎土や釉調が異なるので、五島焼である可能性は高いと思う。その中で明らかに志田焼とみられる染付中皿が田ノ江窯の製品として紹介されている（図79－7・8）。地元でも志田焼の染付中・大皿の類を田ノ江窯の製品として認識しているようであるが、窯跡などではそうした製品は出土していないし、採集もされていない。おそらく多くの志田焼の製品が当該地域に流通し、そして、伝世したことから、当該地域で生産されたものと誤認されたのであろう。

同様の産地誤認の経緯は、前に述べたようなかつて志田焼が江波焼と誤認されていたことと似ている。年代と背景は異なるが、伝世品の存在によって産地が誤認されることについては、いわゆる古九谷産地問題とも同様の構図であろう。

もっとも五島焼の場合、生産された製品の全貌が明らかになったわけではない。中・大皿およびそれらを焼くような窯道具も少ないながらも出土しているし、志田焼と同様に天草陶石を使用し、志田焼の陶工が田ノ江窯の操業に参画した場合、ほぼ同種のものを生産できる環境と時代でもある。そのため、志田焼の染付中皿・大皿のような製品を生産した可能性を全く否定するわけではないが、今のところ、その可能性は低いと考える。

7　近世五島焼の意義

なぜ「西海」の島で磁器が焼かれたのか考えたい。小田窯が開窯した十八世紀後半は、まだ地域に磁器原料が存在することが産地成立の条件であった。地域の産物である陶石を活用するために、磁器生産の先進地である肥前から陶工を招いて、磁器窯が興った（野上二〇一七ａ）。四国の砥部焼や天草の高浜焼などが代表的な例であるが、五島焼もまたその一つであった。続いて八本木窯や田ノ江窯などが開窯し、操業された十九世紀は日本全国で磁器生産が始まり、磁器市場において肥前磁器が独占する時代は終焉を迎えていた。九州と四国の間でも多くの陶工が往来している（図80）。磁器の生産技術が全国に広まった時代であるが、それは富江領の藩主が招聘した天草の上田家が管理していた天草陶石が商品化され、流通したことも大きな要因であった（図81）。つまり、磁器原料の広域的な商品化によって、地域の磁器原料の存在が産地成立の絶対条件ではなくなったのである。原料とともに技術が広まる側面もあったし、また磁器原料そのものではなく、その知見が広まることで地域の新たな磁器原料の開発にもつながっていった。

こうした背景の中で成立した地域産業としての五島焼の研究は、磁器の生産と消費の一般化を考える上でも重要である。福江島は五島列島では最大の島ではあるものの、それまで大きな磁器需要があった場所ではないし、磁器需要があったとしても磁器の大生産地である肥前本土から容易に海を越えて運び込める位置にあった。それが田ノ江窯の操業期に

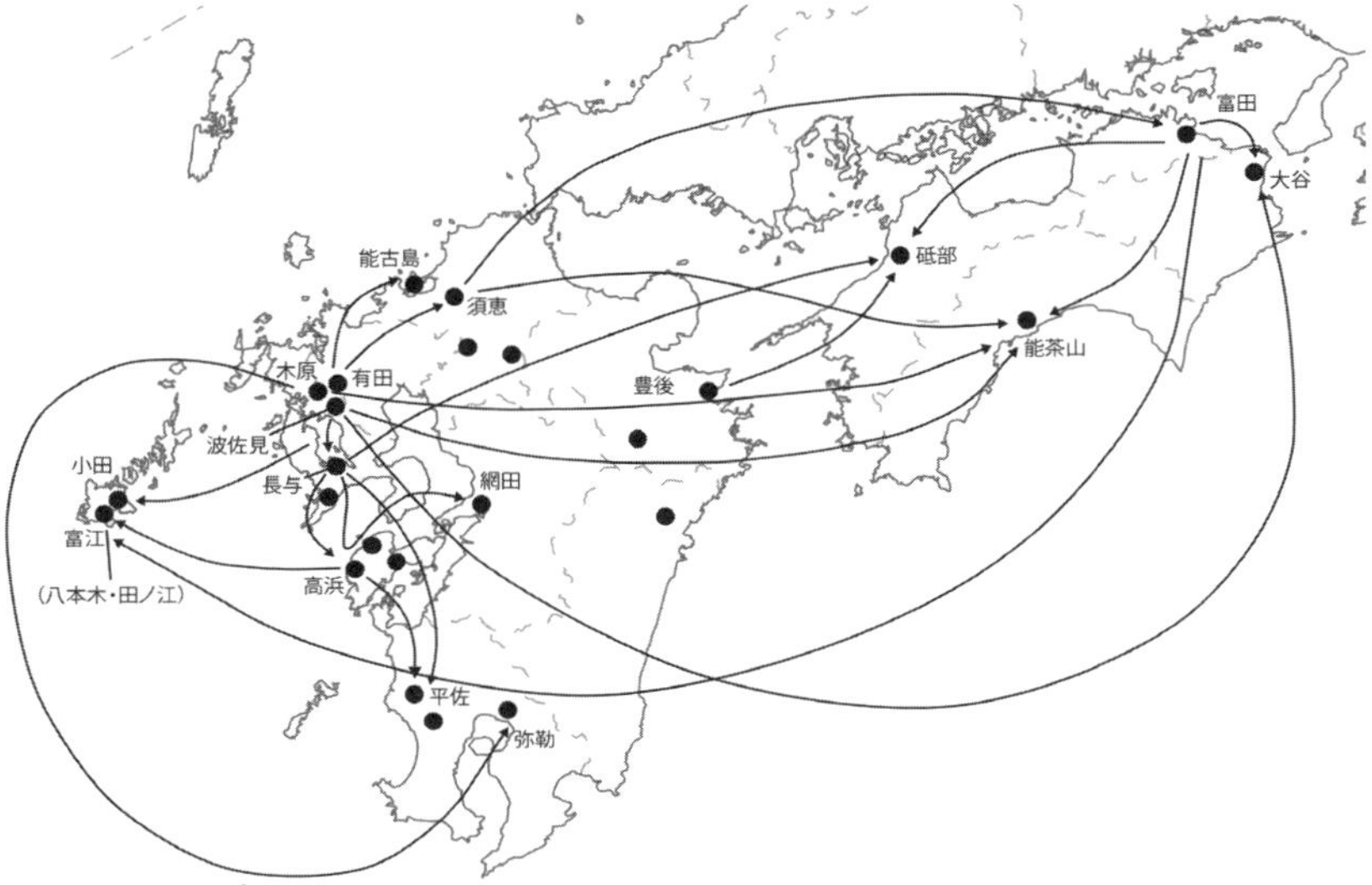

図 80　九州・四国地方の主な磁器窯における陶工の移動

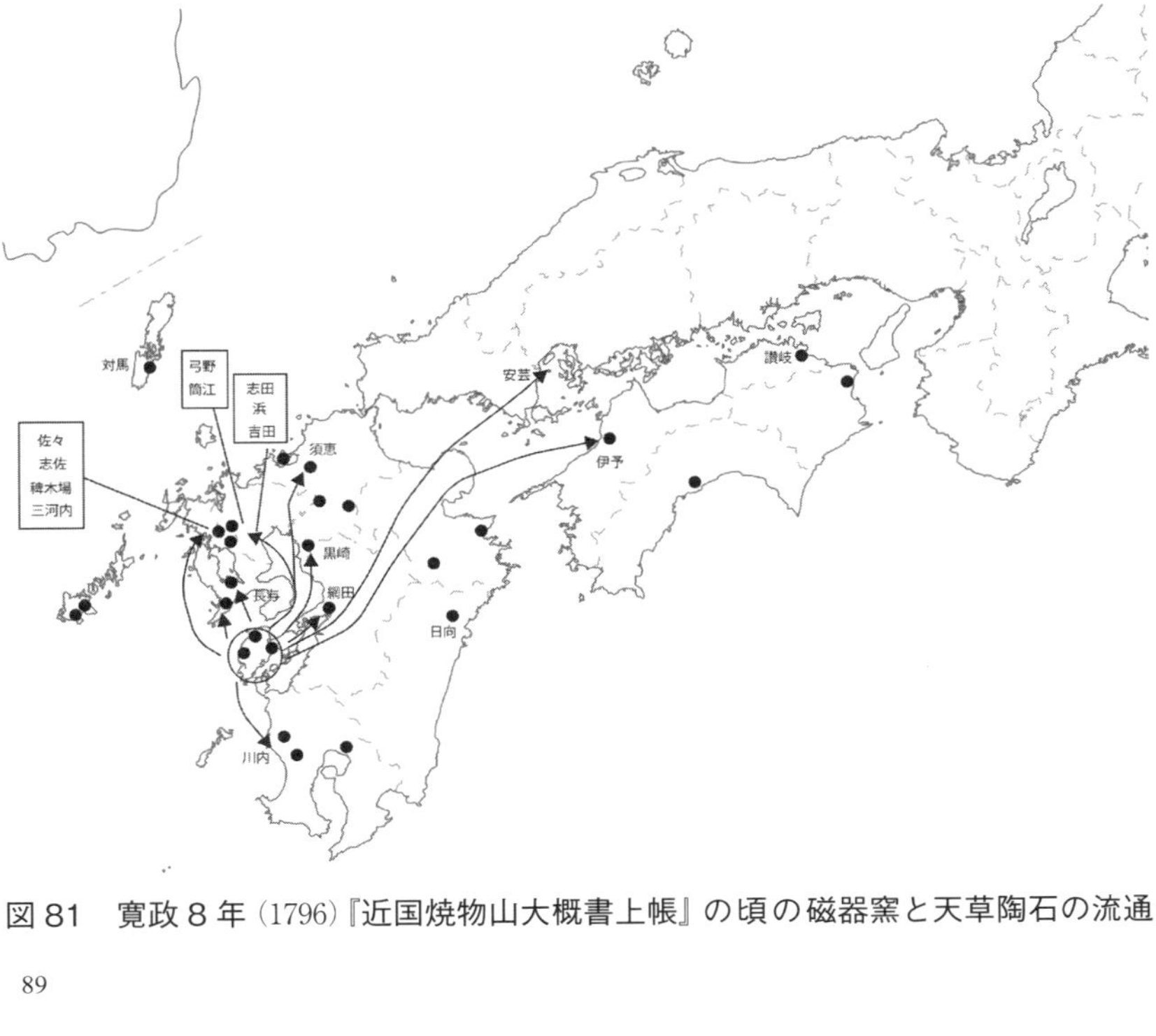

図 81　寛政８年（1796）『近国焼物山大概書上帳』の頃の磁器窯と天草陶石の流通

は、島内で長さ数十メートルの複数の登り窯が存在し、磁器を量産していた。島嶼部でも磁器の使用が一般化した証であろう。磁器はすでに限られた特産品ではなく、生活に欠かせない日用品となっていたとみられる。都市部だけでなく、島嶼部を含めた農漁村部においても磁器が日用の必需品となったことで、多くの藩では肥前本土の磁器が大量に流入するようになったものと思われる。そのため、自藩でも生産し、自藩の需要を満たし、ひいては対外の需要にも応える殖産興業を考えたのであろう。

そして、この磁器の使用の一般化はもちろん五島だけではなく、全国で進んでいったが、おそらく日本国内だけでもないように思う。十八世紀には東南アジアでは中国南部の磁器が大量に流通し、さらに十九世紀になると、産業革命を経たヨーロッパで生産された工業製品としての磁器が中国磁器の地位を脅かすように広く流通するようになっていった。その契機となったのが清朝の海禁であったと考えている（野上二〇一五）。

五島焼の生産と流通について、丹念に調べることは磁器の生産と消費の一般化を明らかにすることにつながる。まだ五島焼の考古学的研究は始まったばかりであり、今後の継続的な調査と研究が必要である。

註

（4）「右之者李氏ニ而御座候得共、金ヶ江島之者ニ付在名を相唱、金ヶ江三兵衛と被召成候」（『多久家文書』有田町史編纂委員会一九八八）

（5）「其内参平と申唐人申上候は、我は土を穿、陶器を仕立候由申上候故」（『金ヶ江家文書』有田町史編纂委員会一九八八）

（6）「右唐人三平、子を設候は其先祖金ヶ江三兵衛ニ而御座候」（『金ヶ江家文書』有田町史編纂委員会一九八八）

（7）『金ヶ江家文書』有田町史編纂委員会一九八八

（8）金ヶ江三兵衛の子孫だけではなく、家永壱岐守の子孫も同様に泉山磁石場の発見と天狗谷窯の築窯を先祖の功績として訴えている（有田町史編纂委員会一九八五）。

（9）陶器のみを生産していた下稗木場窯は、操業年代が一五九〇～一六〇〇年代と推定されるため、慶長の役の際に連れ帰った朝鮮人陶工が開窯した可能性が考えられる。

（10）『今村家文書』には「中尾川内山頭今村三之允」、「一中尾河内皿山　今村三之丞取立」とあり、波佐見の中尾山とも関わりがあったことをうかがわせる。

（11）特に古皿屋窯では、質の高い青磁が出土している。

（12）焼成時に皿の底部が垂れないように円錐形の「ハリ」で支えて焼く技法。

（13）ロクロを使用せずに、型と糸切りで成形する技法。

（14）灰などがかからないように器を中に入れて焼く窯道具。

（15）釉裏紅ともいう。酸化銅を顔料として赤色に発色させる装飾や施釉技法。

（16）京都・大坂を往来する客船に対して、食べ物や酒を売る茶船（くらわんか船）で使用されたと伝えられることが名前の由来であるが、江戸後期の粗製の碗・皿の総称として用いられている。

（17）現川窯は陶器を主体に焼いた窯であるため、陶石ではなく、陶器用の粘土であるかもしれない。

（18）『上田家文書』は幕府領天草郡高浜村庄屋の文書であり、約七〇〇〇点の文書群である。村行政に関する庄屋文書を中心に天草の当時の状況が再現できる文献史料である。

（19）中野雄二氏のご教示による。

（20）『肥前陶磁史考』には、次のように書かれている。「（肥前の）磁器製造地を大別するに、内外山と大外山との稱するを用ふること、成つた。乃ち有田皿山を内山と稱し、有田郷の外尾山、黒牟田山、王寶山（応法山）、廣瀬山、南川原山と伊萬里郷の大川内山、市の瀬及杵島郡の筒江山を外山と稱へられた。そして、杵島郡の弓野山、小田志山、藤津郡の内野山、吉田山、志田東山、志田西山、東彼杵郡の三河内山、江永山、木原山、稗木場山、中尾山、三の股山、永尾山等を大外山と稱するに至った。」（中島一九三六）

（21）繁敷地区には、福蔵開、福蔵開下などの字名が残る。

（22）居付ともよばれた移住者に対して、もとから五島に住んでいた人々のことを指す。

(23) 文化十年七月五島測量の際、上田宜珍に送った書簡に、「一、当七月中於五島不思議に賢弟五太夫子に再度得御意候上納図相済候はは天草郡之図内内書写進上可申哉之旨も申談候」とある（五島文化協会一九八五－一九八八）。
(24) 大型の柱状の窯道具。
(25) 円錐形の突起（ハリ）がつけられた円盤状の窯道具。重ね焼きに用いられる。
(26) 器の口部がやや外側に反った形をした碗。十九世紀に流行した碗の器形である。
(27) 腰が張り、高台が撥状に開いた形のやや大きめの碗。蓋付きのものが多く、比較的上質なものが多い。十八世紀以降にみられる。
(28) 皿の高台内を蛇の目状に釉剝ぎし、その内側を凹形にくぼませたもの。
(29) 蛇の目凹形高台の製品などを焼くための窯道具。
(30) 円盤状の窯道具。
(31) 柱状の窯道具。
(32) 台がついたハマやトチンのような形状の窯道具。
(33) 器を中に入れて焼く匣鉢（サヤ）の肥前の方言。
(34) 広くて高い高台を持ち、直線気味に口が開いた碗であり、十八世紀末から十九世紀にかけて流行した碗。
(35) 高台脇で器壁が折れ、直線的に口が広がるような形の碗。十八世紀に流行した。
(36) 器壁が直線的に立ち上がる筒形の碗。
(37) 口の広がりは広東形碗に似るが、高台が高くない碗。
(38) 重ね焼きをするために器の内面を蛇の目状に釉を剝いだもの。
(39) 足付き輪状トチミは須恵焼の窯跡からも出土しており、須恵から讃岐へ伝わった可能性も考えられるが、本来、足付きハマ自体は関西系の窯道具と見られるため、関西系の窯から讃岐と須恵に共に伝わったと考える方が妥当であろう。
(40) 出土している磁器は、現在、窯壁が露出している窯の右側に存在するとされる登り窯で生産されたものと推定されているが、窯構造からみる限り、窯壁が露出している窯でも磁器を生産していると考える。

（41）『五島編年史』の明和四年の項に窯跡として「松山（山内）」と書かれていることを根拠とするものであるが、『五島編年史』は古文書等からの引用部分と著者である中島功による註からなる。「松山（山内）」は註の中の記述であり、明和四年の記録ではない。

（42）本文でも述べたように内容については解読していない。

（43）文化九年（一八一二）の手控え日記を根拠としたものか、「富江領繁敷皿山を廃止し、山内窯に移す」（岐宿町二〇〇一）と書かれたものもある。

（44）窯の増築や縮小が行われた可能性があるため、焼成室床上の製品が窯の最後の焼成時のものとは限らない。

（45）田ノ江窯跡の下方で精製コバルトを使用した型紙摺りの製品が採集されているが、歪みなどは見られず、焼成時の失敗品ではない可能性が高い。

第2章　海を跨がる疫病―疱瘡―

道なき道とはこのようなところを言うのであろう。薮が生い茂った先の見えない獣道のようなかつての踏み跡を進むと（図82）、埋もれた墓石や折れ倒れた墓石が点在しているところに辿り着く（図83）。その周囲には陶磁器の欠片が散らばっている。天然痘で亡くなった人々の忘れられた墓地である。疱瘡墓という。これらの墓は「西海」の範囲に重なるように大村、五島、天草地方に分布している。

疱瘡墓は、「西海」の独特の天然痘対策によって生まれたものである。天然痘の歴史を振り返りながら、発見される疱瘡墓から「西海」における天然痘との闘いをみていこう。

第1節　天然痘と「無痘地」

1　天然痘と人類

人間とウイルスの戦いは太古の時代から続いている。今も世界中でさまざまな感染症が流行している。特に二〇一九年末から世界中で流行した新型コロナウイルス感染症（COVID-19）に伴うコロナ禍は世界中に大きな影響を与えた。新型コロナウイルスの感

図83　疱瘡墓の調査風景

図82　握りの浜への道（長崎県五島市）

染拡大に対するものと同様に、これまでも多くの感染症に対してさまざまな対策がとられてきた。

天然痘[46]もまたその感染力の強さと致死率の高さにより非常に恐れられた感染症であった。天然痘は人以外の自然宿主がなく、人から人へ感染する病である。感染した場合、軽重の差はあれ、潜伏期を経て症状は必ず出る。一方、一度罹患すると終身続く免疫が得られる特徴も持っている（相川二〇一八）。

どういったものであれ、その起源というものはあやふやである。天然痘の起源もそうである。紀元前一一五七年に死亡したエジプトのラムセス五世のミイラに痘痕が認められているが、天然痘であるとの確証はない（香西二〇一九）。一説には中央アジア起源とも言われている（酒井二〇〇八）。いずれにせよどこかを起源として「旧世界」に広がり、さらに世界中に広がった感染症である[47]。シルクロードを通してユーラシア大陸一帯に広がり、そして、コロンブスの西への航海以降始まったヨーロッパとアメリカ大陸の交流とともに、天然痘が「新世界」にも広がっていった。天然痘は地球を覆う規模の感染症となった（相川二〇一八）。

しかし、種痘の開発と普及により、人類は天然痘を克服していき、ついに一九八〇年に世界保健機関（ＷＨＯ）によって根絶宣言が発表された。人類が克服した唯一の感染症とも言われている。現在では研究機関で、ウイルスはサンプルとしてのみ保存されて、自然界で見ることもなくなった（香西二〇一九）。

2　日本における疱瘡

天然痘は、日本で「疱瘡」などと呼ばれていた。それ以外に「痘瘡」、「豌豆瘡」、「裳瘡」などともよばれ（香西二〇一九）、古文書などでは「痘」とのみ記されていることもある。本書では江戸時代の天然痘について主に疱瘡という言葉を用いる。天然痘ウイルスが中国から朝鮮半島に持ち込まれ、六世紀頃に大陸から多くの渡来人が渡ってきたことによって、日本に天然痘が伝わったとされる（立川一九八四）。以後、流行を繰り返しながら、やがて誰もが罹る病となっていった。流行して社会的に集団免疫を獲得しても、その効果が薄れた頃にまた流行するということを繰り返していたのである。

江戸時代になると、都市部では毎年のように流行する常在病として存在した。都市部を離れた地域では状況が異なっていたが、それでも数年に一度はどこかで大流行していた（酒井二〇〇八）。例えば、熊本藩細川侯の侍医・村井琴山は天明八年（一七八八）、疱瘡に関連した書物を『痘瘡問答』の一冊にまとめており、その中で、日本における疱瘡の流行の周期に関して、次のように述べている（香西二〇一九）。

我邦ニテハ七年一回、此病大ニ流行ス。中華ノ痘書ニ見ヘサル所ナリ。夕、大都市ハ終年処々コレヲ患フトイヘトモ、亦七年一回大ニ流行ス。コレ地方ノ異ナル処ナリ[48]（村井一七八八）。

つまり、疱瘡は日本では、通例、七年に一度大流行する病であり、大都市では年中どこかで流行し、その流行の形態は地方によって異なっていた。

そして、天然痘が流行した際には小児に多くの犠牲が出た。例えば、橋本伯寿の『国字断毒論付録』は、「痘瘡流行すれば小児多く死するゆへに故衣舗に痘瘡児の故衣おほし」（池田一八六一）という観察を残している（香西二〇一九）。つまり、多くの小児が亡くなることから古着屋には小児の服が数多く出回った。生まれてすぐは名前をつけず、疱瘡の病から快復して初めて名前を与える地域があるほど小児の犠牲は多かった（酒井二〇〇八）。そして、一度でも罹った経験があれば、一生繰り返すことがないという特徴があるため、「大人事」として、都会の疱瘡は避けられない通過儀礼的な病とされていた。

西海の「大都市」である長崎でも疱瘡は大流行を繰り返しており、犠牲者の供養塔が残る。一の瀬無縁塔（図84）と茂木道無縁塔（図85）である[49]。一の瀬無縁塔（長崎市本河内二丁目一番）は、寛文二年（一六六二）年に疱瘡が流行した際の供養塔である。死者二三一八人に及び、特に嬰児の夭折が多かった。そのため死んだ子どもたちのために、長崎総

図84　一の瀬無縁塔（長崎市）

図85　茂木道無縁塔（長崎市）

町をあげてこれを悲しみ供養したという。もう一つの茂木道無縁塔（長崎市上小島二丁目一三番）は、正徳二年（一七一二）に痘瘡が流行した際の供養塔である。翌年三月まで三千余人の患者が出たといわれている。この時の死者（主として子ども）を供養し、併せて長崎の町に病気が入ってこないように祈念するため茂木道に供養塔が造られたという。

3　「無痘地」

一般には疱瘡は誰もが罹る極めて身近な病であったが、『和漢三才図会』の「十巻　人倫之用」に「島嶼・山野、痘ヲ知ラザルノ地亦タ之有リ」とあるように、「痘ヲ知ラザルノ地」もあった。島嶼部や山間部では、終生疱瘡に罹らずに済むこともあったわけである。人から人へ感染する病であるため、外部との接触がほとんどない土地では感染リスクも非常に小さいものとなることは疫学上、理解できる。香西豊子はこうした「痘ヲ知ラザルノ地」のことを「無痘地」と称している（香西二〇一九）。

それでは具体的にはどこの土地が「無痘地」であったのか。村井琴山の『痘瘡問答』の問答16や橋本伯寿の『断毒論』には、次のように書かれている（香西二〇一九）。

我カ肥天草一郡ノ人ノ如キ、コレヲ避クレハ一生コレヲ患ヘス。肥前ノ五嶋・平戸・大村、紀州ノ熊野ノ如キモ亦同シ（村井一七八八）。

本邦、豆の八丈島、信の御嶽・秋山、飛の白河、北越の妻有、紀の熊野、防の岩国、予の露峯、土の別枝、肥の大村・天草・五島、奥の蝦夷、古より今に至るまで、皆能く痘の伝染を避く（橋本一八一一）。

天然痘が流行しないとされていた土地として、長崎県の五島・平戸・大村、和歌山県の熊野、伊豆諸島の八丈島、長野県の御嶽・秋山（南佐久郡川上村）、岐阜県の白川、新潟県の妻有（十日町市・津南町）、山口県の岩国、愛媛県の露峯（久万高原町）、高知県の別枝（仁淀川町）、熊本県の天草、北海道の奥蝦夷が挙げられている（図86）。「西海」の五島・平戸・大村・天草も含まれている。

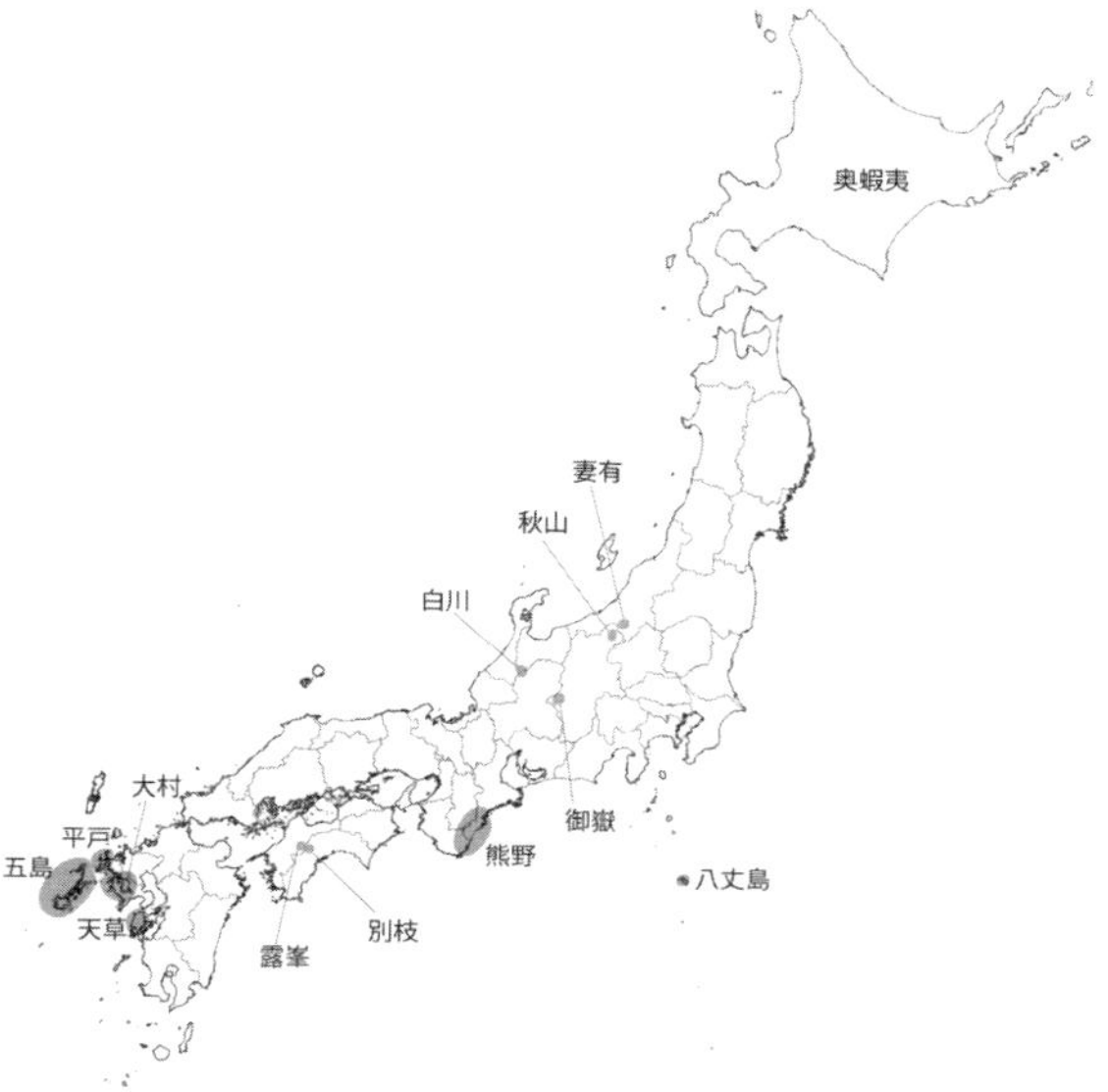

図86　「無痘地」と伝わる地域の位置図

これらの土地は大きく二つに分けられる。一つは本州本土から数百キロ離れた八丈島や信濃川の最上流域にある妻有など、『和漢三才図会』で述べているような島嶼部や山間部に位置するもので、人の往来そのものが少なく、感染機会に乏しいいわば「天然の無痘地」である。感染機会が乏しいとは言え、その機会が全くないわけではなく、ウイルスが入り込むことがある。その場合、どのようなことが行われたか、北海道と種子島の二つの事例をあげる。

まず『痘瘡問答』にある「奥の蝦夷」では、後に述べる「逃散」が行われている。アイヌの住地であった「奥の蝦夷」が無痘地でありえたのは天然痘ウイルスをもたらす「和人」との接触が乏しかったからである。アイヌと和人の交流が密接になっていくことと並行して、和人のもたらした天然痘が蝦夷地の奥へと拡がっていったと考えられ、それが十九世紀前半のアイヌ人口の減少をもたらしたと指摘されている（永野二〇二〇）。そして、アイヌは疱瘡などの感染症流行時には病人を置いて「深山幽谷」へ避難し、感染を免れていた。こうしたことは少なくとも十八世紀前半には行われていたという（永野二〇二一）。寛政十二年（一八〇〇）のアブタでの疱瘡流行の際は、山に避難するにあたり、アイヌの役職者である「役土人」から幕府役人松田伝十郎への「申立」があり、このことから永野正宏は寛政年間の山への避難はアイヌによる主体的な行動であったと述べている（永野二〇二一）。[50]

次に種子島の事例をあげる。ここでは後に述べる「送捨て」と「逃散」が合わせて行われている。『疱瘡問答』や『断毒論』に、「痘」のない土地と記された場所ではないが、『和漢三才図会』の「痘ヲ知ラザル」島嶼とみてよいと思う。明治時代、甑島から種子島への集団移住が鹿児島県の一大事業として行われ、その中で疱瘡が流行している。流行時の内容について鮫嶋安豊の記事から抜粋する（鮫嶋二〇二〇）。まず中種子島町坂井に感染者が現れ、南種子島町平山へと拡散し、その後西之表市立山（御牧）の住民が発症し、蔓延したという。その結果、疱瘡死亡者二二名、その他の感染症死亡者二七名を合わせて四九名が亡くなっている。この島で行われた感染拡大の予防方法もやはり隔離であった。罹患者は「疱瘡穴」とよばれる横穴に完全に隔離され、近隣の住民は集落を離れて原野に避難させている。そのため、立山御牧など島内各地に疱瘡穴、疱瘡墓と呼ばれる場所がある。甑島からの移住にあたり、種痘を実施していたが、種痘の効果なく感染した者がいて、無ウイルス状態の種子島でエピデミックを起こしたのであろう。このように「天然の無痘地」であっても感染の恐れが全くなかったわけではないが、頻繁に起こることではなかったと思われる。

もともと感染機会が乏しかった奥蝦夷や種子島のような土地を「天然の無痘地」とよぶならば、五島（福江）、大村、岩国などはその中に城下も含んだり、都市に隣接した土地であり、人々の往来が日常的に行われている中での「人工の無痘地」である。もちろん、先天的に天然痘に罹らないような特殊な住民というわけではない。人々の往来があれば天然痘ウイルスにも当然のことながら感染する。それではどのようにして無痘地をつくりあげたのか。『和漢三才図会』

には次のような続きがある。

若シ人他邦ニ出テ伝染家ニ帰ル者有レバ、則チ山ヲ隔テ之ヲ棄テ、自ヅカラ癒テ還リ来ルヲ待ツ。蓋シ其ノ伝染ヲ恐レテナリ(51)

万一、他郷から戻った者が疱瘡をわずらっていた場合、伝染を恐れて、山向こうに患者を遺棄し、治癒後に帰還するのを待ったというのである（香西二〇一九）。また、村井琴山の問答では、土地の地理的条件ではなく、むしろ疱瘡を忌避する習俗の帰趨であるとも説明している（香西二〇一九）。疱瘡を遠ざけているだけで疱瘡患者が存在しないわけではなく、徹底した隔離政策によって、天然痘ウイルスのない空間を作り上げようとした結果であったのである。つまり、この場合の「無痘地」は人工的に作られたものである。「西海」の諸地域はこの「人工の無痘地」にあたる。

無痘地では疱瘡が流行しないと言いつつも、疱瘡患者が存在しないわけではなかった。人工的に「無痘地」をつくりあげようとしたが、完全に抑え込むことは難しかった。その証拠にこれらの地域にも疱瘡に関わる多くの石造物が残っている。疱瘡墓もその一つである。

4　「無痘地」の習俗の類型

疱瘡について橋本伯寿は神仏によるものではなく、接触伝染病であると明言しており（酒井二〇〇八）、古くから人から人へ感染する病であることは知られていた。そのため、人との接触を避けることが疱瘡の流行を防ぐ有効な方法であることは理解されていた。しかし、無痘地の環境をつくりあげるほど隔離を徹底させる地域は多くはない。「西海」の大村・五島・天草はその数少ない人工的な無痘地であった。そして、無痘地の隔離政策もさまざまであり、香西は無痘地の習俗として「遠慮」、「送捨て」、「逃散」の三つの類型を提示している（香西二〇一九）。

まず「遠慮」とは、まだ疱瘡を済ませていない土地の領主やその後継者に、疱瘡の罹患者およびその親族が近づくことを禁止・制限する習俗である。この習俗は岩国藩などで見られる（香西二〇一九）。磯田道史によれば、岩国藩は疱瘡が流行すると、武士・領民に「遠慮」、登城や外出を禁じ、城下から遠く離れた特定の村を「疱瘡退村」として、隔離地域に指定し、そこに隔離されるという（磯田二〇二〇）。

「送捨て」とは、疱瘡患者を遠隔地の仮小屋に収容して隔離する対策である。『和漢三才図会』に書かれている「山ヲ隔テ之ヲ棄テ」というものである。隔離地は山の場合もあれば、海岸や離島の場合もある。「送捨て」の習俗は五島、大村、天草などの地方で観察されている（香西二〇一九）。

「逃散」とは未罹患者の方が患者の発生した場所から逃げる習俗である。つまり、「送捨て」の対策から逃げ、疱瘡流行地から離れる行為であった。「逃散」の習俗は大村や天草、蝦夷で観察されている（香西二〇一九）。前にあげたように、近代の種子島でも行われている。その他、同じく疱瘡流行地から離れる行為ではあるが、天草や五島では他国で治療養生させる「他国養生」という習俗もみられた。

5　「西海」の「無痘地」

「西海」の大村、五島、天草地方は無痘地であった。『疱瘡問答』や『断毒論』に、「痘」のない土地として紹介されている。これらの地域で行われていた主な疱瘡患者の隔離対策は、「送捨て（山揚げ）」と「他国養生」であった。送捨て（山揚げ）は、大村、五島、天草地方のいずれの地域でも見られ、「他国養生」は今のところ、天草、五島地方で確認されている。以下、「西海」の地方毎に疱瘡対策を述べる。

(1) 大村の疱瘡対策

『江漢西遊日記』には、司馬江漢が天明八年（一七八八）に江戸から長崎まで旅をした際に見聞した大村地方の習俗が記録されている（司馬一九八六）。それによれば長崎で疱瘡が流行しているとの状況に接すると、隣接する大村では家々が注連縄を張り、戸口で香をたくといった対応がとられたという（香西二〇一九）。現代の感染防止対策にあてはめると、ゾーニングによる清潔区域の確保、消毒や滅菌にあたるであろうか。それでも疱瘡は注連縄を越えて蔓延していった。

例えば、大村の『郷村記』の萱瀬村の「霊魂塚之事」の項には、次のように記されている（大村市史編さん委員会二〇一三）。

> 高サ六尺程の野石なり、石面に霊魂の文字を鐫す、其下に細字の銘文あり略之是ハ元文三年田下郷に疱瘡大に流行、其病に罹て死亡の者凡六拾有余人なり、依て其霊魂を弔はんが為に、此所に石碑ヲ建祀之と云ふ。

元文三年（一七三八）に田下郷で疱瘡が大流行し、六十有余人が亡くなったため、霊を慰める石碑を建てたことが記されている。位置は少し移動しているが、この石碑は今も現地に残っている（図87）。

そうした疱瘡蔓延に対し、元禄元年（一六八八）、幕府から大村藩に藩民にどのような措置をとっているか報告の指示がきている。これに対して、四代藩主・純長は次のように報告している。

> 大村ニ而致疱瘡候者ハ山揚ゲ仕候由承度如何様成儀ニ哉、森正右衛門相答え候ハ大村領内之儀ハ先年より疱瘡無之在所ニ而御座候付而城下侍共を始諸村下々百姓ニ至迄男女幼少之者ハ不及申七八拾程ニ相成者迄他国江不参候得ハ疱瘡致しは付不申自然疱瘡煩付候者ハ其侭其在所居成り為致候得者大勢疱瘡仕付

図 87　萱瀬の「霊魂塚」（長崎県大村市）

申候幼少之者ハ軽く仕候得共年老之者共十八人ニ七、八人相果申候如斯之在所ニ而候自然疱瘡相煩候者ハ其在所人はなれ之所ニ小屋を懸け置飯米等迄取らせ兼々疱瘡を申付為致養生候（大村市医師会編集委員会一九九四）。（傍線は著者による）

つまり、大村領内は以前より疱瘡が存在しない土地であり、疱瘡にかかった者をその「在所」に足止めし、人里離れたところに「小屋」を設けて隔離し、食事や治療を与えていた。また、大村藩ではこの隔離を「山揚ゲ」と称していることもわかる。

しかし、必ず実行されていたわけではないようである。大村藩の藩政日記の『九葉実録』の中の元禄元年（一六八八）の項には、「十一月十日波佐見村痘大ニ行ハル郷里ヲ限テ家ニ在テ療セシム［旧制痘ヲ病メハ山中ニ移シ医及ヒ食ヲ給ス］」という記録がある。元禄元年に波佐見村で疱瘡が流行し、「自宅療養」させていたことがわかる。一方、その但し書きにあるように、制度的には山揚げ、すなわち送捨てが行われていたこともわかる（大村史談会編一九九五）。

また、長與専齋（一八三八－一九〇二）は『松香私志』で、当時の大村藩の疱瘡患者に対する苛烈な隔離政策と悲惨さを次のとおり、記している。

舊大村領内は古來疱瘡を恐るること甚しく疱瘡は鬼神の依托なりとて疱瘡にかかりたる者は人家を離れたる山中に木屋を構へて此處に舁送し定めたる看病人の外は一切交通を絶ち親子夫婦たりとも立寄ことを得ず治療の事は申すに及ばず萬事の介抱行届かず十の七八は斃れ死し全快して家に歸るは稀なり而して其の遺骸を先塋の墓地に葬りて常式の葬祭を營むを得ず、幸に全快したりとも多くは畸形盲目となり別人の如く成果ることなれば疱瘡の厄濟ざる内は縁談の取組等も見合せ置く姿にて一人前の人間とは認めざる有様なり（長與一九〇二）。

> 又病家にては病人を遠く離れたる山中に移し置て日に飲食衣薬等一切需用の品を運び醫師を頼み山使[52]を傭ふ杯其費用夥しく且山へ運入たる物品は再人里に持歸ことならざれば俚諺に痘瘡百貫と唱へて中等以下の生活にては大抵身代を潰し累代の住家をも離るゝもの少なからず。斯く痘瘡は人にも家にも非常の災難を與ふることなれば一藩上下おしなべて恐れ悪むこと譬ふるにものなし（長與一九〇二）。

このように疱瘡に対する恐れの強さ、徹底される隔離、致死率の高さ、治癒後の社会復帰の困難さと差別、家族が負う経済的負担など、疱瘡が与える比類なき多大な災難について述べている。

この悲哀を思わせる句が小林一茶の「灯ちらちら疱瘡小家の吹雪かな」である。寛政年間の西国旅行の際、長崎、大村を訪れた時の街道筋から疱瘡小屋を見て詠んだものであろうか。

図88　横瀬郷の「霊魂塚」（長崎県西海市）

そして、苛烈な隔離政策が終わったことを示す供養碑もある。二〇一九年五月二三日付けで西海市西海町横瀬郷の平尾墓地と花川墓地にある「横瀬郷の霊魂塚」（図88）が西海市の有形文化財に指定された。平尾墓地[53]の一角にある霊魂塚の形状は角柱状であり、正面には「霊魂塚」と刻まれている。側面には「嘉永戊申（一八四八）年オランダ医師が牛痘接種による予防法を普及した。横瀬浦村の疱瘡感染者の隔離場所となっていた山が閉鎖され、それまでに感染して亡くなった人々を合葬した。そして、嘉永五年（一八五二）壬子十一月に霊魂塚を建立した」という内容が刻まれている。

もう一ヶ所の花川墓地[54]は、横瀬東公民館から道沿いに入り口がある。霊魂塚は墓地の中心部からやや北にある。角柱状の石碑の正面には「南无阿彌陀佛」と「南無妙法蓮華経有縁無縁法界塔」の二列の文字列が刻まれてある。側面には平尾墓地の

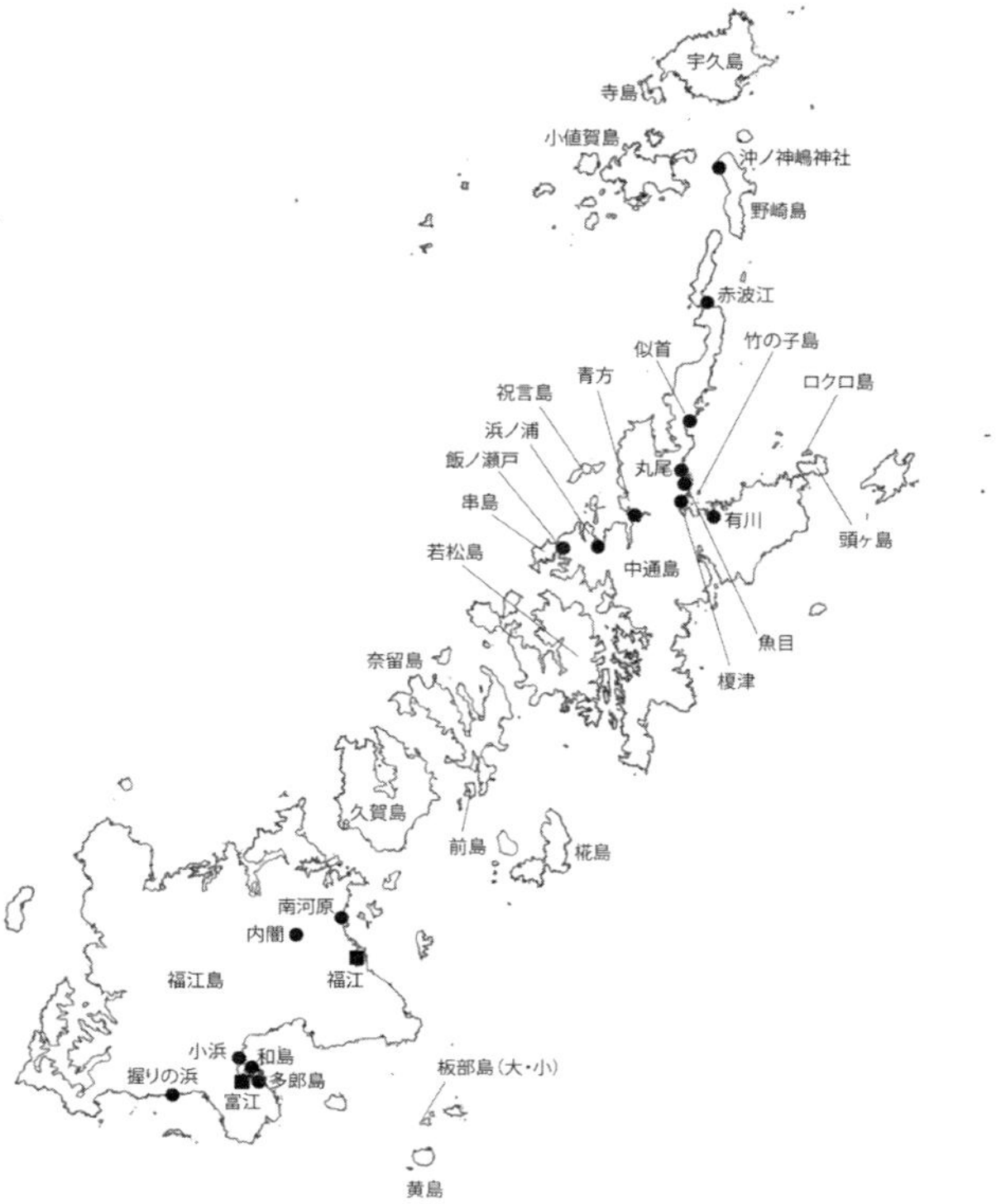

図 89　五島列島の疱瘡関連地図

霊魂塚と同じ内容が刻まれている。建立年代も同じである。

「舊大村藩種痘之話」（長與專齋）には、嘉永三（一八五〇）年正月から牛痘種法が正式に許され、その後三年目の嘉永五年（一八五二）、大村藩領内疱瘡で亡くなった人は一例でもなく、同年八月藩主は功労を賞して、稟禄も増加せられたとある（日本醫史學會一九五八）。この二つの霊魂塚は、大村藩内の種痘の実施が成功したことを受けて建立されたものである。

また、花川墓地霊魂塚の正面には二種類の宗派の言葉が並列に刻まれている。浄土宗などの念仏である南無阿弥陀仏、日蓮宗で唱えられる題目である南無妙法蓮華経などである。ウイルスは宗派を超えて感染し、供養もまた宗派を超えて行われている。

(2) 五島地方の疱瘡対策

五島列島でもたびたび疱瘡が流行した（図89）。全ての疱瘡流行の記録が残っているわけではないが、十九世紀の記録が多い。まず『五島編年史』下巻（明和元年～明治五年）に記載された疫病に関する記事を抽出したものを巻末資料

2にあげている。疫病の大半は疱瘡であり、その他に麻疹、犬病、赤痢、コレラなどがあり、病名が特定できない悪疫、熱病などと書かれているものもある。その他、五島列島の郷土誌に記された疱瘡関係の記載も巻末にまとめている（巻末資料3）。これらの記載をみると、およそ二〜三年に一度は五島のどこかで疱瘡が流行している計算となる。江戸後期においては、無痘地とは呼び難い状況になっている。

宮本常一が記した享和〜文化年間、文政年間と天保年間の疱瘡流行の結果や経緯について次に紹介しよう。

「魚目（図90）榎津を中心とした一帯では、一月二十九日に最初の死者を出して以来享和二年八〇人、同三年八四人、文化元年九四人の死者を出した。（中略）当時このあたりでは一年の死者の数は二〇人内外であつたのである」（宮本一九五二）。

「文政二年（一八一九）十二月熊蔵という者が青方の船で、備前岡山にゆき、そこで疱瘡にかかつて死んだ。その翌年一月、丸尾慶吉の舟で、之もやはり岡山へ出かけて行つた山下多次兵衛も、そこで疱瘡で死んだ。多分この多次兵衛の弟と思われる山下多三郎は、兄の死骸をとりに岡山に出向いたらしく病を得て平戸で死んだ。この菌はやがて島にもたらされ、多三郎の妻が祝言島に隔離されてそこで死んだ。多三郎の子喜市も母におくれること一月にして祝言島で死んでいる。祝言島は無人島で青方の西方海上にある（図91）。このようにして山下氏は絶えている。病菌が一軒の家に入込むと、その一家をたおしてしまわずにはおかなかつたのである」（宮本一九五二）。

図90　対岸からみた魚目地区（長崎県新上五島町）

図91　祝言島（長崎県新上五島町）

「天保年間にもまた大きな流行が見られた。之は列島の北の端の宇久島でおこつている。天保五年（一八三四）十一月二日に最初の疱瘡の死者を出し、天保六年八月二十七日までに七四人の死者があつた。但し疱瘡とはつきり記されているものは二四人である。同じ年寺島のみにて三一人の疱瘡の死者があつた」（宮本一九五二）

そして、宇久島で流行した疱瘡は魚目へも伝播したらしく、魚目の百松という者が天保六年九月二十五日に宇久島で死んでから、元海寺（魚目）の過去帳によると同年八九名の死者を出している。ただし、全部が疱瘡で死んだわけではない（宮本一九五二）。他の地域で疱瘡で斃れた者の縁者が遺体を引き取りに行くことで、ミイラ取りがミイラになるように患者となり、そのウイルスが島に持ち込まれ、一家が死に絶えている。あるいはある島で流行した疱瘡が飛び火するように別の島に渡り、病災を広めている。

それから、宮本がもっともいたましいものとして紹介しているものが、天保八年（一八三七）の飯野瀬戸（飯ノ瀬戸）の流行である。飯野瀬戸は中通島の西海岸、浜ノ浦村（現在は新上五島町）に属している。八月十九日から十一月九日までの間に一四四人の死者を出し、おそらく村は全滅同様であったであろうと結んでいる（宮本一九五二）。

このように大きな不幸を生み出す疱瘡に対して、五島では厳しい感染対策が講じられてきた。それはいつごろから行われていたのか。五島地方の疱瘡政策について、ルイス・フロイス（一五三二－一五九七）の著作『日本史』に五島の疱瘡に関する記述がみられる。すなわち、フロイスは永禄九年（一五六六）ごろとされる地誌情報として次のように記しており、十六世紀後半には、五島地方で、香西があげた「遠慮」と「送捨て」が行われていたことがわかる。

「日本で天然痘はごく一般にひろまっているが、我ら（ヨーロッパの諸国）においてペストが忌み嫌われるのと同じように、五島の住民はひどくこの病を嫌って、もしも息子か娘か妻か夫か、それともその他家族の一員が天然痘にかかると、ただちにその人を隔離させずにはおかない。そして人々との交渉を断ち、森の中に藁葺小屋を建て、そ

図 92　内闇ダムの湖底面（長崎県五島市）

図 93　水道口付近（長崎県五島市）

こで病人たちの世話をし、彼らが健康になるか、それとも死ぬまでそこへ食事を運んで行く。その病人がふたたび完全に健康となっても、その人が殿の邸に出入りする者とかそこで仕えているような場合には、一定の月数を経てでないとそこへ入ることができない。」（フロイス一九七九）。

隔離施設からの復帰の手順も定められている。例えば、文政十年（一八二七）に通達された次のような「出藪心得方」が伝わっている（藤原一九三二）。罹患者、濃厚接触者、看護者それぞれの復帰手順が記されている。帰宅後も謹慎期間が設けられており、前に述べた「遠慮」が行われている。

文政十年二月十一日　領内疱瘡流行につき出藪心得方を士民に通達す（温故知新）

一、出藪したる罹病者は其場所にて四十日を經過せば二番直りと稱して場所をかへ、其所に二十日間を過せば三番直りを行ひ、其所にて再び二十日を過したる後、始めて帰宅を許さる、帰宅後も二十日間は謹慎を命ぜらる、都合百日の事

一、迯藪別條なき者は四十日にて帰宅を許され、帰宅後、十日間謹慎を命ぜらる

一、看病人は身晒以後二十七日過ぎ帰宅を許され、帰宅後、十日間謹慎を命ぜらる

快復した罹患者の「二番直り」、「三番直り」等の具体的な場所も伝わっている。『福江市史（上巻）』によれば、福江では、疱瘡流行した時、士族の人は南河原に、士族以外の人は内闇に捨てられていたという（福江市史編集委員会一九九五）。一九七〇年に内

図94　南河原の海岸（長崎県五島市）

図95　南河原の「三界萬霊塔」（長崎県五島市）

闇ダムが建設される以前は、小さな盆地であった（図92）。その中央には大きなタブの木があり、その木の下に疱瘡患者が捨てられていたとされる。生き延びた人はまず内闇から水道口（図93）という小さな里で食物をもらい、これを「一番癒り」と呼んでいた。回復した人は、次にアカノタケと言う里に入り、そこで体を洗うことが許され、これを「二番癒り」と言った。さらに、ヒキダという場所で長く養生し、もう伝染しないと判断されると福江城下に入る事が許され、これを「三番癒り」といったという。

内闇は山の中にあり、フロイスも隔離地として「人里離れた林の中」と述べているが、海岸や離島も隔離地として選ばれている。福江島の南河原の海岸（図94）には供養塔「三界萬霊塔」（図95）が建てられている。背面には建立年月が刻まれているようであるが、風化が著しく正確に判読することが難しい。「寛政十三年（享和元年に改元）三月」（一八〇一）あるいは「文政十三年三月」（一八三〇）とみられる。側面には文字はない。南河原は疱瘡患者の隔離地となっており、浜辺に捨てられた病死者たちを憐れみ、南河原の郷民がこの供養塔を建てて祀ったという。また、『五島編年史』によると、文化年間、福江村に疱瘡流行し、御殿では姫君もこれに罹ったので種々医薬を用いて手当をしたが、効果が見えなかった。そこで藩主は奥浦村南河原に一寺を創立し、不動明王を安置して慈雲山一心軽成院と称させ、疱瘡禁圧の祈願をさせた。やがて平癒の効果現れ、みな恩恵に浴し、以来疱瘡の病根が絶たれたといい、軽成院跡が寺屋敷として残っている（福江市史編集委員会編一九九五）。この南河原の疱瘡小屋については、文化十年（一八一三）に福江島の測量を行った伊能忠敬らの測量日記にも記されており、「南河原崎左三十間ばかり上段に疱瘡小屋一軒、領主より普請なり。此節大村引越疱瘡五人あり」

図 96　握りの浜（長崎県五島市）

図 97　漁生浦島と串島（右奥）（長崎県新上五島町）

とある（的野一九九八）。大村引越とは大村藩からの移住者であろう。移住者については、次の章で改めて述べる。

富江では和島、小浜の浜や握浜（握りの浜）（図96）が感染症の隔離地となっている。小浜の浜は富江藩を覆そうとした小島外記という町医者が処刑された浜であり、その墓も付近の山中に残るという。そして、疱瘡など感染症患者を隔離した療養地であり、死んだ者は双子岩のところで火葬され、現地で埋葬されたといい、山中には無縁の墓があるという（富江町郷土誌編纂委員会二〇〇四）。小浜の浜はその両端が崖を背にした岩場となっており、海岸沿いにたどりつくのは難しい。現在、小浜の浜付近には地元の養豚業社の畜舎があり、浜につながる唯一と思える谷筋の道の入り口に家畜の伝染病感染を防ぐための消毒を行う検問所を設けている。感染を防ぐための地理的特徴を生かした立地の選択と思う。

前に述べた文政年間の流行の際に祝言島が隔離地として利用されているように（宮本一九五二）、離島が隔離地となることも少なくなかった。橋村修は当初は疱瘡の流行に当たって里人は山に隠れたが、人口が増加すると祝言島や串島（図97）のような無人島に移すことも行われたと述べており（橋村二〇二一）、離島の利用は人口増加に伴うものとしている。比較的早い例では、天和元年（一六八一）にはすでに疱瘡患者を斗楽から竹の子島に送っている（新魚目町教委一九八六）。また、板部島は黄島の疱瘡罹患者等を「捨てる」島と伝わっている（宮嶋編一九九四）。そして、中通島で疱瘡患者が出ると、魚目浦[55]では竹の子島、有川浦では頭ヶ島（図98）に「薮が立った」、すなわち隔離施設が設けられた（新上五島町教委編二〇二〇）。頭ヶ島は、近郊で疱瘡によって死んだ人が

図 98　頭ヶ島とロクロ島（伊能図）

図 99　ロクロ島（長崎県新上五島町）

例外なく海岸に埋められる島であり（宮本二〇一五）、宮本常一が次のように述べている。

「もともとこの島も、島のすぐ北によこたわるロクロ島（図99）も、埋葬の島であった。中通島の有川付近の人が死ぬると、この島まで埋めに来たものであるという。とくにホウソで死んだものは、例外なく、この島の海岸に埋めた。ホウソのことをダンパというが、島にダンパ平という所がある。そこへホウソで死んだ人をたくさん埋めたようである。つい最近まで、お盆になると、有川の西の蛤あたりから墓掃除に来ている家が多かったが、戦後、お骨を掘ってもってかえり、島への墓まいりはなくなった。」（宮本二〇一五）

それから、天保十一年（一八四〇）三月には榎津の旧家川崎五右衛門の娘、於由が疱瘡にとりつかれた為に下女まやと共に長崎の瀬脇に送られたが、まやも又病み、まやの方が一日早く二十七日に、於由は二十八日に死んだという（宮本一九五二）。天保十年（一八三九）以後は魚目付近では疱瘡にかかるとすぐ長崎の瀬脇へ送ったようであり、死んだ場合は同地の光源寺の墓地に葬っている（宮本一九五二）。五島では送捨てだけでなく、他国養生も行われていたことがわかる。

(3) 天草地方の疱瘡対策

寛政二年（一七九〇）五月十五日、幕府勘定所から関東移民を勧める触書中に、天草の会所詰大庄屋の意見が容れられ「仰之通天草郡之儀高不相応多人数ニて至て難儀仕一体所風ニて疱瘡を嫌候ニ付、是迄他所嫁等罷出候ものも無御座候」と、天草は疱瘡を嫌うことが記されている（本渡市教委一九九五）。

天草地方では、すでに宝永六年（一七〇九）には郡中疱瘡病人の手当て方を制定し、「疱瘡人の山小屋は田畑の邪魔にならない所を見立て、一人前二間四方の長小屋を拵え、屋根壁等は茅簾え入念に圍い置くこと一村で二〇人までは全部山小屋にても医師にかけて十分養生させ、病人一人に二人づつの看護人を付き添わせ、病人の扶持米、医師への諸掛りの宰領人三人を置くこと。養生の費用が困難となれば申出るように」という文面が村々へ廻達されている（橋村二〇二一）。十八世紀初めには「送捨て」政策が採られ、詳細な取り決めが行われている。

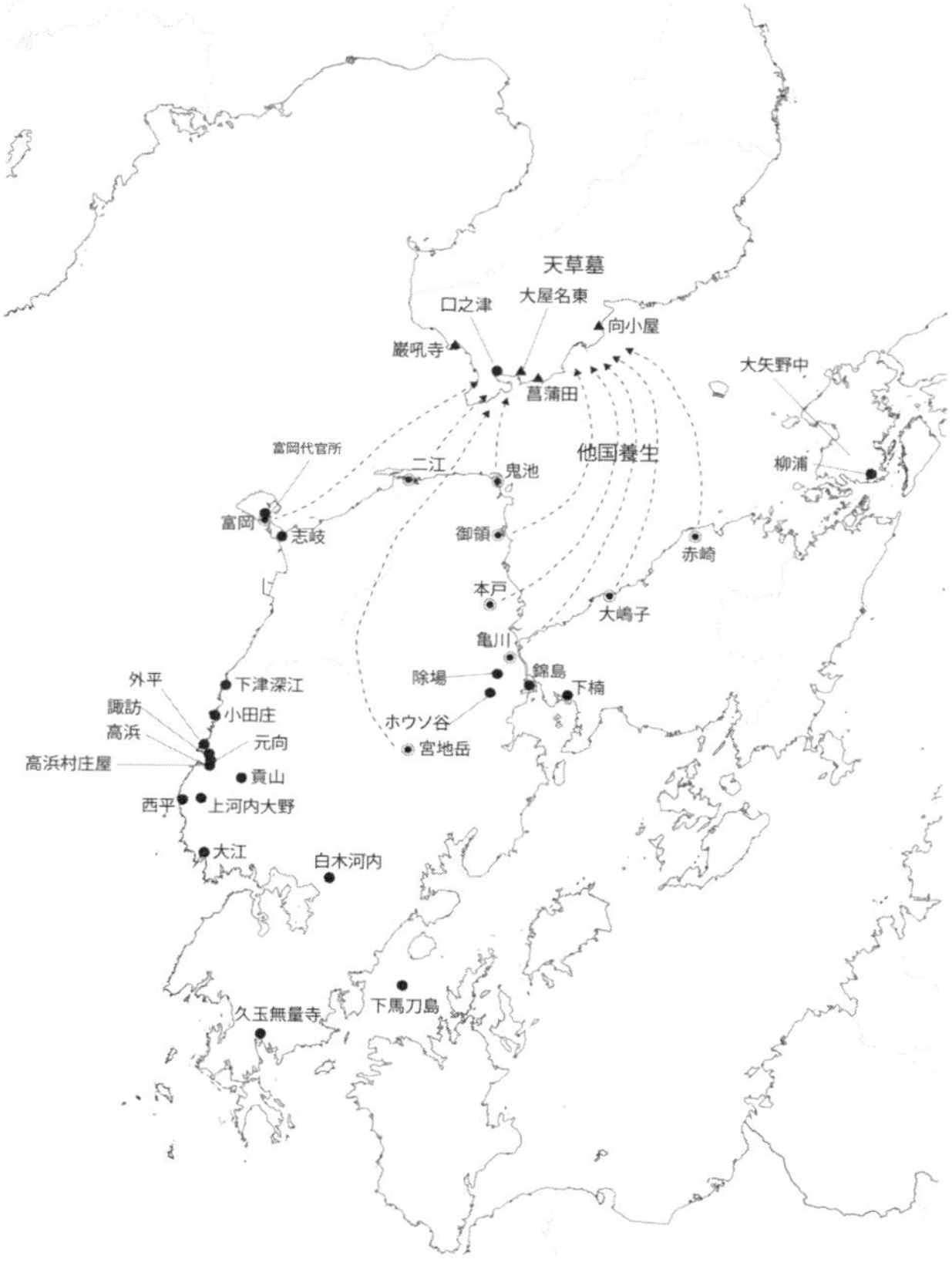

図100　天草地方の疱瘡関連図

隔離地は山中だけではなかった。後述するように天草市の高浜の外平（図100）の海岸近くに疱瘡小屋があった。また、天保九年（一八三八）十月に天草下島楠浦村で疱瘡が流行した時には、同村内の本渡水道に浮かぶ錦島（二色島）へ小屋掛けし、病人を隔離している。なお、その後、この島の病人小屋について、本渡水

図101　上田家住宅（高浜村庄屋宅）（熊本県天草市）

図103　諏訪地区（写真奥）（熊本県天草市）

道をはさんだ対岸の天草上島の下浦村から楠浦村と本戸組大庄屋へ苦情が出され訴訟となっている（橋村二〇二一）。このように海岸や離島も隔離地となっている。

また、「他国養生」政策も行われていた。橋村によれば、弘化元年（一八四四）年八月に大矢野中村の柳浦に疱瘡が流行した際、これまで罹病人は肥後か嶋原と最寄りの他領へ出して養生させることが慣例であったが、この習慣をやめ、これからは天草郡内に隔離養生させたいことを役所に願い出て許可されているという（橋村二〇二一）。十九世紀前半頃は「他国養生」政策が一般的であったとみられる。

そして、文化年間の天草高浜における疱瘡流行について、庄屋であった上田家（図101）に残る『上田家文書』の中の『上田宜珍日記』を元にした東昇による研究がある（東二〇〇九・二〇二一）。この史料を通して、東は文化四年（一八〇七）から五年（一八〇八）にかけて高浜村が疱瘡流行した頃の疱瘡対策の詳細を明らかにしている。また、中山圭は『上田宜珍日記』の翻刻の該当部分の現代語訳を行い、当時の疱瘡対策の内容について検討している（中山二〇二二）。現代語訳そのものについては、ＳＮＳにおける公開のみで公刊はされていないが、新型コロナウイルスの感染症対策と対比させた説明などは大変興味深い。

それでは、その文化年間のエピデミックである「すわ慶助崩（れ）」（中山二〇二二）が記された『上田宜珍日記』の中の感染状況と対策を中心に時系列で追いながら記事の抜粋を紹介する（図102）。翻刻文は平田正範による（平田一九八九）。

まず文化四年の年の瀬となる十二月十二日、「一　諏訪辻慶助先月廿八日相果候節身近立寄候者共同所ニ而拾弐軒人数廿人斗打臥候由　右之内四人出物致疱瘡ニ而ハ有

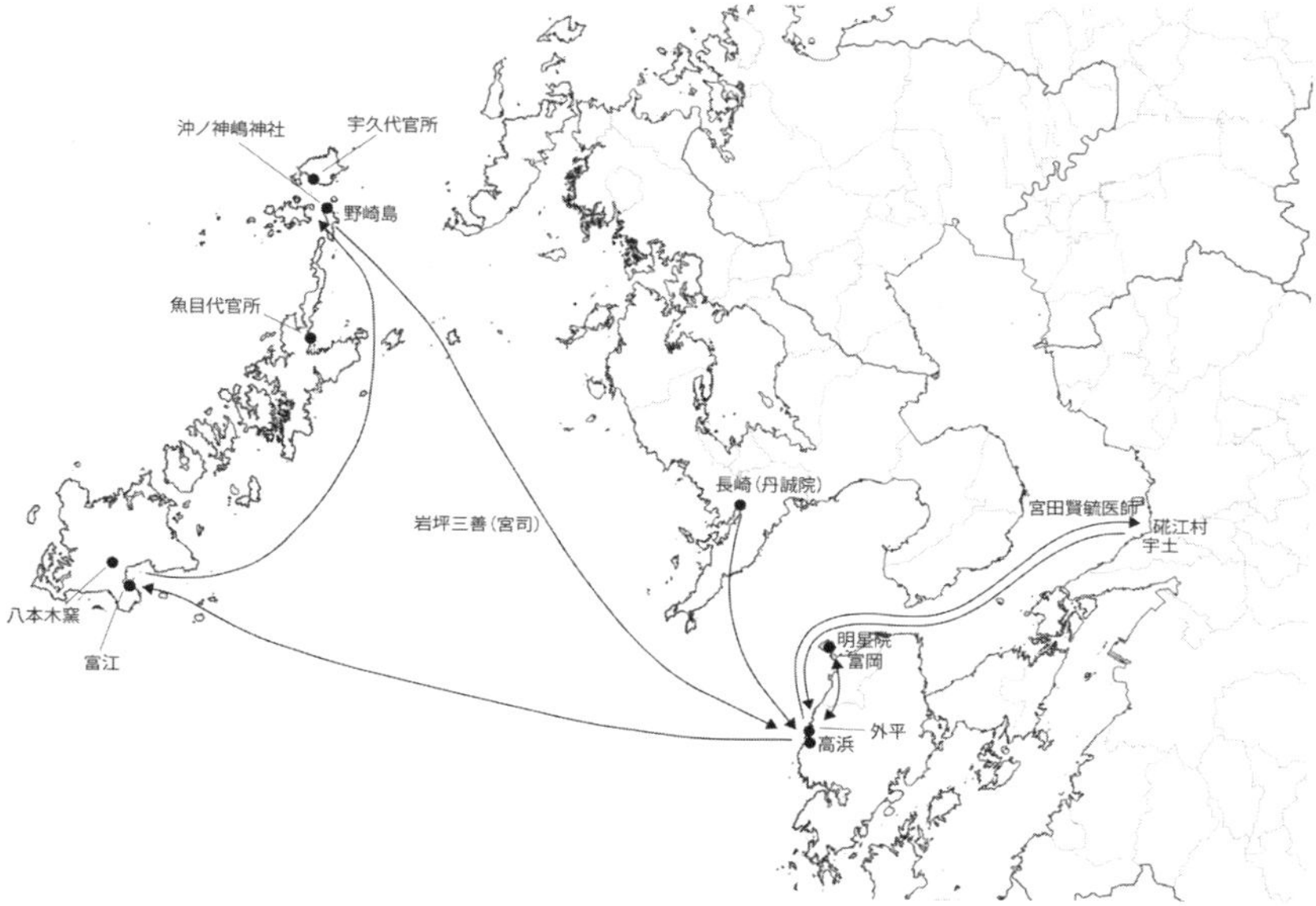

図 102　文化年間「すわ慶助崩れ」関連地図

之間敷哉」とあり、天草高浜村の諏訪地区（図103）で疱瘡発生が確認された。エピデミックの始まりであった。

文化四年十二月十三日
一諏訪疱瘡　弥相違無之段相決候得共　今晩山入仕寄不申候ニ付　明日山入用意明晩遣候様致度段諏訪中ゟ願出候由会所ゟ届出ル

十二月十四日
一諏訪疱瘡山入　市兵衛六五郎娘亀作娘作五郎伊与作折助平蔵喜代作〆八軒

十二月十五日
一諏訪疱瘡山入　源吉女房娘伝助慶助悴八百吉四郎作物七女房儀七伊与平新内妹太五郎宇左衛門娵慶藏〆拾弐軒

疱瘡発生が確認された翌日の十二月十三日はまだ「山入」の準備が整わず、十四日から疱瘡発症者の「山入」を始めている。二日間で二〇軒の人々が隔離されている。そして、十五日、次のような文書を携えて大江の大庄屋に届出をしている。

一筆啓上仕候　然ハ当村諏訪之辻慶助と申漁師　四五日傷寒之体ニ而相煩先月廿八日相果　同廿九日葬式致候所
右葬式ニ立会候者之内家数廿軒一同ニ打臥　何れも疱瘡ニて　夜前ゟ同所打越之海辺外平と申所へ山入仕　大勢
之儀故今日迄相懸リ候趣ニ御座候　人数之儀ハ未得と相分リ不申　凡四十人餘ニ而も可有之と申事ニ御座候　此
上如何有之哉　前文之通ニ候得ハ慶助病死定而疱瘡ニて有之候半と奉存候ニ付甚心遣罷在申候
一右体大勢之儀故医師壱人山小屋へ遣度　則宮田賢育老其村嘉助方へ療治ニ参被居候由　今日右相談旁遣申候
右之趣御役所へ御届可被下候　宜敷奉頼候（中略）
　十二月十五日　上田源作
　　松浦四郎八様

十一月二十九日の慶助の葬儀に参列した二十軒の人々一同が疱瘡に罹患し、打越の海岸の外平というところで隔離治療していると報告している。「山入」の山小屋の場所が「外平」というところであることがわかる。感染者数についてはまだはっきりしないとしつつも四十人余りは感染しており、大人数であるため山小屋への医師の派遣の希望を伝えている。実際には夕方にはさらに感染者は増え、「諏訪疱瘡病人今夕迄　山入人数六拾壱人有之候趣会所ゟ届出候　右之内源吉女房平蔵女房相果」とあるように六一人が山小屋に入り、その上、死者も出たようである。

　十二月十六日
一宮田賢毓老山小屋江遣ス

十二月十七日
一元十内甥伊勢藏と申者十内家内切込置候処[56]　志岐冨岡之様頃日立退今日小田床ノ方ゟ参候而内野勝三郎宅前ニ参り　折節同所祓致候もの共相集居追立候処峯へ参候ニ付　内野ゟこノ者ハ疱瘡病人ニ候間寄付不申候様声立候故　直ニ元向十内宅ニ馳参リ同人女房追立候へハ八幡土手之様参候趣　会所へ申出候ニ付早速人ヲ遣シ捕而山小屋ニ連参候処弥疱瘡ニ而有之候段申出候　右ニ付早速道筋之分祓いたし通路差支無之様取斗候
一諏訪山入四軒致候筈之処　六次郎娘相果居候ニ付外三軒ハ明日山入之積リ之段申出候

十二月十八日
一播磨殿[57]祓ニ元向ゟ峯迄御出
一冨岡明星院長崎丹誠院御同道　尤弟子両人召連　当村疱瘡退散之祈祷之為御越候段被申出候得共　疱瘡病人いまた取片付仕廻不申（後略）

十二月十六日には医師の宮田賢毓が山小屋に派遣されている。十二月十七日には自宅待機を命じられていた者（伊勢蔵）が志岐・富岡方面に出かけた後に、帰ってきたところが、ちょうどお祓いをする人々が集まっていたところで追い払われて、最終的には山小屋に連れていかれている。そのため、すぐに道筋をお祓いして、通行の妨げとならないように措置している。さらに十二月十八日には、富岡の明星院や長崎の丹誠院が「疱瘡退散」のための祈祷を申し出たものの、まだ疱瘡患者の措置が落ち着いていないとして、一旦は断りを入れている。それでも翌十九日には、「一明星院丹誠院御祈祷一座興行」とあり、祈祷が行われている。

患者の隔離以外に、疑いがある者の自宅待機の措置が行われており、お祓いや祈祷も重要な疱瘡対策であった。しかし、感染の拡大はおさまらず、十二月十七日には四軒の罹患者（内、六次郎娘が死亡）が発生し、当日は「遠慮」し、十八

図104　沖ノ神嶋神社（長崎県小値賀町）

図105　沖ノ神嶋神社絵図

日に山小屋に入っている。そして、十二月二十六日には、富岡へ経過報告を行っており、それによると、「疱瘡病人」が八〇人（男三九人、女四一人）であり、その内、一六人（男八人、女八人）が死去している。その他に患者の未発症の同居家族等の一〇一名が「除小屋」、すなわち濃厚接触者の隔離施設に収容されている。

また、支援物資も各方面から届けられている。例えば、十二月三十日の日記には次のような「覚」が記されている。

覚

一大麦五俵　但四斗入　崎津村魯道和尚
一籾　五俵　但五斗入　高浜村三治
一味噌壱挺　但正ミ百廿五斤　同人
〆
右者当村疱瘡難澁之者共江為助合　昨日差出申候ニ付夫々配当可仕候　此段御届可被下候　以上
十二月卅日　上田源作
松浦四郎八様

そして、一月五日には諏訪集落から五島の野崎島の沖ノ神嶋神社（図104・105）への参詣のための往来願いが出された。当時、野崎島の沖ノ神嶋神社は、当時の疱瘡退散祈祷の御利益がある神社として広く知られていた。「疱瘡安全御守護紙札」、「疱瘡退治御寶剣」墨書木札などが残る。また、神宮一家の屋敷内に保管されていた沖ノ神嶋神社旧蔵「氏子帳」（図106）は、安永三年（一七七四）に作成され、文久元年（一八六一）まで修正が行われたものであり、小値賀諸島ならびに平戸島、五島列島の村ごとに氏子数が記録されている（平田二〇二二）（図107）。「氏子帳」によると、寛政二年から嘉永元年まで八回の疱瘡請願が福江島や中通島、椛島などの村で行われている（表1）。諏訪集落の人々は沖ノ神嶋神社の疱瘡退散の御利益を求めて、参詣に赴こうと考えたのであろう。

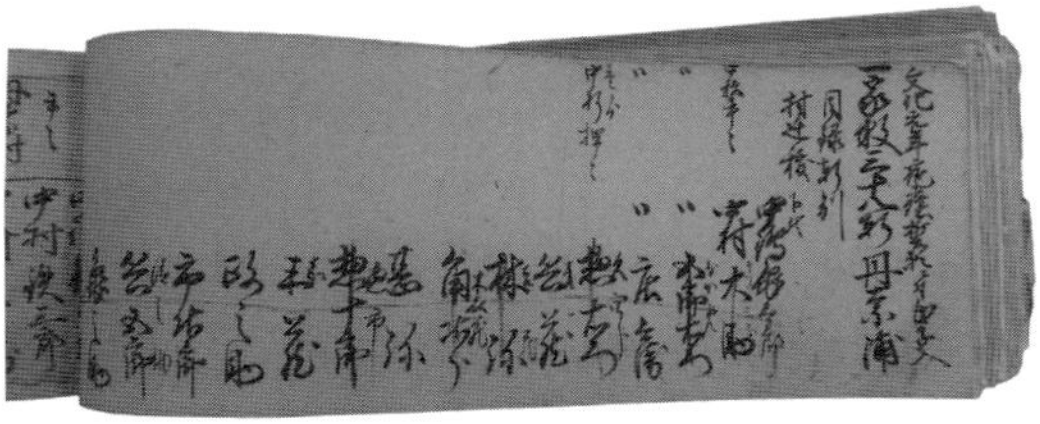

図106　沖ノ神嶋神社旧蔵氏子帳

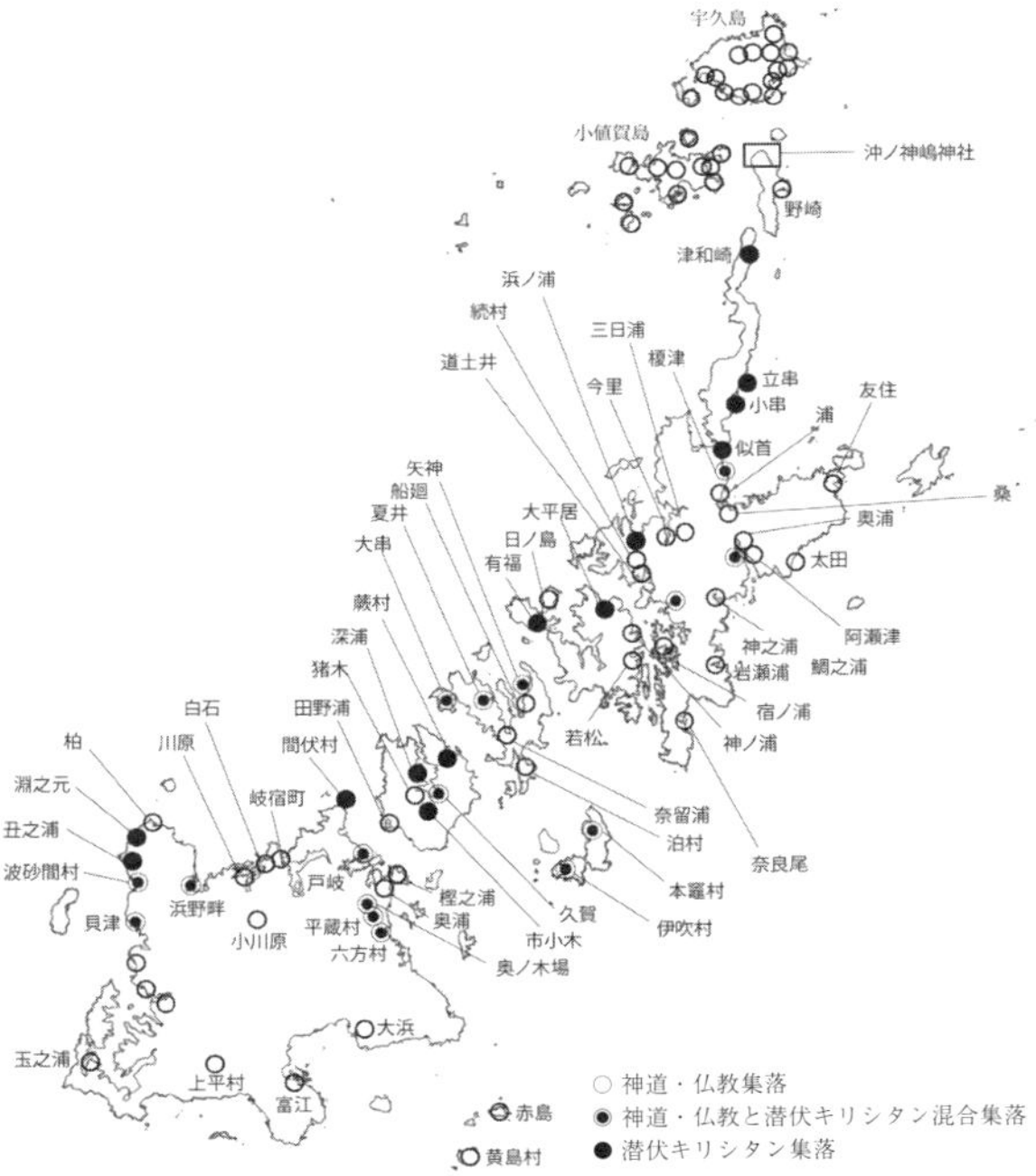

図107　沖ノ神嶋神社氏子集落分布図（小値賀町教委 2012）

表１　沖ノ神嶋神社疱瘡祈祷一覧（平田 2022）

和暦	西暦	地区名	氏子数	備　考
寛政２年	1790	赤尾村	33 軒	中通島
寛政３年	1791	椛島本竈村	45 軒	椛島
文化元年	1804	丹奈浦	38 軒	福江島玉之浦丹奈
文政５年	1822	波砂間村	27 軒	福江島三井楽波砂間
文政５年	1822	荒川村	31 軒	福江島玉之浦荒川
天保13年	1842	曽根村	30 軒以上	中通島　一部判読不可
天保14年	1843	七目村	35 軒	中通島
嘉永元年	1848	小川原村	35 軒	福江島岐宿

文化五年一月五日
一五嶌野崎神嶋宮江為参詣　諏訪ゟ罷越度往来願出候ニ付　請負ニ書記遣候　人数久平作平次久七五八兵吉久六次作小吉〆八人
一右便ゟ礼作五太夫方へ書状遣ス　尤野崎神主岩坪三善殿ゟ直便無之候ハ宇久島魚ノ目両所御代官衆へ御頼　富江へ無間違御達被下候様播磨殿ゟ岩坪氏へ頼状御遣シ

一月六日
一五島野崎神主岩坪三善殿　諏訪中ゟ相迎度願出候ニ付頼状遣呉候様会所ゟ申出　播磨殿書状ニ致シ岩坪氏へ遣ス　播磨殿冨岡へ出頭被致留主之儀故　懸ヶ合候間無之　此方ニ而書状相認候

一月八日
一五島行便有之候由　大江理一郎殿ゟ為知来候ニ付　礼作五太夫へ壱封頼遣ス　五島奈良尾迄大江漁稼之者参候筈之由

諏訪の人々が参詣に行く際には、五島の富江にいる礼作や五太夫宛に書状を送るようにしている。第1章で述べたように、当時、礼作らは窯場の開発指導のため五島に滞在していた。故郷の緊急事態を伝えようとしたのであろうか。そして、諏訪の人々は参詣するだけでなく、沖ノ神嶋神社の神主の岩坪三善を招聘して祈祷を依頼することになったようであった。本来なら大江八幡宮の神主が先方の神主への依頼状を送るところであったが、富岡に出頭して留守であったため、宜珍が書状を認めることになったとある。

一月八日に五島行きの船があることを知らされ、礼作や五太夫への書状を託している。疱瘡とは関わりないが、上五島あたりまで天草から漁に出かけていたこともわかる。

また、一月六日の日記には、元向の兵吉の女房ますが疱瘡に罹患して山小屋に入ったことが書かれてある。その際、濃厚接触者である兵吉と母が当初、口之津（島原半島南端付近）に隔離待機の予定であることを申し出ていたが、改めて「除小屋」に入ることを申し出ている。島外での隔離の選択肢もあったことがわかる。(58)

年が明けてから、ようやく感染拡大の勢いに翳りが見え始めたが、まだ患者は増えていった。一月九日に書かれた統計によると、総病人一二六人（内、三八人が一月八日までに死亡、残八七人）(59)、山小屋入りの世帯数三一軒（看病人は六七人）、除小屋の隔離者一一八人（付添人二〇人）、医師一名、賄い一名、山小屋の見ヶメ(60)一名の総人数三三三人というものであった。

一月十八日
一野崎神主岩坪三善上下三人　今夜五ツ時過着船　会所江船揚　勇右衛門亭主役
一月十九日
一岩坪三善殿当年七拾才之由　今朝ゟ此方へ御越　賄方致ス
一八幡宮拝殿ニ而御祈祷御始メ

祈祷を依頼された岩坪神主が着船したのが一月十八日であり、翌日には早速、八幡宮拝殿で祈祷を始めたようである。一月二十四日には「村祓」による「病送」が行われている。「潮フリ」、「神嶋大明神身御旗」、「病送船」、「岩坪三善　左御神剣持　右散米持」、「楽　太鼓大小　ドラ　笛　カネ」、「軒別　札張人」の行列が村中を祓ながら、最後は病送船を漁船に積み載せ、沖合に送り放たれている。

一月二十六日の統計をみると、疱瘡病人一五〇人（内、男六三人、女八七人）であり、その内、一月二十二日までに死亡したものは五五人（内、男二三人、女三二人）、残るは九五人（男四〇人、女五五人）である。死亡率は三六・六パーセントであり、病人、死者数ともに女の方が多いが、死亡率には性差がほとんどない。

　一月二十八日
　山木屋ゟ宮田氏札到来　則左之通
　一惣木や中病人落痂仕候もの多御座候　未落痂不仕ものも御座候へ共　是も追々落痂可仕と相見へ申候　一
　　両日者薬用仕候病人も無御座候
（中略）
一只今通ニて候へ者病人中も近々全快可仕と奉存候間　私儀近々渡海被仰付候而者いかゝニて御座候哉　此
　段宜敷被仰付可被下候（後略）
　　正月廿七日　　宮田賢毓

一月二十八日に届いた宮田医師からの手紙には、山小屋にいる患者も瘡蓋がとれてきた者が多く、まだとれていないものも追々とれてくるであろうし、一両日は薬を使用した患者もいなかった。近々、全快となるであろうということが書かれていた。

ようやく疱瘡流行も終息に向かいつつあるようである。こうした状況を受けて、十二月十六日に山小屋に派遣されて以来、治療にあたってきた宮田医師が天草を離れることを申し出ている。

　一月二十九日
　一白木河内與茂七何病とも不相分候而相果候由之処　地腫レ致シ赤色ニ而有之候故　当時柄為念外平へ遣シ葬せ

致段村方ゟ会所へ申出候由（後略）

一月二十九日に白木河内の與茂七が病名不明で亡くなったが、肌が腫れ赤色に変色していたため、時節柄、念を入れて外平に埋葬する段取りを申し出ている。外平は山小屋のある場所である。與茂七の場合、疱瘡であることが確定していたわけではないが、疱瘡病死者は隔離施設の近くに埋葬されていたことがわかる。

二月七日
一野崎神主岩坪三善殿今昼時出帆　年寄半七付添参ル
一五嶌冨江へ遣候書状岩坪氏へ頼　御褒称之訳懸合

二月七日には、半月ほどの祈祷活動を終えて、岩坪神主が天草を離れている。また富江への書状を託している。おそらく礼作らにあてたものであろう。なお、「御褒称」とあるのは、一月二十九日の日記に書かれている「肥後国天草郡之内　異法持候もの共吟味一件」、すなわち天草崩れの折の尽力に対する褒賞のことである。この褒賞により、宜珍（上田源作）は一代大庄屋格、帯刀御免を許され、白銀一〇枚を拝領している。

二月十一日
（前略）最初ゟ山小屋へ差遣置候医師堅育儀引取度申越候ニ付　船日和次第山床外平ゟ直ニ船ゟ同人在所肥後宇土郡硴江村へ送遣候筈ニ御座候（後略）

疱瘡発生に伴う山小屋設置当初から治療にあたってきた宮田医師が天草を離れるにあたり、外平から直接船で郷里の硴江村（現熊本市南区富合町硴江）に送る手筈になっていることを記している。山小屋のあった外平が海岸に直接出られるような場所であることがわかる。[61] その後、二月十四日の日記に「宮田氏乗船　今日外平下海辺江廻ス」とあり、無事に外平を離れている。

二月十一日の日記には、「当村諏訪之通疱瘡難澁之者共へ為助合差出申候」、すなわち、疱瘡患者や家族など生活困難者に対する村内外からの支援物資の一覧の報告が書かれている。さらに二月十二日付け報告によると、疱瘡病人一五〇人（内、男六二人、女八七人）であり、発病段階で山小屋に入る前に亡くなった四名を除けば一四六名である。他に軽症で済んだ男一名を加えて一四七名の内、一月二十六日までに亡くなった者五七人（内、男二二人、女三五人）、残りは九〇人（内、男四〇人、女五〇人）であるが、快癒すると見込まれている。一月二十六日付けの報告数とあまり変わらず、感染状況が落ち着いてきたことを示している。しかし、後述するように、二月十七日より流行の第二波が訪れている。

　二月十三日
一久玉無量寺[62]伴僧相見候而　和尚入湯ニ下津深江へ参懸リ病中通リ兼候間　人足出呉候段頼出被申　会所ゟ人足世話致遣ス

久玉の無量寺の僧侶が面会に来て、和尚が入湯のため下津深江を通りかかるが、疱瘡の流行地であるため、通行できず、人足の世話を希望している。この時点でも通行制限が出ていることがわかる。ちなみに三月十四日の日記には「諏訪中村方と出入致候様願出候段申出候ニ付　御鬮次第可致旨申達ス」とある。諏訪の人々から村方との出入りの願い出があったため、おみくじ次第で判断するという回答を行っている。感染の中心であった諏訪は感染拡大防止のため当初より封鎖されていた。おみくじによって決める例は他にも見られ、例えば、三月十三日の日記にも「元向切込候三人之者出候義　元向中ゟ申出候ニ付　御鬮ヲ頼候而出候様申付ル」とある。元向で隔離待機している三人の措置の解除について、おみくじで決めるというものである。科学的根拠に乏しいようにも見えるが、現代においても確率をもとにさまざまな判断が行われるものであり、その最終的な判断の部分には運任せのところもあるように思える。

三月五日
一宮田賢毓老　宇土ゟ御帰　冨岡江六七日滞留

宇土に帰っていた宮田医師が富岡に六、七日ほど滞在した後、三月五日に帰ってきている。宮田医師は外平から直接船出しており、村役たちは山小屋入りしてから初めての対面であったと思われる。三月十日の日記には「賢毓老宅へ村役人中相揃参候而　旧冬ゟ山小屋へ御詰候礼謝申達候」、三月十八日の日記には「銭壱〆五百目樽添　宮田氏へ村方ゟ山小屋詰之謝義ニ遣ス」、三月二十三日の日記には「米三俵　但三斗三舛　樽一ツ　右宮田賢毓老へ山小屋詰被致候謝儀ニ遣ス」とあり、疱瘡流行への対応における最大の功労者の一人に礼を尽くしている。

三月二十四日
一疱瘡山小屋之者共之内去十二月十四日山入之分今日出ス　日数百二日目

三月二十四日、疱瘡発生当初（十二月十四日）から山小屋に隔離されていた人々が退所している。十二月十四日に山小屋に入った人は八軒の人々である。一〇二日間の隔離治療であった。いよいよ終わりが見えてきたようである。

四月四日
一諏訪久平娘疱瘡相煩候ニ付　他国へ差遣度同所ゟ願出候ニ付　村方ゟ銭七百目加勢致而　他国へ養生ニ遣候様

村中相談相決候段　会所ゟ申出ル
一同所宇平次悴疱瘡相煩　久平娘同船他国へ差遣候様申出　往来手形相渡ス　加勢銭五百目会所ゟ渡ス
一本向元吉悴三四日相煩出物致候ニ付　是又他国へ養生ニ差遣候様相決　往来手形相渡ス　加勢銭五百目右同断

四月四日の日記によれば、諏訪の久平の娘が疱瘡に罹患し、他国へ送って治療させたいとの願出があり、相談の上、認めたようである。諏訪の宇平次の息子も同様に久平の娘の同じ船で他国に送っている。そして、疱瘡の疑いのある元向（本向）の元吉の息子も同様に他国へ送ることが決められている。

快復した者たちを山小屋から退所させる一方で、新たな患者や感染の疑いのある者を山小屋に送るのではなく、往来手形と支援金を持たせて、他国へ送って養生させる方法が採られていった。四月四日の日記だけでなく、四月十二日の日記には「上河内作右衛門子供三人并女房共疱瘡相煩候　迫々重立候者共会所寄候而　他国へ養生ニ遣候様相談相決加勢銭五百目会所ゟ渡ス」、四月十六日の日記には「上河内千作家内三人并千五郎姉疱瘡出来　国方へ養生ニ差遣シ度申出　往来手形相渡ス　加勢銭五百目会所ゟ渡ス」、四月二十日の日記には「宮前六次郎守リ疱瘡相煩国方へ今晩船ゟ遣ス　加勢銭五百目会所ゟ渡」、「上河内大野辰之亟母同甥七　西平代吉女房右三人疱瘡相煩　今晩国方へ遣候筈之処用意出来兼候而延引　加勢銭壱メ五百目会所ゟ相渡候筈也」とある。上河内で疱瘡が発生しているようであるが、いずれも山入りから他国養生へと隔離治療方針を変えていることがうかがえる。

四月においても新たな患者が発生しているため、まだ完全に終息を迎えたわけではないが、終結に向けた処理や決定が行われている。例えば、四月十日の日記には「諏訪疱瘡看病賃」が決められている。疱瘡看病は、男が三五〇匁であり、女が二五〇匁であった。その他、家の番人や待機観察施設である「除山」の付添の賃金なども決められている。

四月二十四日

一疱瘡死失人供養　海運和尚船ゟ御出　外平海岸ニ而御執行　卒都婆長弐間半巾五寸厚四寸　八十三霊ノ戒名ヲ記御建　御布施百五拾匁内百目ハ慶助悴ゟ志　五拾匁ハ諏訪中右亡者之家々ゟ取集メ出之候　外入用之分村方ゟ仕出ス

そして、四月二十四日には「疱瘡死失人供養」が外平海岸で行われている。八三霊の戒名を記した卒塔婆が建てられた。布施一五〇匁の内、百目は最初の感染者である慶助の息子の志であり、五〇匁は諏訪の死亡者の家々から集めたものであった。その他の経費は村方から支出している。

五月六日

一上河内千作家内疱瘡ニ付　他国へ四月十六日夜養生ニ遣候船罷帰候得共いまた日数少ク候ニ付今十日程見合乗入候様　会所ゟ申付戻ス

一諏訪久平四月四日除船　平戸野崎ゟ無難ニ而罷帰候段伺出候ニ付　差支有之間敷段申付　翌七日ニ船乗入　日数三拾三日め

一元向元吉家内四月四日除候而　志岐へ滞留今日帰ル　日数三拾二日め

一諏訪市家内　本小屋日数七拾九日ニ相当　山出シ願出候ニ付　諏訪中差支無之段申出候ニ付　其通申付ル

五月六日はいくつか異なるケースで、制限緩和の判断が行われている。まず上河内の千作の家内の場合、疱瘡にかかったため四月十六日夜に他国に養生に出かけて帰ってきたが、まだ待機観察日数が短く、船の乗入れを一〇日ほど見合わせている。諏訪の久平の場合、濃厚接触者として四月四日に野崎島に船で隔離待機しており、日数三三日目で翌日の五月七日に乗入れを認めている。濃厚接触者として同じ天草島の志岐で隔離待機していた元向の元吉の家内は三二日目で帰ってきている。最後に諏訪の市の家内の場合、山小屋で七九日の隔離治療を行って山小屋を退所する願出が出され、諏訪の集落も問題ないとして認められている。

五月十九日の日記には、二月十七日から三月七日までの山小屋の病人等の人数が記されている。それによると、疱瘡病人十五人（内、男八人、女七人）、その内、死亡したものは一二名（内、男六人、女六人）であり、残りの三人は助かる見込みのようである。人数は多くないが、死亡率の高さが目立つ。これは宮田医師が不在の時期にあたり、医師による治療に一定の効果があったことを裏付けている。また、四月七日から二十五日までの他国養生に出した者は一七人（男七人、女一〇人）であり、これに対する看病人は病人数より多い二一人である。そして、濃厚接触者として「除船」で他国に送られた者が一七人（男六人、女一一人）であった。

病人数等に続いて、経緯が次のようにまとめられている。昨年の冬より正月中旬まで、疱瘡の病人が大勢発生し、山小屋で治療にあたらせた。二月上旬頃までで宮田医師の治療が終わり、病人もいなくなったが、二月十七日からまた病人が発生し始めて山小屋へ送った。しかし、一五人中一二人が死亡した。その後、四月四日からまた病人が発生したが、山小屋はもう死亡者も多く、治療を他国養生に切り替えていった。そして、その後は村の方では一人も病人が出ておらず、感染も収まったと報告している。「最早相治候儀と奉存候ニ付　右之様子御届申上候」、いわば終息宣言に近いものと言えるものであろう。

五月二十三日
一内野佐助家内　疱瘡快気之者　今日山出シ日数七拾七日め　此者ニて外平山壱人も不残山出相済　山祓イニ養
　吉外ニ壱人相廻ス

五月二十三日に最後の隔離治療者が山小屋を退所している。入所して七七日目のことである。退所後、「山祓い」が行われている。その後も残務処理など疱瘡に関わる記載がみられるが、医学的・疫学的な戦いはこの日に終結を迎えた。五ヶ月間にわたる長い疱瘡との闘いであった。

第2節　疱瘡死者が眠る墓

1　「無痘地」と「疱瘡墓」

「無痘地」について、記録に残っているのは主に罹患者、すなわち生きている人の扱いについてである。そのため死者について記したものは少ないが、断片的にはみることができる。例えば、死者の「戸籍」である過去帳からわかることもある。『多良見町郷土誌』には、円満寺の過去帳にある文政二年（一八一九）から同十三年（一八三〇）までの記録内容の中で戒名の左側に「疱瘡ニ而死去」「はら」「此者茂木ニ而死去致」といった死因・死亡場所の記載がある（多良見町教委編一九九五）。また、天保五年（一八三四）の疱瘡患者について「右疱瘡似容に付山墓所に取り置き書物出す」と書き留めている。疱瘡と症状が似ているので、「山墓所」に取り置いたという記事である。山墓所とは隔離地の墓所という意味であろう。また、文化四年（一八〇七）から五年にかけて天草高浜で疱瘡が流行した際にも、病名不明で亡くなった者を疱瘡であることが確定していたわけではないが、念の為、隔離地の近くに埋葬している。このことから疱瘡病死者の埋葬は隔離施設の近くで行われていたことがわかる。

大村藩の場合、隔離各所で死亡した患者は家伝来の墓所に埋葬することを禁じていた（大村市医師会編集委員会一九九四）。例えば、長與俊達が設立した古田山疱瘡所の隔離地の裏手には疱瘡で亡くなった人々の墓が設けられた。前にあげたように「治療の事は申すに及ばず萬事の介抱行届かず十の七八は斃れ死し全快して家に歸るは稀なり」（長與一九〇二）という状態であり、実際に疱瘡に感染した者の多くは生きて帰ることもできず、そして、「常式の葬祭を営

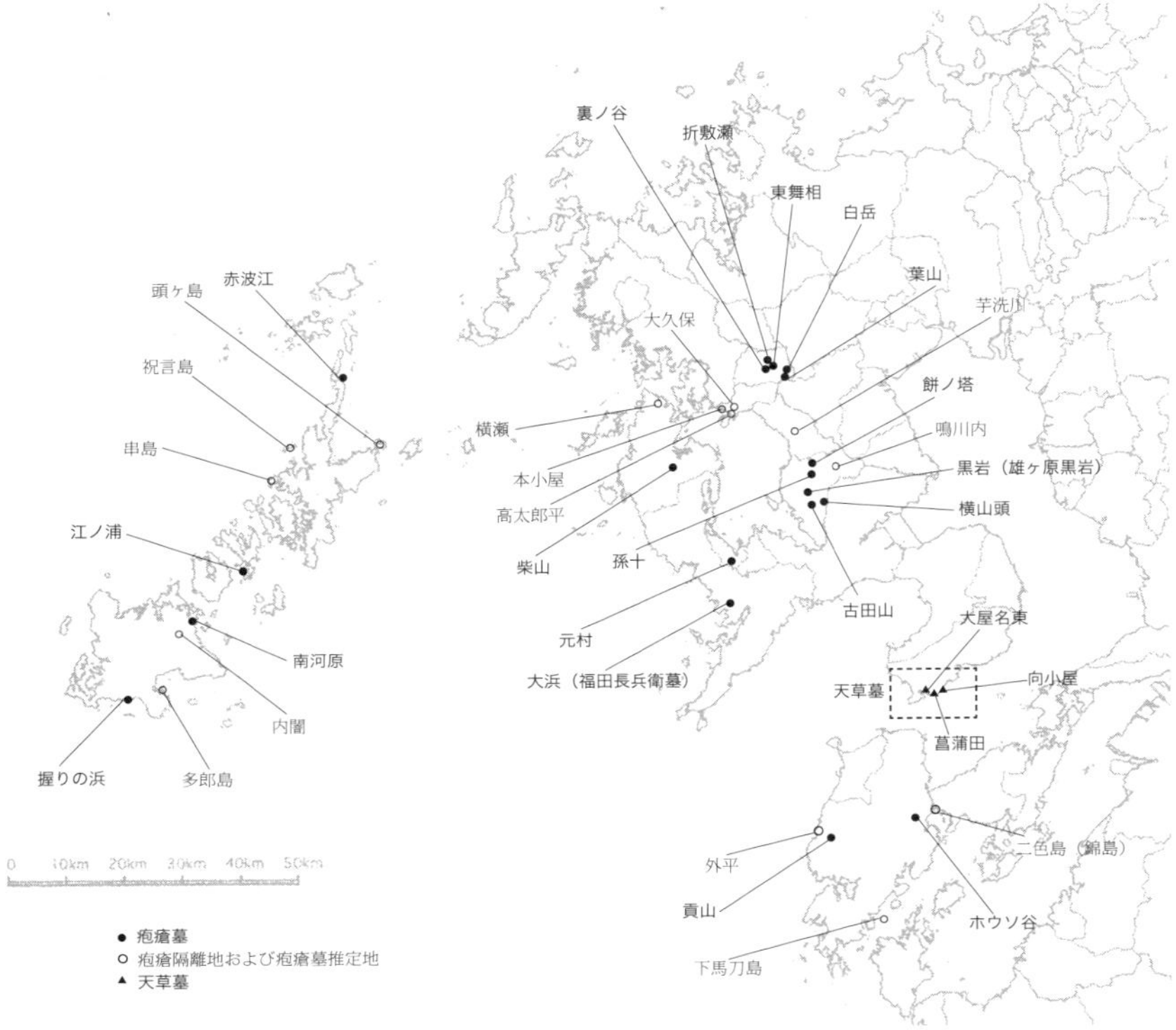

図108　疱瘡墓・天草墓分布図（推定地を含む）

表２　疱瘡墓の墓地一覧

NO.	名称	所在地	旧領名	墓石銘の年代	墓石数	墓石型式	備考欄
1	白岳	波佐見町　中尾郷	大村藩	1689 ～ 1698	6 基以上	笠付方柱・舟形・仏像	
2	葉山	波佐見町　中尾郷	大村藩	1737 ～ 1827	6 基以上	尖頂方形・平頂方形・円頂方形・円尖頂方形	陶磁器採集
3	東舞相	波佐見町　折敷瀬郷	大村藩	1808 ～ 1843	3 基以上	平頂方形・柱形	石積墓・無名柱形あり・陶磁器採集
4	裏ノ谷	波佐見町　田ノ頭郷	大村藩	1762 ～ 1813	4 基以上	平頂方柱・円頂方柱・自然石	陶磁器採集
5	湯無田(仮)	波佐見町　湯無田郷	大村藩	1785 ～ 1849	8 基以上	平頂方柱・円頂方柱・突頂方柱・不定形	地名刻印あり・墓石の場所移動あり
6	元村	時津町　元村郷	大村藩	1706 ～ 1841	68 基以上	平頂方柱・円頂方柱	石垣再利用・陶磁器採集
7	柴山	西海市　木場郷	大村藩	1736 ～ 1754	4 基以上	平頂方柱	土台再利用・石積墓あり
8	黒岩	大村市　雄ヶ原町	大村藩	1745 ～ 1846	36 基以上	尖頂方柱・平頂方柱・円頂方柱・仏像・自然石	道路工事・地名刻印あり・陶磁器採集
9	横山頭	大村市　東大村町	大村藩	1773 ～ 1802	多数	尖頂方柱・平頂方柱・自然石	地名刻印あり
10	古田山	大村市　東大村町	大村藩	1809 ～ 1841	6 基以上	平頂方柱	地名刻印あり
11	餅ノ塔	大村市　東野岳町	大村藩		多数	平頂方柱・自然石	地名刻印あり・十字刻印あり
12	孫十	大村市　宮代町	大村藩	1777	多数	平頂方柱・自然石	俗名のみ・地名刻印あり・十字刻印あり
13	福田	長崎市　大浜町	大村藩	1737 ～ 1778	3 基以上	笠付方柱・不定形	陶磁器採集
14	南河原	五島市　奥浦町	五島藩	1824 ～ 1832	4 基以上	尖頂方柱・柱形・突頂方柱	「疱瘡」銘
15	江ノ浦	五島市　奈留町	五島藩	1842	2 基以上	円頂方形・突頂方柱	石組墓あり・「疱瘡」銘
16	握りの浜	五島市　富江町	五島藩	1842 ～ 1870	10 基以上	円頂方形・突頂方柱・舟形・仏像・自然石	石組墓あり・「疱瘡」銘
17	赤波江	南松浦郡　新上五島町	五島藩	1841 ～ 1863	15 基以上	尖頂方柱・円頂方形・不定形	地名刻印あり
18	貢山	天草市　天草町	天草天領		多数		石積墓のみ
19	ホウソ谷	天草市　亀場町	天草天領		10 基程度		
20	下馬刀島	天草市　深海町	天草天領		不明		

墓石型式は『近世の墓石と墓誌を探る』立正大学博物館 2015 を参考した

む を得ず」、隔離地の近くに埋葬されて墓ができた。これらがいわゆる疱瘡墓である。

つまり、疱瘡墓とは単なる疱瘡で亡くなった人の墓ではない。疱瘡に罹患して隔離された後、そのまま一般の墓地に葬られなかった者たちのために別に設けられた墓である。言い換えれば、徹底した隔離政策によって生み出された墓である。人里離れた土地に隔離され、亡くなると死後も隔離されたまま、その近くに葬られた。そのため、疱瘡墓に関する研究はとても少なく、その多くが正確な位置すらわかっていない。人里離れた隔離地である上、その後も忌避された存在であったからである。しかし、これらの石造物は、人間とウイルスとの戦いを示す物質資料であり、隔離が生み出した差別を物語るものでもある。

感染者が隔離され、忌避された結果、その社会集団はウイルスや細菌の攻撃をかわせたとも言える。ある意味、隔離された感染症患者はウイルスや細菌を抱え込んで犠牲となった存在である。そして、疱瘡墓は感染症との戦いの上での犠牲を知る記憶媒体である。

大村（旧大村藩領）、五島（富江領を含む旧五島藩領、一部平戸領を含む）、天草（旧天草天領）地方では、約二〇ヶ所の疱瘡墓が確認されている（図108・表2）。以下、地域毎に紹介する。判読した墓石銘については、巻末資料5にまとめている。

2　旧大村藩領の疱瘡墓

旧大村藩領内では一四ヶ所の疱瘡墓が確認されている。内訳は波佐見町に五ヶ所、大村市に六ヶ所（白磁小坏が発見された鳴川内墓地を含む）、時津町、西海市と長崎市に一ヶ所ずつである。

(1) 波佐見町の疱瘡墓

波佐見町は長崎県本土の北部に位置しており、大村湾に注ぐ川棚川の上流域にある。県内で唯一海に面していない町である。江戸時代以来、全国に磁器を供給し続けている陶磁器の生産地である。

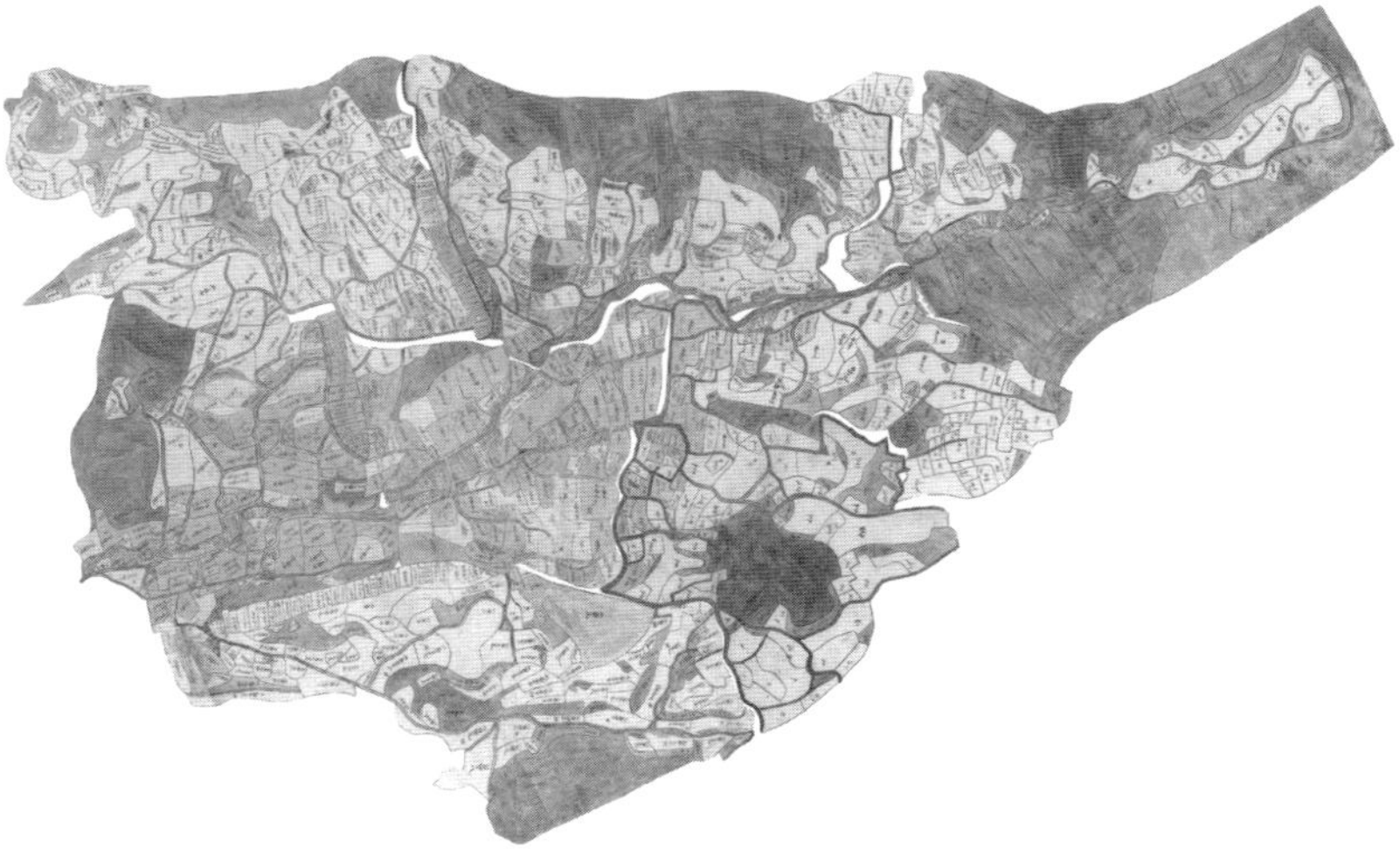

図109　明治23年（1890）の波佐見中尾山の地籍図

明治二十三年（一八九〇）の古地籍図（図109）や衛星写真を利用し、聞き取り調査をしながら現地探索を行った結果、これまでに中尾郷で二ヶ所（白岳墓地・葉山墓地）、田ノ頭郷、折敷瀬郷でそれぞれ一ヶ所ずつ確認することができた。その他、原位置は不明であるものの、移築された疱瘡墓の墓石が湯無田郷に残る。

白岳墓地や葉山墓地がある中尾郷は、江戸時代の「くらわんか」碗・皿の一大生産地である。中尾川が流れる谷筋に窯元が軒を並べ、登り窯跡が残っている陶郷である。白岳墓地や葉山墓地はその上流域に位置している。まず白岳墓地には六基以上の墓石が残っている（図110）。林道脇に小さな平坦地があり、墓石が一列に並んでいる。墓石銘を判読すると、元禄二年（一六八九）が三名、元禄六年（一六九三）が一名、元禄十年（一六九七）が一名と元禄十一年（一六九八）が一名、全部で六名が亡くなっている。俗名を見ると馬場姓が三名、松尾姓が一名である。同じ苗字で、同じ日に亡くなっている者もいる。男性が五名、女性が一名で、全て戒名が彫られていた。そして、この六基の没年の年代幅は約一〇年間しかない。前にも述べたように『九葉実録』には、元禄元年（一六八八）の項に「十一月十日波佐見村痘大ニ行ハル」とある。おそらく白岳墓地の疱瘡墓はこの時の災疫に伴うものであろう。六名のうち、その半数の三名が記録の翌年に亡くなっている。

図 110　白岳墓地（長崎県波佐見町）

図 111　中尾山大神宮（長崎県波佐見町）

図 112　中尾山大神宮の「御神体」（長崎県波佐見町）

被葬者はどういった人であったのであろう。『九葉実録』に「郷里ヲ限テ家ニ在テ療セシム」とあることから、郷内から出していないはずであり、地元の中尾郷の住民であったことは確かであろう。他の郷から隔離されてきた人ではない。そして、被葬者の一人の松尾儀左衛門は、貞享年間（『皿山旧記』には貞享二年）に中尾山の中尾大新窯を開窯したと伝えられる人物である。松尾儀左衛門の名前は、中尾大神宮（太神宮）（図111）の御神体とされている「元禄七甲戌天八月十一日太神宮」（図112）に、他の中尾山の人々の名前とともに刻まれている。おそらく当時の有力者であろう。波佐見町教育委員会が大石一久氏に拓本を依頼し、翻刻を行っている。御神体となっている自然石には、以下の四四名の人名が刻まれている。

福田三右衛門、同　千之助、一瀬蔵之助、同　平之助、福田助右衛門、同　重之助、山道万右衛門、同　千右衛門、中尾平次衛、同　新平、堀江九良八、同　武左衛門、松尾儀左衛門、同　軍兵衛、同　久兵衛、同　伝兵衛、児玉三之助、大田九郎兵衛、福田善兵衛、佐原勘助、同　与四左衛門、吉崎六太夫、北村清太夫、山口角右衛門、有川長兵衛、植木源左衛門、太兵衛、茂太夫、六兵衛、市作、作平、市左衛門、石橋与兵衛、同　吉兵衛、中尾伊兵衛、同　七良右衛

門、同　六良右衛門、同　次兵衛、馬場十右衛門、同九良左衛門、同　庄左衛門、五反田五良右衛門、高井良近兵衛、一瀬処左衛門

松尾儀左衛門は建立の三年後の元禄十年（一六九七）に疱瘡で亡くなったとみられる。大新窯を開窯しておよそ一二年後のことである。中尾大神宮が建立された経緯について、『波佐見中尾山のあゆみ』には、「昔元禄の頃、中尾に大水害、山崩れがあって多くの家屋、人命を失った」ことから、災害を鎮めることと犠牲者を慰めるためという伝えがあるというが（波佐見中尾山のあゆみ実行委員会二〇一八）、具体的な水害の記録については確認していない。建立については、元禄元年（一六八八）の疱瘡の大流行も関わりがあるのではないかと考える。

元禄七年（一六九四）の太神宮の御神体には、寄進者として馬場十右衛門、九良左衛門ら馬場家の人々の名前が見られるが、白岳墓地の墓石をみると、元禄二年（一六八九）に馬場七左衛門、八郎右衛門が亡くなり、御神体の建立の前年の元禄六年（一六九三）には馬場藤右衛門が亡くなっている。七左衛門、八郎右衛門などはその名前から、寄進者の馬場十右衛門、同九良左衛門らの兄弟や近い親族と推測される。中尾山の有力な人々が相次いで病災の犠牲となっている。こうした災厄の退散を祈願して建立されたものとみられるのである。

図113　葉山墓地（長崎県波佐見町）

同じ郷の葉山墓地の方は辿り着くための道もなく、藪漕ぎをしながら斜面を登っていくと、荒れた墓石群にぶつかる（図113）。その周囲には波佐見焼とみられる陶磁器片が散乱している。墓地は非常に荒れていて、倒れている墓石、埋もれている墓石、半折している墓石、土台のみを残す墓石などがほとんどで、原位置と原形をとどめている墓は少ない。墓石銘が読み取れるもので没年がわかる被葬者は、元文二年（一七三七）が一名、宝暦十三年（一七六三）が四名と文政十年（一八二七）が一名、

図 114　裏ノ谷墓地（長崎県波佐見町）

図 115　東舞相墓地（長崎県波佐見町）

全部で六名である。そのうち、男性が三名で、女性は二名で、全て戒名が刻まれていた。俗名を見ると石橋家が二名と山口家が一名である。同じ日に亡くなっていた者の墓もある。宝暦十三年は四五日の間に四名が亡くなっていた。この六基の没年の年代の幅は約九〇年間であり、長い期間、疱瘡墓として使われていたことがわかる。

裏ノ谷墓地（図114）がある田ノ頭郷は波佐見町の中央部に位置し、川棚川沿いに平野が広がっている。平野の背後に山があり、その山中に裏ノ谷墓地はある。ここでは四基以上の墓石を確認することができる。墓石に刻まれた被葬者の没年を判読すると、宝暦十二年（一七六二）が一名、明和八年（一七七一）が二名、文化十年（一八一三）が一名であり、全て戒名が刻まれていた。その他にその周囲には墓とみられる自然石の立石をもつ石積みもいくつかある。

東舞相墓地（図115）がある折敷瀬郷も波佐見の中では比較的平野に恵まれた地区である。そして、東舞相墓地は地元の人への聞き取りによって特定できたものである。墓石は三基あり、その中の一基は文字が刻まれていない。残り二基に刻まれた没年は文化五年（一八〇八）と天保十四年（一八四三）である。そして、それらの周りには自然石を集積した石積みの墓がある。自然石による墓は没年などが刻まれていないため、正確な年代は不明である。

そして、湯無田郷の湯無田町民霊園の近くには原位置不明の疱瘡墓がある。折敷瀬郷の土地開発が原因で移転したと言われている。移転した墓石は八基あり、墓石に刻まれた没年を判読すると、天明五年（一七八五）が一名、文政九年（一八二六）が一名、天保七年（一八三六）が四名、嘉永二年（一八四九）が一名である。そのうち、二基

図116　雄ヶ原黒岩墓地（長崎県大村市）

について は「野々川村」、「宮村」など他の土地の名前が刻まれている。野々川村は同じ波佐見の中の地名であるが、宮村は波佐見ではなく、隣接した地域の地名である。

(2) 大村市の疱瘡墓

大村市は玖島城がある大村藩の城下町である。大村湾に面した平野部とその背後となる山地からなる。大村市内では六ヶ所の疱瘡墓が確認されている。いずれも市街地から遠く離れた山中に点在している。波佐見の疱瘡墓に比べて、さらに山深い山奥にあり、規模も大きなものである。これは大村と波佐見の人口の差、感染規模の差、玖島城との距離の差によるものであろう。

雄ヶ原黒岩墓地（図116）は長崎県大村市雄ヶ原町に所在する。一九九九年、道路の拡幅工事に伴い、墓石群が発見され、大村市教育委員会によって発掘調査が行われた。諸事情により正式な報告書は刊行されていないが、久田松和則が『新編大村市史』などに以下のとおり、概要を述べている（大村市史編さん委員会編二〇一七、久田松二〇二二）。黒岩墓地は当時の集落からかなり離れた山中にあり、菖蒲谷疱瘡所に山揚げされて死亡した疱瘡病死者の埋葬地とみられる。黒岩墓地の近くには文政八年（一八二五）に開設された菖蒲谷種痘所があったが、開設前より長年にわたり池田分（大村の北部を占める通称名）の疱瘡所、すなわち菖蒲谷疱瘡所が設けられており、黒岩墓地はその下手に位置している。確認された墓壙は約八〇基、木棺や長持などに屈葬によって埋葬されていた。副葬品は陶磁器の他に六道銭とみられる銅銭などがある。[63]

久田松によれば、発見された墓石に没年月日・名前・居住地などの刻銘があるものは三六例あり、墓石に刻まれた最も古い没年は延享二年（一七四五）、最も新しい没年は弘化三年（一八四六）である。百年以上の長期にわたって墓地として使われている。三六の墓碑銘の内、被葬者名と戒名が記されているのは一三例のみであり、残る二三例には戒名はなく俗名のみという。久田松は、伝染性の強い疱瘡による山中での死亡であったために、檀那寺から戒名を受ける手続きもなく、早急に埋葬されたと考えた（久田松二〇二二）。被葬者の居住地を示す地名が刻まれた墓石も多く、現大村市の南部の方から前舩津（久原分）・柴田・新城浦・辻田・佐古川・古町・峯の平・池田・池田分・松山・並松・坂口村（以上池田分）、下小路口・小路口・聖宝寺・今津（以上竹松村）、大仁田（福重村）などが確認できる（久田松二〇二二）。地名は広範囲にわたっており、広範囲の罹患者が埋葬されていることがわかる。言い換えれば、広い範囲の領民に対し山揚げや疱瘡の治療・予防が行われていた様子が窺える（大村市史編さん委員会編二〇一七）。

そして、発掘調査箇所の道路の反対側は、鬱蒼とした林と薮であり、昼間でも薄暗く感じる陰気な空気に満ちている。この薮の中では円形や長方形に窪んだ墓穴の跡が多数確認できる。当時埋葬する際、長持や桶などを棺桶として利用し、丁寧な埋葬を行っていないため、地面が陥没したものと推定されている。一七基以上の墓石が発見されており、発掘調査地で発見された墓石と同じく俗名のみのものが存在する。また、現地には十八世紀末から十九世紀かけて生産された陶磁器が散布している。墓石の前に供えられた陶磁器がそのまま残されているものもある。疱瘡病死者のものであろうか、人骨とみられる白骨も墓穴の側に落ちており、哀れさを誘う。

古田山の疱瘡墓は黒岩墓地から南東に一キロ離れた場所にある。古田山疱瘡所跡[64]の裏の「ほうそう山」とよばれる場所に墓地が存在したと伝わっている。麓には墓地にあったと伝えられる墓石が六基以上寄せられている。墓石銘を判読すると、黒岩墓地の墓石と同じく、俗名のみ刻まれた墓石や地名が刻まれた墓石の例が存在する。

玖島城からさらに離れた山奥には四ヶ所の疱瘡墓が知られている。鳴川内墓地、横山頭墓地、孫十墓地、餅ノ塔墓地である。鳴川内墓地は国道を進み、萱瀬ダムの手前の脇道から入った山の奥にある。現地は大雨などの原因によって地滑りが発生した地形を呈している。墓石は確認されていないが、白磁の小坏が一点確認されている。小坏の生産年代は十八世紀末から十九世紀前半であり、墓地での供養に使われた可能性が高い。現在、遺物は大村市教育委員会により保管されている。

図 117　横山頭墓地（長崎県大村市）

図 118　孫十墓地「かやぜ村」銘
（長崎県大村市）

図 119　孫十墓地「十字」印
（長崎県大村市）

横山頭墓地は東大村町にある。深い藪の中には八基以上の文字が刻まれた墓石と多数の自然石の墓がある。墓石銘を読み取ると、俗名のみの墓石が五基、「本町三丁目」と地名が刻まれた墓石もある。また、俗名に添えて「五嶋富江家中」と刻まれている墓石もある。福江島の富江領ゆかりの人物であろう。そして、この墓地でも多くの陶磁器が発見されている。十八世紀後半から十九世紀に生産された「くらわんか」碗などが多く見られる（図117）。そして、円形や長方形に落ち込んだ墓穴の痕跡も確認されている。

孫十墓地は代宮町にある。深い藪の中に三基以上の文字が刻まれた墓石と多数の自然石を立てた墓がある。文字が刻まれた三基の墓石銘を読み取ると、いずれも俗名のみが刻まれた墓石である。その中の二つは「かやぜ村」の地名が刻まれている（図118）。そして、自然石の墓の中に十字が刻まれた墓石（図119）もある。被葬者はキリシタンであった可能性がある。

餅ノ塔墓地では、墓石、階段跡（図120）と仏塔の一部が発見されている。文字が刻まれた墓石は一基だけであるが、無字の自然石を立てた墓は数多くある。文字が刻まれた一基の墓石銘は地名と俗名のみが刻まれていた。孫十墓地と同じく、自然石の墓の中に、十字が刻まれた墓石もある。そして、現地の地表では数多くの陶磁

図120　餅ノ塔墓地の階段状遺構（長崎県大村市）

図121　元村墓地（長崎県時津町）

器も確認できる。いわゆる「くらわんか」とよばれる日用品の碗が多く、数は少ないが瓶と皿も見られる。

(3) 時津町の疱瘡墓

時津町は大村湾に面した町である。大村湾の北側の彼杵とは海路で結ばれ、時津街道によって長崎市中と結ばれている。その時津街道の西側に一ヶ所の疱瘡墓、元村墓地（図121）がある。

この時津の元村の疱瘡墓付近には慰霊碑が建てられている。その慰霊碑について、二〇一七年三月に長崎新聞で連載記事が掲載された（犬塚二〇一七）。この記事をもとにこの慰霊碑の経緯について述べていく。一九八〇年代に時津町元村郷から長崎市畝刈に抜ける臨港道路畝刈時津線の建設が行われた。その際に多くの遺骨が出土した。原爆投下後の時津村では、時津国民学校と萬行寺が被爆者の主な救護所となり、二ヶ所で合計八七九人が収容され、一〇七人が死亡、うち八四人が土葬されたという。その土葬場所の一つがこの元村墓地の場所であったといい、戦前は死んだ馬や牛を埋める場所であったという証言もある。

長らく人の手も入らず荒れるに任されていたが、前述の道路建設の際に古い石塔（墓石か）や出土した骨を近くの町有地に移し、一九八四年に慰霊碑が建てられた。やがて雑草が覆い、荒れてしまったため、一九九四年に文化の森公園を整備した際に現地を整備し、慰霊碑に台座をつけたという。しかし、その後もまた雑草に埋もれ、放置されていることを憂いた地元の有志が町に参拝路を要望した結果、二〇一七年に慰霊碑が遊歩道脇の現在の場所に移設された。その際、墓石自体は移されていない。以上が墓地および慰霊碑の経緯である。

そして、元村墓地では、六八基の墓石が確認されている。疱瘡墓の墓石群は二つのグループに分けられる。一つのグループは石垣の一部として利用されており、もう一つのグループは平坦部に設置された旧慰霊碑の土台と見られるものの周りに集められている。墓石の大きさと形状にあまり違いは見られない。ほとんど「櫛形」の形を呈する同時代の一般近世墓と同様のものである。なお、原爆の犠牲になったとみられる人々を供養する墓石や石塔は確認されていない。埋葬時もその後もそういうことができる状態ではなかったことは容易に推測できる。

墓石銘を判読した結果、六八基全部に戒名が刻まれていた。多くの墓石はそれぞれ一名のみ戒名などが刻まれているが、一基のみ二名の被葬者が供養されている。そのため、墓石に刻まれた戒名数からわかる被葬者数は六九名である。そのうち、戒名から性別が判明するものは五九名であり、内訳は男性が二八名、女性が三一名である。そのほか、性別不明の中には女性の戒名などに多く使われる「妙」字を持つ者が三～四名いる。

墓石に刻まれた最も古い没年月日は宝永三年（一七〇六）十一月十七日であり、最も新しい没年月日は天保十二年（一八四一）一月三日である。少なくとも一三〇年以上の間、疱瘡墓の区域であった可能性がある。享保十八年（一七三三～四月の間に三名、延享二～三年（一七四五～一七四六）に二名、宝暦三～四年（一七五三～一七五四）に五名、明和六～七年（一七六九～一七七〇）に五名、安永三年（一七七四）から八年（一七七九）にかけて一三名、寛政元年（一七八九）に二名、寛政五～六年（一七九三～一七九四）に二名、文化元年（一八〇四）に二名、文化十年（一八一三）に三名の人が亡くなっている。特に安永年間には多くの犠牲者が出たことがわかる。

二〇一七年三月九日の長崎新聞の記事に戻ると、「被爆者が伝染病死者や牛馬と同じ場所に葬られたという事実は、現代の感覚では衝撃的だ」との記載がある。ピースサイト関連企画の記事であり、被爆者やその関係者の視点からの思いとみられるが、牛馬はともかく伝染病死者への差別はそのまま置き去りにされている。罪なき伝染病患者や死者への差別の根深さであり、それは伝染病への恐怖の裏返しでもある。

現地の歴史は何度も忘れられている。疱瘡墓が忘れられ、被爆者の埋葬が忘れられ、慰霊碑もまた度々忘れられた。

そういう忘れられる場所であるからこそ、疱瘡墓の場所として選ばれたものでもある。

(4) 西海市の疱瘡墓

西海市は西彼杵半島のほぼ北半分と島嶼部からなる。西海市北部の柴山で疱瘡墓が確認されている。疱瘡病死者を供養した柴山宝塔（図122）の周辺に位置する。付近は疱瘡患者の隔離地であり、柴山開拓の移住者が散在していた墓碑を集めて合葬したと伝わっている（西海町教委二〇〇五）。柴山宝塔は正面には「南無妙法蓮華経日蓮大士」、「天下泰平」と「國土安穏」、右側には「大正五年十月吉日」（一九一六）、左側には「柴山白仁田中建之」と刻まれている。また、宝塔の土台には建立者の名前と郷名等が刻まれている。郷名等は木場郷、丹納郷、川内郷、古里郷と大串村とあり、おそらくこれらの地域の疱瘡犠牲者が供養されているのであろう。

そして、柴山宝塔の土台には四基の墓石も用いられている。被葬者はおそらく疱瘡犠牲者である。それぞれの墓石銘を判読した結果、四基とも戒名が刻まれており、最も古い没年は元文元年（一七三六）、最も新しい没年は宝暦四年（一七五四）である。没年の年代幅は約一八年間である。その他、宝塔周囲の森の中には、石積墓と見られる自然石の集積がみられる

図122　柴山宝塔と疱瘡墓（長崎県西海市）

(5) 長崎市の疱瘡墓

長崎市内の一部はかつて大村藩に属しており、長崎市大浜町で一ヶ所の疱瘡墓が確認されている。元文二年（一七三七）に疱瘡で亡くなった福田長兵衛の墓である（図123）。墓の正面に戒名の「妙法能持院宗是日継居士」と没年月日の「元文二丁巳年三月二十八日」の文字が刻まれている。福田家二四代福田長兵衛は福田村が風害

図123　大浜墓地（福田長兵衛墓）（長崎市）

の被害を受け住民が難儀しているのを憂えて元文元年（一七三六）に田子島より崎山まで石垣を築き防風林を植えたが、翌年福田長兵衛は疱瘡で死亡したので、大浦郷江川内に埋葬したという。長兵衛の墓以外に二基の墓がある。墓地はイノシシによる被害がひどく、周囲は掘り返され、石灯籠などは倒されている。

その他、旧浦上山里村の里郷に「疱瘡小屋」という小字名がある（布袋二〇二〇）。現在は市街地化し、その面影を何も見ることができないが、おそらく療養地か隔離地であったのであろう。ただし、この地はかつての大村藩領ではなく、天領であったとみられる場所である。いわゆる無痘地ではなく、死後も隔離されたかどうかよくわからない。

3　旧五島藩領等の疱瘡墓

江戸時代の五島列島は、一部の平戸藩領（小値賀島、野崎島、中通島の一部）を除いて、大半が五島藩（福江藩、富江領）に属していた。疱瘡の隔離地と伝わる場所は少なくないが、その中で福江島、前島、中通島、頭ヶ島で五ヶ所の疱瘡墓が確認されている。

(1)　福江島の疱瘡墓

福江島は五島列島の中で最も大きな島であり、近世の五島藩（福江藩）の城と城下をもつ島である。現在は五島市に属する。福江島では二ヶ所の疱瘡墓が確認されており、その他に一ヶ所の疱瘡墓推定地が知られている。

一つ目の疱瘡墓は南河原にある（図124）。江戸時代は福江藩領であった。『五島編年史』によると「海岸には疱瘡で死んだ人の無縁墓が累々としてあった」（福江市史編集委員会編一九九五）とあるが、現在では海岸にそのような光景を見ることはできない。そして、疱瘡病死者を供養した記念物「三界萬霊塔」の近くに四基以上の疱瘡墓がある。その中の

図124　南河原の疱瘡墓と「疱瘡死亡」の文字
（長崎県五島市）

一基には「當處疱瘡死亡」の文字が読み取れ、死因が疱瘡であったことを示している（図124左）。没年月日が、「天保壬寅三年三月二日」と刻まれているが、天保三年（一八三二）の干支は壬寅ではなく、壬辰である。年号が正しいのか、干支が正しいのか不明であるが、没年と建立年の間に年や干支があやふやになるだけの時期差があった可能性を示している（野上ほか二〇二一c）。そして、他の一基の正面には信士一名と信女二名の三名の戒名が刻まれている。側面は、「文政七申二月廿三日　祥　二月廿八日　敬　同日」、「白金屋幸助　同　冨」と刻まれている。「孝子」とあるので、この墓石は子らが父母らを供養するために建てた墓とみられるが、同日を含めて数日間で三人が亡くなっていることもわかる。一方、墓石には「肥前屋」や「白金屋」などの屋号が刻まれており、被供養者は福江城下の商家の縁者と見られる。

もう一つの疱瘡墓は福江島の握りの浜墓地である。幕末まで富江領であった。現地では一〇基以上の墓石が確認されている。それ以外に地蔵、石組墓も点在している。石組墓は丸石などを組み合わせたものであり、柱形の墓石などの基部となっているものもある。また、板石を組み合わせた石祠に仏像を納めたものもある。没年が分かる病死者の墓石の中で最も古いものは、天保十三年（一八四二）である。その墓石は正面に「大婦人平田氏之墓」、側面は戒名「含章院貞香妙清大姉」と墓の建立経緯が刻まれている（図125）。内容は以下の通りである。

王母名利恵古平田自仙翁之女（配）我王父伯圭府君操行貞淑端正不
惜府君職業繁劇不暇寧居婦人常守家上奉二尊下教児女児女畏之
如厳君生五男四女晩患痘瘡令不得養家長子永世君随療病於此地

図 125　握りの浜の「大婦人平田氏の墓」
（長崎県五島市）

図 126　握りの浜の明治３年没年の疱瘡墓

医療備至然歳己晩老病甚険不得効遂没於此地法不得歸葬空於握山
之陽干（于?）時天保十三壬寅歳七月七日行年五十有六歳

被供養者は「痘瘡」に罹って、「握山」で治療を受けたが、効果なく亡くなり、帰ることができずに埋葬されたことが記されている。この地に疱瘡墓だけでなく、隔離・治療用の疱瘡小屋もあったことがわかる。また、最も新しい没年は明治三年（一八七〇）である（図126）。これまで発見されている疱瘡墓の中では最も新しいものである。

その他、内闇付近に疱瘡墓があったと推定されている。内闇については、前に述べたように当時、行われていた対策方法も伝わっている。そして、疱瘡で死んだ人は内闇と水道口の間に墓地があり、そこに葬られたと伝わっているが、現地では確認されていない。

⑵ 前島の疱瘡墓

前島は、奈留島の南端付近に浮かぶ小島である（図127）。干潮時になると末津島とを結ぶトンボロ（陸繋砂州）が現れることでも知られている（図128）。江戸時代、前島は泊郷に属しており、現在は五島市奈留町泊に所在する。

前島の江ノ浦には、奈留代官山口家の次男である山口倫十郎のものとされる墓が残っており、墓石の側面に「疱瘡」で亡くなったことが刻まれて

図127　前島（長崎県五島市）

図128　前島のトロンボ（長崎県五島市）

図129　前島の江ノ浦（長崎県五島市）

図130　前島の江ノ浦の疱瘡墓
（長崎県五島市）

いる。そして、倫十郎の墓石の周囲に疱瘡墓と思われる墓が点在するという。また、「尼妙道信女位」と刻まれた墓石があり、倫十郎を尼となって弔った妻のものと伝えられている（五島市二〇一一）。

墓地は、前島の江ノ浦港の小さな集落（図129）がある湾の最も奥まったところの小さな平坦地にある。墓地は海のある北西側を正面にしている。合計一二基から一四基の墓が見られる（図130）。基数に幅があるのは一つの墓の石組が二つに崩れて分かれている可能性があるためである。三列に並んだ墓は、最前列に五基、二列目に五基、最後列に三基、そして、最前列と二列目の間に一基配されている。また、墓は柱形と石組墓に分けられ、その数は柱形の墓が二基、石組墓が一〇～一二基である。石組墓は平面プランの原形が崩れたものが多いが、長方形の平面プランを有したものや方形の形の一部をとどめたものも見られる。

そして、山口倫十郎の墓と推定されている柱形の墓石の正面は摩耗と風化が著しく、文字はほとんど読み取ることができない。正面からみて左側

図 131　赤波江教会
（長崎県新上五島町）

図 132　赤波江のキリシタン墓地
（長崎県新上五島町）

面には「疱瘡而□□死」（疱瘡而此病死カ）と刻まれており、死因が疱瘡であったことがわかる。そして、正面からみて右側には「施主山口雄太郎」と刻まれていることから、被葬者が山口家ゆかりの人物であることは確かであるが、戒名や没年月日については不明である。その他、倫十郎と特定することができる史料も確認できない。一方の倫十郎の妻の墓と推定されている墓石についてもそれを示す証拠を確認したわけではない。柱形の墓石正面に「尼妙道信女位」、側面に「天保十三寅壬年八月十日」（一八四二）の没年月日と俗名が刻まれているが、それ以上のことはわからない。

(3) 中通島の疱瘡墓

中通島は五島列島の主要な島の中で最も東に位置し、福江島に次いで大きな島である。現在は全島が長崎県南松浦郡新上五島町に属する。疱瘡墓のある赤波江は新上五島町立串郷に所在する。富江領と平戸藩の境界付近の平戸藩側に位置するが、被葬者に富江領の者が含まれている。

赤波江教会（図131）から海岸に向かって下りたところに共同墓地がある（図132）。十字付き墓碑と石組墓のキリシタン墓（図133）、キリスト教信者の墓が多く見られる墓地である。その棚田状の墓地の最下段に疱瘡墓の一群がある（図134）。もともとあった場所から移動させて集められているようである。

道路脇の石垣の上に一基の供養塔と一五基以上の疱瘡墓がある。供養塔は弘化四年（一八四七）十二月に「領主」によって建てられたものである。疱瘡墓はおおよそ前後二列に並び、主に柱形の墓石であり、不定形のものが一基みられる。柱形の墓碑正

図133　赤波江のキリシタン墓
（長崎県新上五島町）

図134　赤波江の疱瘡墓
（長崎県新上五島町）

面には戒名、側面は没年月日が刻まれているが、風化の為文字は読み取りにくい。

没年がわかる病死者の墓石の中で最も古いものは、天保十二年（一八四一）である。その墓石は正面の文字が読み取れないが、側面には複数の没年月日が刻まれており、複数の病死者が供養されている。天保十二年から十三年（一八四二）にかけて七名が亡くなっている。そして、最も新しい没年は文久三年（一八六三）である。大村藩領で発見されたいずれの疱瘡墓より没年が新しい。この墓地は二〇年以上存続したことがわかる。

また、不定形の墓石の正面には「似首村（欠損）」の文字が刻まれている。似首集落は、赤波江集落がある新魚目の半島の付け根側にあり、赤波江共同墓地から南へ直線距離で一〇キロほど離れた場所に位置する。藩政時代は富江領であった。この墓地に埋葬された人々の居住範囲を知る上で重要である。被葬者の居住地が刻まれた例は、大村藩領の黒岩墓地などでは多くみられるものであるが、これまで五島地方では他に確認されていない。

(4) 頭ヶ島の疱瘡墓

頭ヶ島は中通島の東部にある島であり、周囲八キロほどの小島である。中通島と頭ヶ島大橋で結ばれている。全島が長崎県南松浦郡新上五島町に属している。頭ヶ島を開拓したと伝わる主導者前田儀太夫の墓碑には開拓の状況や歴史などを記録した「頭ヶ島由来記」が刻まれており、碑文の中には「本島ハ嘗テ痘瘡避疫地」とある。前に述べたように宮本常一も「ホウソで死んだものは、例外なく、この島の海岸に埋め

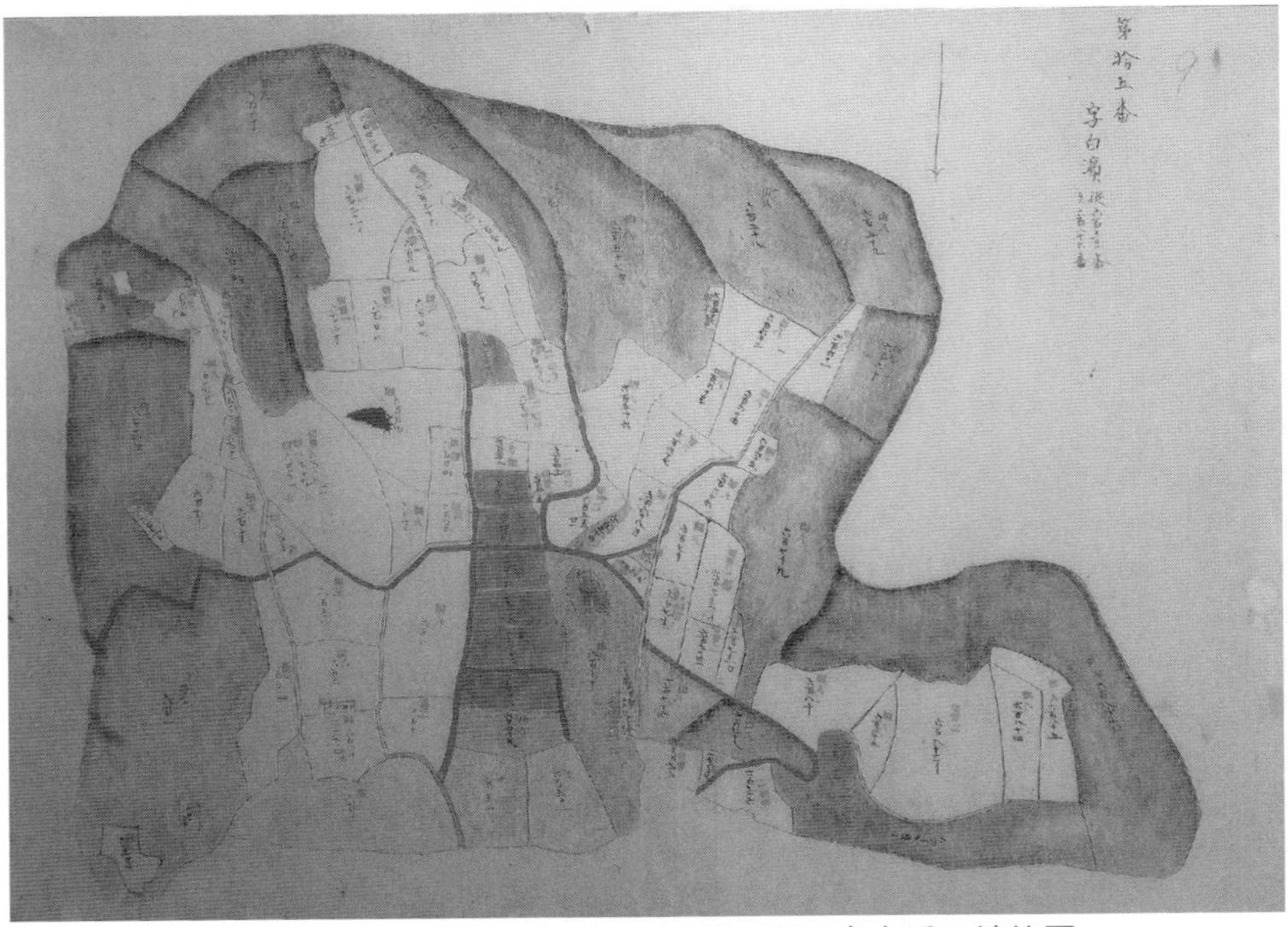

図 135　明治 10 年（1877）頃の頭ヶ島白浜の地籍図

図 136　頭ヶ島白浜遺跡（長崎県新上五島町）

た」と記しており、「ダンパ平」[65]の墓地の形成と放棄の経緯を伝え残している（宮本二〇一五）。

そして、頭ヶ島教会資料館には明治十年（一八七七）頃の頭ヶ島の「白浜」字図の写が展示されている（図135）。字図では墓地が水色に塗られており、明治初期は白浜の浜全体が墓地であったことがわかる。一九九五年にはこの浜に位置する頭ヶ島白浜遺跡（図136）が有川町教育委員会と長崎県教育庁文化課によって発掘調査されている。現在は、近世の墓石は確認できないが、調査では多くの人骨と副葬品が出土している。発掘調査者は、近世墓の被葬者については、頭ヶ島島内の人ではなく島外の人々と考えている。その根拠としては、まず、現在の白浜地区の人々の墓が調査区の東側にあり、住民によって手厚い追善供養がなされているのに対し、調査区より出土した近世墓地は既に無縁化していること、さらに現在の白浜地区の人々が近世末に

図137　貢山の疱瘡小屋跡（熊本県天草市）

図138　貢山の疱瘡墓（熊本県天草市）

入植したキリスト教信者の末裔であるのに対し、調査した近世墓の副葬品などにはキリスト教的な要素が全くみられないどころか、数珠や六道銭など、むしろ仏教的な要素をもつこと、また、近世の頭ヶ島は無人島であったといわれることなどをあげている（長崎県有川町教委一九九六）。頭ヶ島の隔離地としての歴史、発掘調査で明らかになった性格を考え合わせると、疱瘡墓とみてよいと考える。

4　旧天草天領の疱瘡墓

天草地方では三ヶ所の疱瘡墓が知られている。高浜貢山、ホウソ谷（ホオソ谷）、下馬刀島である。

(1)　高浜貢山の疱瘡墓

高浜貢山の疱瘡墓と疱瘡隔離小屋は松本教夫により報告されている（松本一九八一）。天草市天草町の高浜港から県道二八〇号線を通って東に直線距離約三キロ入った山奥にある。現地には疱瘡小屋に伴うとみられる二列の石垣が残る（図137）。松本は小屋の近くに疱瘡墓群が存在し、「二一メートル程の長方形に積まれた物、丸くケルン式に積まれた物、中には墓碑に見たてたのであろうか、碑名もない手ごろな板石を建てた物もあった。この無造作に積まれた墓群を雑草の間から十数基ほど確認することができた」と記録している（松本一九八一）。現地では、松本が報告した墓地と同じ墓地かどうかわからないが、疱瘡小屋とみられる石垣のある平坦地の上段に墓石群を確認できる（図138）。未加工の自然石の墓が多く見られる。それらは二種類あり、石囲い状の集石の中央に明瞭な自然石の立碑をもつ墓と、五〇～一〇〇センチ程度の規模で、不定円形もしくは方形に乱雑に石材を集積した石積墓がある。石積墓には立碑がないが、立碑が倒れた可能性が考えられるものもある。いずれも文字が刻まれていない墓である。

(2) ホウソ谷（ホオソ谷）の疱瘡墓

天草市亀場町食場字ホウソ谷について、文献などの記録は未確認である。青木賢治ら天草レキバナ会による現地踏査で確認された（中山二〇二二）。字名と立地から当地が疱瘡の隔離小屋と推定されたもので、山小屋とみられる石積みも残るという（中山二〇二二）。また、ホウソ谷の近くには、「除場」の字名もあり、濃厚接触者の隔離観察地があったとみられる。

(3) 下馬刀島の疱瘡墓

下馬刀島は天草本島の東の海上の離れ小島である。周囲二キロほどの小さな無人島である。島全体が疱瘡の隔離場所と見られ、「疱瘡島」ともよばれていた。天保年間頃に疱瘡が大流行した際に、患者が隔離されたと言われている。実見していないが、今も墓が数基残っているという。また、地元では疱瘡墓にまつわる「もんつき唄」が伝承されている。

5　島原半島の「天草墓」

島原半島の旧加津佐村・旧口之津村・旧南有馬村で、一四〇基以上の天草墓が確認されている（山下二〇二二）。天草墓とは天草出身の疱瘡患者が島原半島で治療を受けて亡くなった人々の墓であり、いわゆる「他国養生」政策によって生み出された墓である。天草の地名が墓石に刻まれていることから、その出身地がわかる。墓碑銘については巻末資料6にまとめてある。

現在、巌吼寺（旧加津佐村）、大屋名東共同墓地（旧口之津町）、菖蒲田墓地（旧南有馬村）、向小屋墓地（旧南有馬村）で確認されている。

(1) 巌吼寺

旧加津佐村の天草墓は野田名の海岸から突き出た小島の岩戸山の麓にある巌吼寺の歴代の住職の墓地にある。墓碑の正面は「覚山道了信士」の戒名が刻まれている（山下二〇二二）。当時の巌吼庵の住職が書き残した『巌吼庵御願扣』には「肥後国天草郡木戸組大宮地八百助と申す者、疱瘡計らずも付き致候故此方へ渡海仕り、（中略）拙寺にて仕り、（中略）養生致させ度願承り候」と記されており（山下二〇二二）、天草の疱瘡患者を巌吼寺で養生させていたことをうかがわせる。

(2) 大屋名東共同墓地

大屋名東共同墓地には二〇基以上の天草墓が点在している。共同墓地の一番上の段にあり、墓地からは天草を遠く眺めることができる。墓石には出身地とみられる地名、俗名、没年月日などが刻まれている。出身地とみられる地名は御領村・二江村・鬼池村などがある。文化年間の没年が多い。そして、墓石に刻まれた名前は俗名のみのものが多い。

(3) 菖蒲田墓地

菖蒲田墓地（図139）は海岸に沿って走る道路に隣接している。九〇基以上の天草墓があり、墓地の敷地の一ヶ所に集められている。「萬霊流死供養塔」を中心にその左右に墓石が集められており、墓碑銘の読み取りは難しい。南有馬町文化財保護審議会による説明板が墓に隣接して立てられており、「島原大変時の流死者の供養碑と無縁仏とを最近地区民が一緒に集めて法要をしている」と書かれている。そのため、全てが疱瘡病死者の墓というわけではない。墓碑から

図 139　菖蒲田墓地の天草墓
（長崎県南島原市）

図 140　向小屋墓地の天草墓
（長崎県南島原市）

判明した出身地は、御領村（五料村）・二江村・鬼池村・大嶋子や赤崎村などがある。そして、大屋名東墓地の天草墓と同じく、戒名がない墓石が多く見られる。

(4) 向小屋墓地

向小屋墓地（図140）には三〇基以上の天草墓と「御精霊追善供養塔」がある。供養塔の正面中央に「御精霊追善供養塔」、その右に「文化九申年（一八一二）」、左に「三月十五日」、左下に「天草之住人於　病痘男女之墓」と刻まれている。言うまでもなく「病痘」は疱瘡を意味しており、疱瘡で亡くなった天草の男女の霊の供養塔である。天草墓群と見られるものは大部分が御精霊追善供養塔の周りにある（山下二〇二二）。長年の風化に加え、碑面に苔が生えており、多くの文字が読み取れない。墓碑から判明した出身地は、大嶋・本戸・亀川などがある。やはり名前は俗名のみが刻まれたものが多い。

天草墓で刻まれた地名をまとめてみると、他国養生の出身地は天草下島の村々と上島の村々である（図100）。海をはさんで一〇キロほどしか離れていないが、亡くなった後も出身地に戻ることなく、養生地で埋葬されている。

6　疱瘡墓の特質

「西海」で発見されている疱瘡墓の立地・環境、年代と墓の型式についてまとめて、特質を考えてみる。

(1) 疱瘡墓の立地・環境

疱瘡墓は隔離施設の近くに作られたため、隔絶した場所にある。そのため、疱瘡墓は人と接触し難い、一般社会と離れた山奥・海岸・離島に存在する。大村藩領の疱瘡墓の多くは内陸の山奥にある。大村市、西海市、波佐見町、時津町、長崎市で確認された疱瘡墓はいずれも山間部にある。そして、最も山深いところにある疱瘡墓が大村市の疱瘡墓である。同じ山間部でも比較的集落に近いところにつくられているのが波佐見の疱瘡墓である。五島地方の場合、福江島の内闇を除けば、多くが海岸や離島にある。福江島の南河原や握りの浜、中通島の赤波江などは海岸であり、前島、頭ヶ島などは離島である。墓地は確認されていないが、その他にも離島を隔離地としている例は多い[66]。天草の場合も五島と同様に山奥、海岸、離島にあったとみられるが、現在、疱瘡墓を現地で確認できているのは山間部の貢山、ホウソ谷のみである。

橋村は、山への隔離が主流であった感染者への対応が十九世紀前半になると、地付きの無人島への隔離が見られるようになったことを指摘している（橋村二〇一二）。確かにその傾向は認められる。地勢に応じて立地が選ばれただけではなく、年代的な特徴を示している可能性もある。

(2) 疱瘡墓の年代

疱瘡墓の多くは自然石を利用しており、没年月日が刻まれておらず、正確な年代は不明なものが多い。そうした中でも没年が刻まれた墓石も一定数あるため、大村藩と五島藩（一部平戸藩領を含む）の疱瘡墓に刻まれた没年をもとに一〇年ずつ墓の数を集計して、その推移を示す（グラフ１・２）。大村藩の場合、十八世紀後半に犠牲者が多いが、五島藩の場合、犠牲者の数は十九世紀前半が多い。十九世紀に入ってからの五島藩の犠牲者数の増加は、後に述べる大村藩の外海からの移住に伴う人口増加も関わりがあろう。ただし、文政年間以前の五島藩の疱瘡墓は石組墓や石積墓が大半を占めていた可能性もあり、どの程度、増加したのか正確なところはわからない。

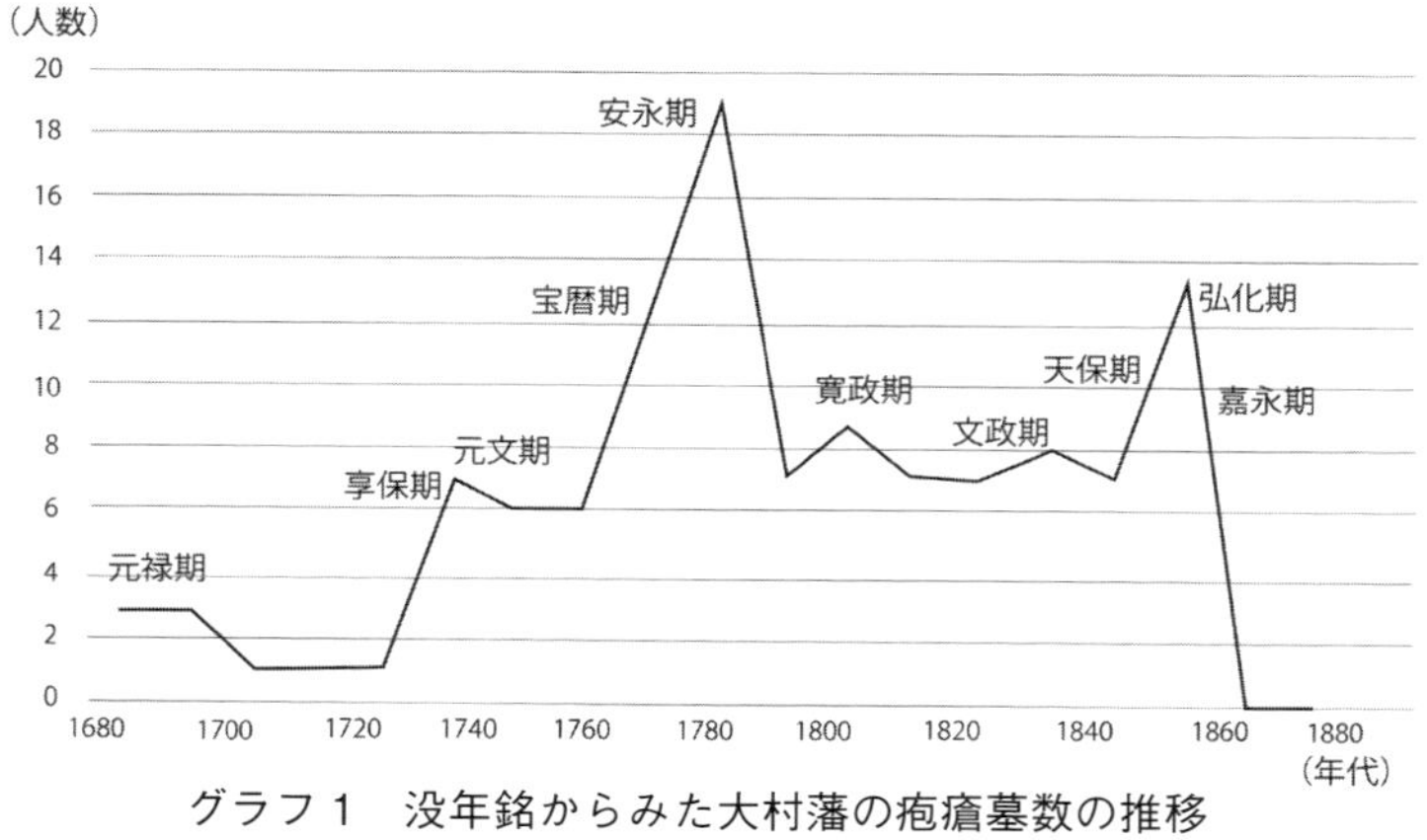

グラフ１　没年銘からみた大村藩の疱瘡墓数の推移

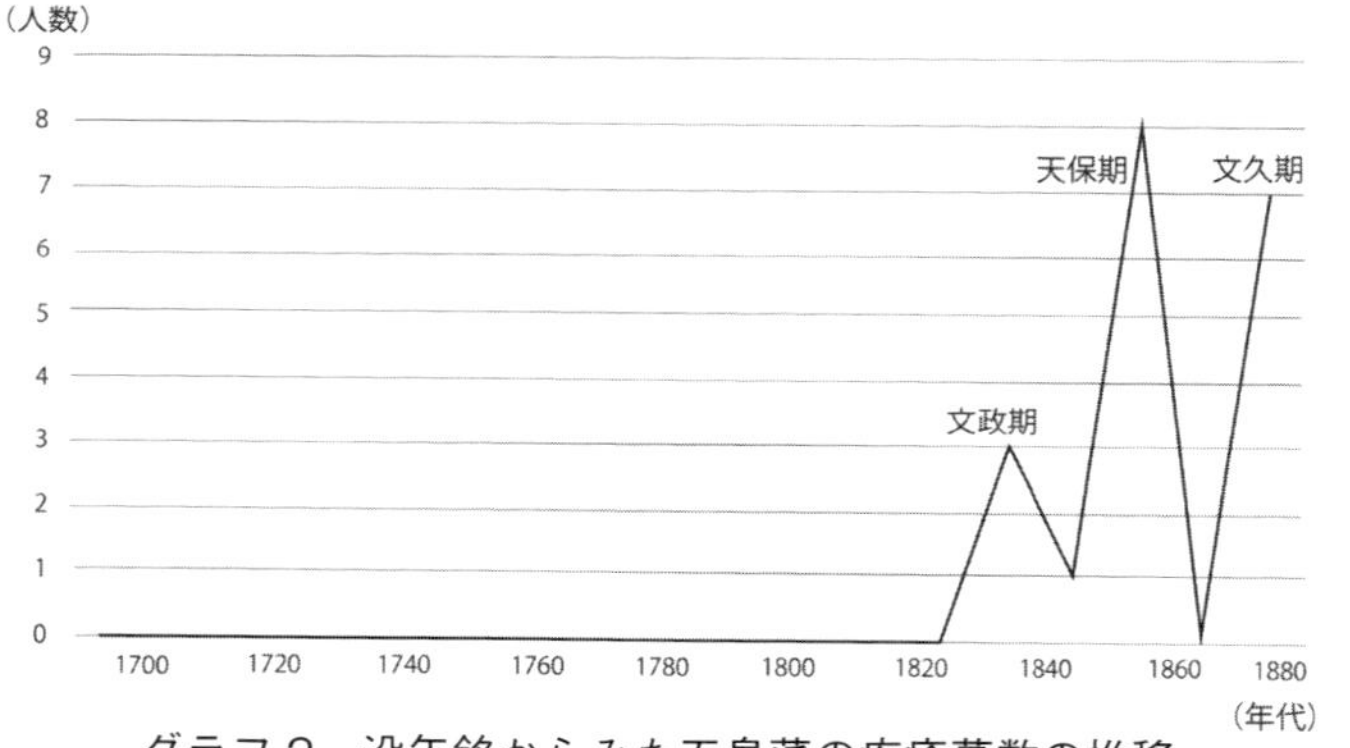

グラフ２　没年銘からみた五島藩の疱瘡墓数の推移

没年月日が刻まれている墓石の中で、最も古いものは波佐見の白岳墓地の元禄二年（一六八九）の墓石である。前に述べたように、大村藩政日記の『九葉実録』に記録されている元禄元年（一六八八）に波佐見村で疱瘡が流行した際の疱瘡墓とみられる。

そして、大村藩領で最も新しい没年の疱瘡墓は、波佐見の湯無田墓地（仮称）の嘉永二年（一八四九）の墓である。また、最も数多く墓石が発見されている大村城下の付近の黒岩墓地の墓の中で最も新しい没年の刻銘は弘化三年（一八四六）である。疱瘡の有効的な予防法の種痘が普及した嘉永年間より新しい疱瘡墓はまだ発見されていない。種痘が普及して隔離施設の閉鎖の後に建てられたとみられる横瀬郷の「霊魂塚」の建立年代が嘉永五年（一八五二）であり、疱瘡墓の年代と矛盾しない。

表３　疱瘡墓の形態および墓碑銘の内容一覧

地域	NO.	名称	墓の形態				墓碑銘の内容					
			方形	柱形無名	自然石（立碑）	石組墓・石積墓	戒名	俗名のみ	無名	「疱瘡」銘	地名	他
波佐見	1	白岳	◎				◎					
	2	葉山	◎				◎					
	3	東舞相	○	△		○	○		○			
	4	裏ノ谷	○		○	△	○		○			
	5	湯無田（仮）	◎				◎	○			○	
時津	6	元村	◎				◎					
西海	7	柴山	◎			△	◎		△			
大村	8	黒岩	○		◎		○	○	◎		○	
	9	横山頭	○		◎		○	○	◎		○	
	10	孫十	○		◎			○	◎		○	△
	11	餅ノ塔	△		◎			○	◎		○	△
	12	古田山	○				○	○			○	
長崎	13	福田	○				○					
五島	14	南河原	◎			△	◎		○	○		△
	15	江ノ浦	○			◎	○		◎	○		△
	16	握りの浜	○		○	○	◎		○	○		△
	17	赤波江	◎				◎				△	
天草	18	貢山				◎			◎			
	19	ホウソ谷				◎			◎			
	20	下馬刀島	不　明									

（◎＝多い、○＝有、△＝少ない）

一方、五島列島では握りの浜の没年の刻銘は嘉永年間より新しい一八六〇年代に集中している。中には明治三年（一八七〇）没年の墓もある。中通島の赤波江共同墓地でも文久二年（一八六二）や文久三年（一八六三）の没年の墓があり、大村領に比べて新しい墓が多い。幕末期の五島における種痘についてみると、まだ種痘法を学んだ医者もなく、一般民衆が種痘を受けられるようになったのは、明治三年四月、種痘法（種痘方規則）によって政府が種痘を実施するように指示を行ってからという（西村一九六七）。『五島編年史』をみると、元治元年（一八六四）に富江で疱瘡が流行した際にもまだ太郎島に「小屋掛ノ逃薮」を作っている（中島一九七三）。種痘の先進地である大村とそうではない五島では、種痘の普及度が異なっており、そのことが疱瘡墓の年代の地域差となっているのであろう。

⑶　疱瘡墓の型式

疱瘡墓は地域によってさまざまの形態がある（表３）。柱の形をした墓石のものは一般の近世墓と変わらず、地域の違いも小さいが、自然石を用いた墓は地域によって異なる。

大村市と波佐見町の自然石の墓は一個の石を立てたものが多い。五島の自然石の墓はいくつかの石を組み合わせた長方形や円形の石組墓が多く、天草の自然石の墓は石囲い状の石積墓の中央に明らかな立碑がある墓が多く見られる。

また、大村市の疱瘡墓の特徴として、長方形と円形の墓穴を地表に見ることができる。長持や桶などのものを利用して埋葬されたと思われるが、丁寧に埋葬されていないためか、地面が陥落していることは前に述べたとおりである。短い期間にあまりに多くの人が亡くなったからと考える。そのため、戒名を入れず、俗名のみの墓も多くある。これは他の疱瘡墓では見られない特徴であるが、他国養生に伴う島原半島の天草墓では同様の特徴をみることができる。

そして、大村市の疱瘡墓地の墓には病死者の出身地の地名が刻まれている。これも他の疱瘡墓ではあまり見られない。一つの地区だけでなく、いろいろな地区の人が埋められたためであろう。大村市の墓地は広い範囲の人々が埋葬されていることがわかる。これもまた天草墓と共通している。

また、死因である「疱瘡」の文字が刻まれたものは五島の疱瘡墓でしか見られないし、そして、「十字」の刻印があるものは大村市の墓地でのみ発見されている。

(4) 疱瘡墓の地域性と多様性

これまでまとめたように、疱瘡墓の位置、環境、型式などは様々であり、地域性や多様性がみられる。この地域性や多様性は疱瘡流行の地域性や歴史性が反映されたものと考えられるが、墓の特徴の違いが何を意味するのか、それだけで正確に知ることは難しい。むしろ文献史料等で明らかになっている疱瘡流行や対応の違いから、墓の違いを意味づける作業を先に行い、応用していく方がよいように思う。

同じ無痘地であっても地域によって隔離政策の過酷さが異なっているように見える。前に述べたように、大村藩の場合、『松香私志』に疱瘡患者に対する苛烈な隔離政策と悲惨さが記されている（長與一九〇二）。山中に隔離するが、治療はもちろん介抱も行き届かず、全快して家に戻れるのは稀であり、治っても一人前の人間とは認めないとある。さらに隔離に伴う負担は「自己負担」であり、疱瘡患者を出すと家族もまた経済的に破綻してしまうという。棄民政策とよんで差し支えないであろう。五島も同様にすべて疱瘡患者の家から支出されたとされる（新魚目町教委一九八六）。それに対し、天草の場合ももちろん隔離自体は厳しいものであるが、隔離施設である山小屋の立地や建築基準なども明示されており、『上田宜珍日記』に見る近隣からの支援や治療介抱の「公費負担」など比較的充実しているように見える。また半数ぐらいが生還している。

長與専齋自身が生まれたのが天保九年（一八三八）であり、「山揚げ」が廃止された後に建立された横瀬郷の供養碑の年代（一八五二年）から考えると、専齋が成人した頃にはすでに「山揚げ」が廃止されている。『上田宜珍日記』の内容が流行当時のものであるのに対し、専齋のようにかつての隔離政策を振り返る中での記述では表現に差異が出てくるのかもしれない。しかし、それを考慮したとしても両者の差は大きい。天草では墓碑銘がある墓石の方が少ないものの、文化年間の疱瘡流行の際の「疱瘡死失人供養」では、死者全員の八三霊の戒名が卒塔婆に記されているのに対し（平田一九八九）、大村藩、特に城下に近い大村の疱瘡墓では戒名がなく、俗名のみが刻まれた墓石が多い。専齋の言う「常式の葬祭を營むを得ず」（長與一九〇二）の内容にも合致している。

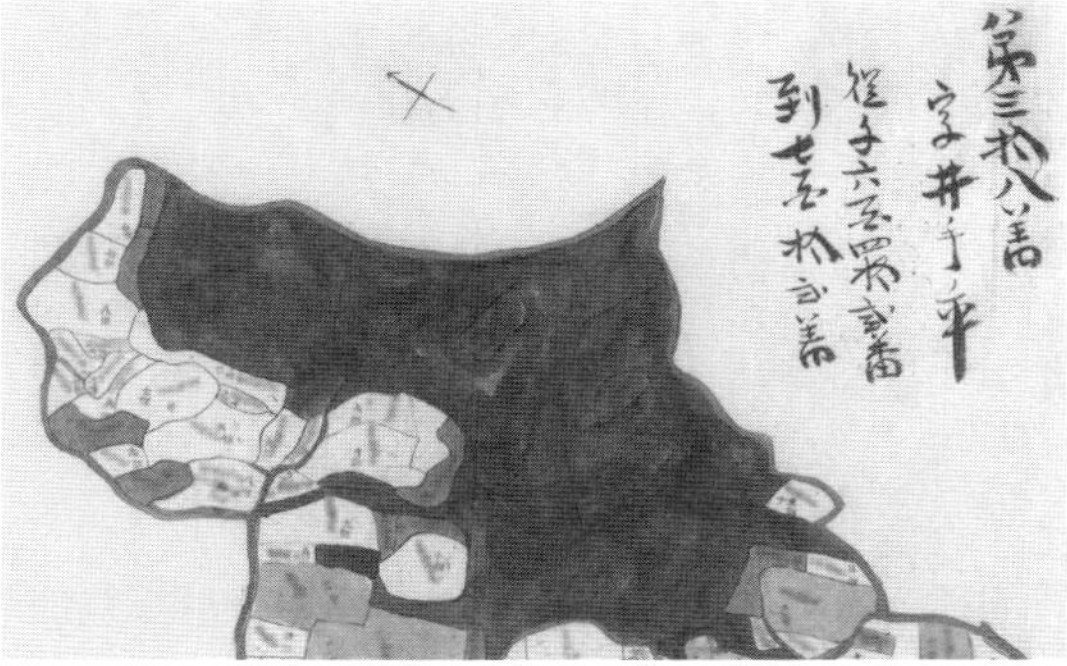

図 141　波佐見井手ノ平地籍図
（中央２ヶ所が疱瘡墓とみられる）

一方、同じ領内であっても疱瘡についての政策が地域によって異なる。例えば、元禄元年に大村藩領の波佐見村で疱瘡が流行した際、「送捨て」の制度が採られたわけではなく、在宅治療も認められた。その結果が疱瘡墓の分布に反映されている。『波佐見史 上巻』には、疱瘡にかかるとすぐにこの小屋に送られて介抱を受けたが、看護の不備と医術の幼稚不完全によって非命の死を遂げた者が多く、町内の各所の山中にその墓が点在しているとある（波佐見史編纂委員会一九七六）。実際に明治二十三年（一八九〇）の地籍図（図141）と衛星画像を用いて存在を推定した疱瘡墓は各郷に点在している（野上・賈二〇二二）（図142）。波佐見の疱瘡政策は「在宅療養」もしくは「在郷療養」であったためで

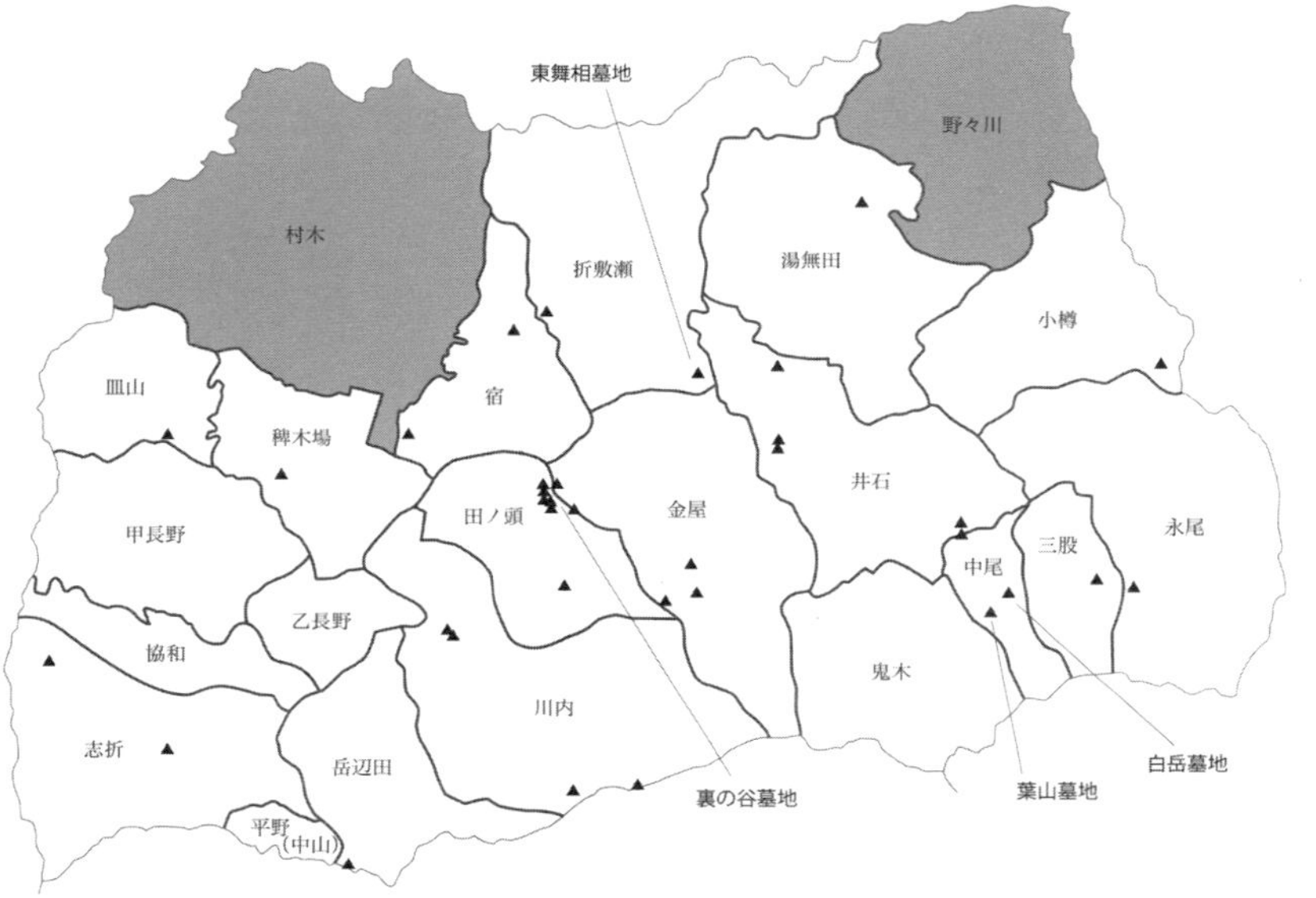

図 142　波佐見町内疱瘡墓分布図（推定地を含む）

あろう。一方、大村は城下町で、人口も多く、何より玖島城に近く、藩境に位置する波佐見とは異なっている。そのため、徹底した「山揚げ」政策が行われた。広い範囲の地域の人々が山に隔離されたため、墓石には多くの地名が入れられる結果となった。

このように疱瘡墓の形態は政策が反映されており、言い換えれば、疱瘡墓の地域性と多様性から疱瘡対策の違いを知ることができる。

第3節　疱瘡患者と死者のための器

疱瘡墓は、天然痘ウイルスに感染したことにより、強制的に隔離され、死後もまた隔離されたまま葬られた人々の墓である。その疱瘡墓で発見される陶磁器は、疱瘡に罹患したことによって隔離され、しばしば差別もされた人々のための器であり、墓石とともに「無痘地」の実態を明らかにする有効な物質資料である。隔離施設である「疱瘡小屋」でも使用されていた可能性を考えれば、疱瘡死者の生前の最後に使用していた生活用具であり、隔離治療生活を物語る資料でもある。

疱瘡墓あるいはその可能性がある埋葬地の発掘事例は少ない。管見の限り、大村市の雄ヶ原黒岩墓地、頭ヶ島白浜遺跡の二ヶ所である。前者は疱瘡墓、後者はその可能性がある埋葬地である。それぞれ遺物が出土しているが、様相は異なっている。前者は江戸後期を中心とした多くの陶磁器を含めた遺物が出土している。一方、後者は土壙墓・木棺墓・甕棺墓などで埋葬された四五体の近世人骨、六道銭とみられる銭貨や木製の数珠が出土しているが、近世末から近代の製品を除くと陶磁器の出土数は極めて少ない。近世の副葬品として鉄釉仏花瓶が報告されているのみである（有川町教委一九九六）。また、発掘調査で出土した陶磁器以外にも大村領内の疱瘡墓では多くの陶磁器が採集されている。以下、疱瘡墓の出土陶磁器、採集陶磁器を紹介していこう。

1　疱瘡墓出土・採集陶磁器

(1) 大村市・雄ヶ原黒岩墓地

雄ヶ原黒岩墓地から出土した陶磁器は、多くが十八世紀から十九世紀にかけての製品である（図143）。碗が最も多く、瓶も一定量みられる。一般の消費地遺跡で大きな割合を占める皿類は少ない。

陶器と磁器があり、陶器は碗（図143－1）、瓶、灯明皿などがある。磁器は多くが染付製品であるが、他に白磁、青磁、色絵などがある。器種は碗、碗蓋、紅皿、紅猪口、皿、瓶、仏花瓶、香炉などがある。その他、陶製か磁製か判別が難しい仏飯器や陶胎染付碗[67]（図143－15）もある。

磁器碗は、白磁碗（図143－2・9）と染付碗があるが、大半は染付碗である。染付碗は、丸碗（図143－3～8など）、筒形碗（図143－13・14）、いわゆる望料形碗（図143－16）、小広東形碗（図143－17）、広東形碗（図143－18）と蓋（図143－19）、端反碗（図143－20・21）などがある。丸碗は器高の低いもの（図143－5）や腰が張って器壁が垂直あるいは内湾気味に立ち上がるもの（図143－10～12）がある。文様は雪輪草花文（図143－3・4）、蔓草文（図143－5）、コンニャク印判技法[68]による五弁花文（以下、コンニャク五弁花文）と竹笹雪輪文（図143－6）、折れ枝梅花文（図143－7）、折れ松葉文（図143－8）、土筆

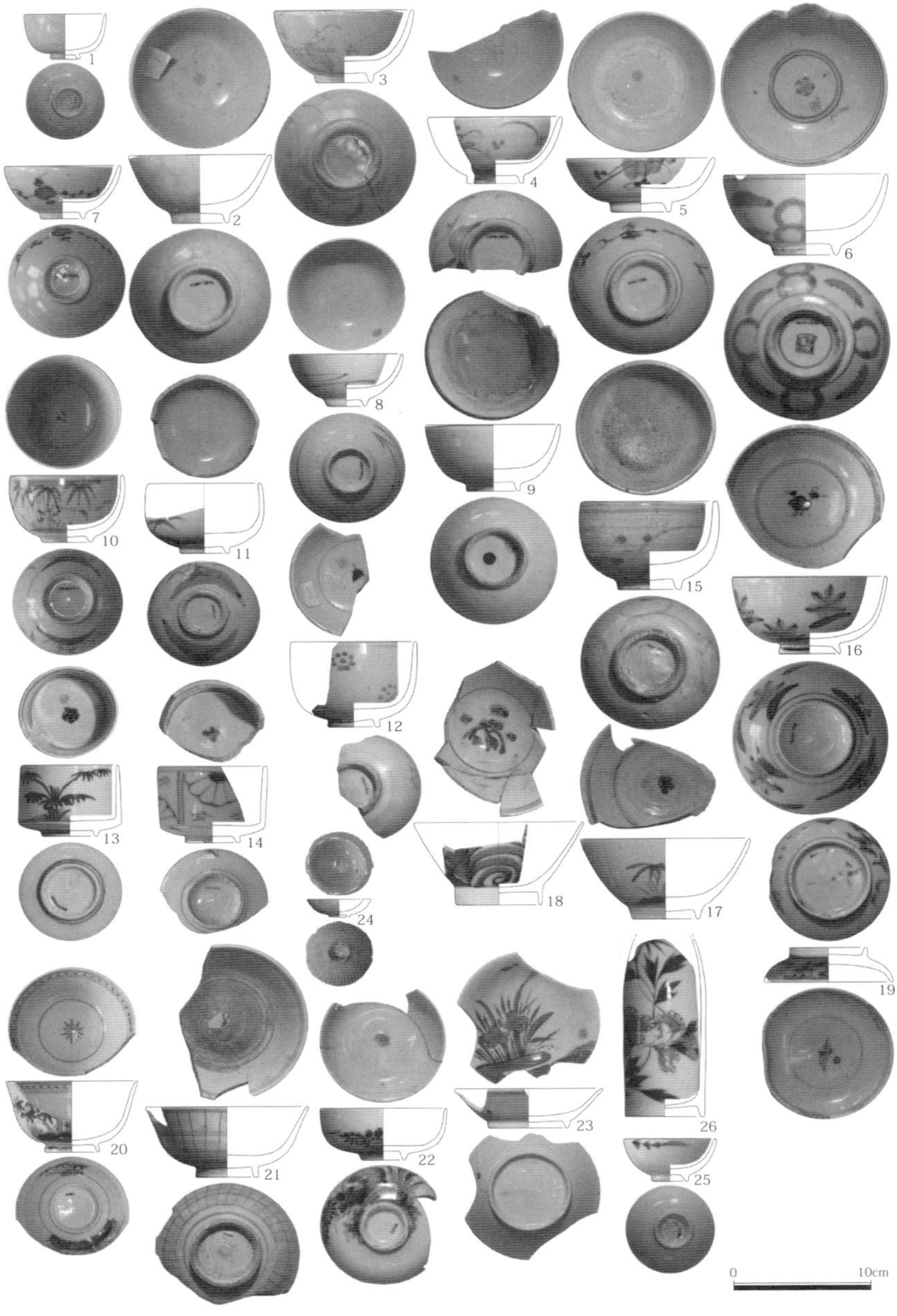

図 143　雄ヶ原黒岩墓地出土陶磁器（大村市教育委員会蔵）

文とみられる文様、竹笹文（図143－10）、星梅鉢文（図143－12）などが入る。筒形碗には、見込みにコンニャク五弁花文と外面に竹笹文（図143－13）、見込みにコンニャク五弁花文と外面に半菊花文（図143－14）、七宝繋ぎ文などの文様が入る。図143－16の望料形碗は見込みに折れ枝梅花文、外面に若松文の文様が入っている。図143－17の小広東形碗には見込みにコンニャク五弁花文と外面に竹笹文の文様が入っている。広東形碗には波濤文（図143－18）と海浜文とみられる文様が入り、端反碗には、竹笹文（図143－20）や格子文（図143－21）などが描かれたものがある。

白磁碗には、口縁部に口銹を施したものがあり（図143－9）、内面には鉄銹とみられるものが付着している。あるいは口紅の紅であろうか。紅皿は外面が貝殻に似た白磁製品（図143－24）、紅猪口は竹笹文の崩れとみられる文様の染付製品（図143－25）がある。磁器皿は水仙文（図143－23）などが描かれたものが出土している。磁器瓶は白磁、青磁、染付、色絵などの製品がある。染付瓶は笹絵を描いた徳利や牡丹を描いた長胴形の瓶（図143－26）、仏花瓶、小瓶などがある。色絵瓶は「水谷氏」銘の入った徳利などがある。仏飯器は褐釉とみられる製品が出土している。香炉は青磁香炉が出土している。

(2) 波佐見町・葉山墓地

葉山墓地で採集した陶磁器はほとんど波佐見焼と見られる（図144）。碗が大半を占め、次いで瓶や香炉などがあり、皿も少量見られる。焼成不良のものや他の製品と熔着した失敗品も含まれている。十七世紀末から近代に至るまでの製品が採集されているので、ここではそれぞれ年代に触れながら紹介していこうと思う。

染付皿は見込み蛇の目釉剝ぎされたものがある（図144－1）。高台は無釉であり、焼成不良である。生産年代は十七世紀末～十八世紀初めと推定される。白磁皿も同様に見込み蛇の目釉剝ぎされたものが採集されている（図144－2）。生産年代は十七世紀末～十八世紀初めと推定される。染付碗は、十八世紀代の丸碗（図144－4～8）、十八世紀後半～十九世紀初の筒形碗（図144－10）、十九世紀前半頃の筒丸形碗（図144－11）、十八世紀末～十九世紀前半の広東形碗（図144－

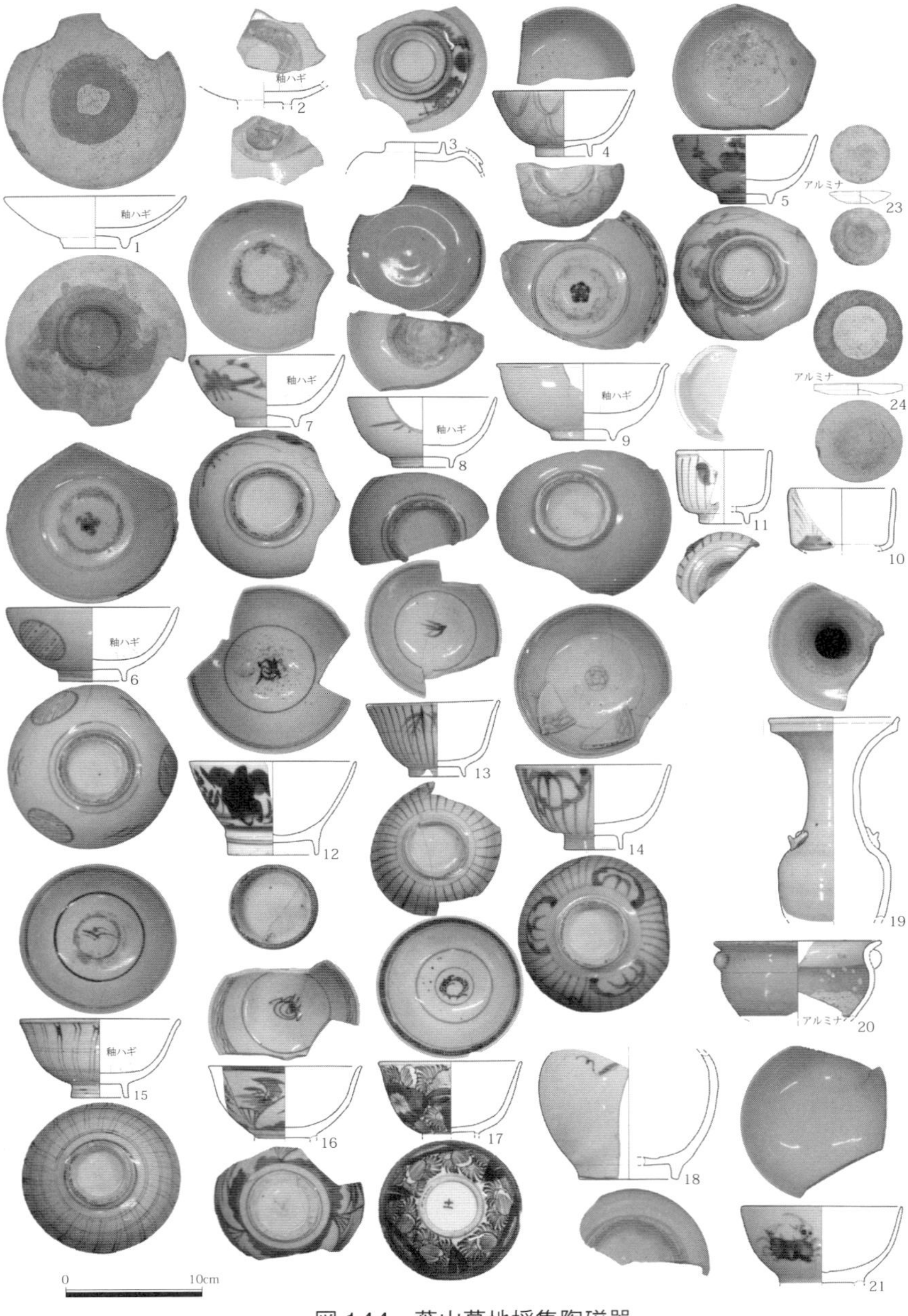

図 144　葉山墓地採集陶磁器

12）、十九世紀の端反碗（図144－13～17）などがある。丸碗には二重網目文（図144－6）、松竹梅文（図144－7）、竹笹文（図144－8）などの文様がある。図144－6～8は見込み蛇の目釉剝ぎされている。端反碗は十九世紀前半～中頃の製品（図144－13～16）と十九世紀後半頃の製品（図144－17）がある。文様は格子目に笹文（図144－13）、雪輪笹文（図144－14）、沢瀉文、二重格子目文（図144－15）、扇文（図144－16）、唐花唐草文（図144－17）などがある。図144－15は見込み蛇の目釉剝ぎが施されている。また、図144－14は内面に他の製品の破片が熔着している。十八世紀代の製品と推定される染付碗の蓋（図144－3）がある。これも他の製品が熔着している。

染付青磁碗は十八世紀代の見込み蛇の目釉剝ぎ、見込み中央にコンニャク五弁花文が入れられたもの（図144－9）が採集されている。また、十八世紀～幕末の製品とみられる染付蔓草文瓶（図144－18）、青磁（白磁）瓶（図144－19）、白磁の香炉（図144－20）が採集されている。その他、陶器製の瓶もみられる。そして、明らかに近代になってから生産された製品もあり、その一つが蟹文碗（図144－21）である。

その他、用途は定かではないが、窯道具も採集されている。磁器質の断面逆台形ハマ（図144－23・24）、陶器質のハマなどがある。

(3) 波佐見町・東舞相墓地

染付碗、白磁碗、紅猪口、染付皿、染付瓶、陶製の灯明皿（図145－16）、窯道具のハマなどが採集されている（図145－17・18）。年代は十八世紀から十九世紀にかけてのものであるが、一部近代の染付碗も含まれている。

染付碗は、丸碗（図145－1～4・8）、広東形碗（図145－10）、端反碗（図145－6・11）、小碗（図145－7）など、白磁碗は丸碗（図145－5）がある。染付丸碗は、丸文（図145－1）、雪輪草花文（図145－2・3）、二重網目文（図145－4）、折松葉文と見込み五弁花文などの文様（図145－8）が入る。広東形碗の見込みには寿字文（図145－10）がみられる。端反碗は虫籠蝶文（図145－6）や格子状の網目文（図145－11）がみられる。小碗には井桁文（図145－7）が入るものがある。

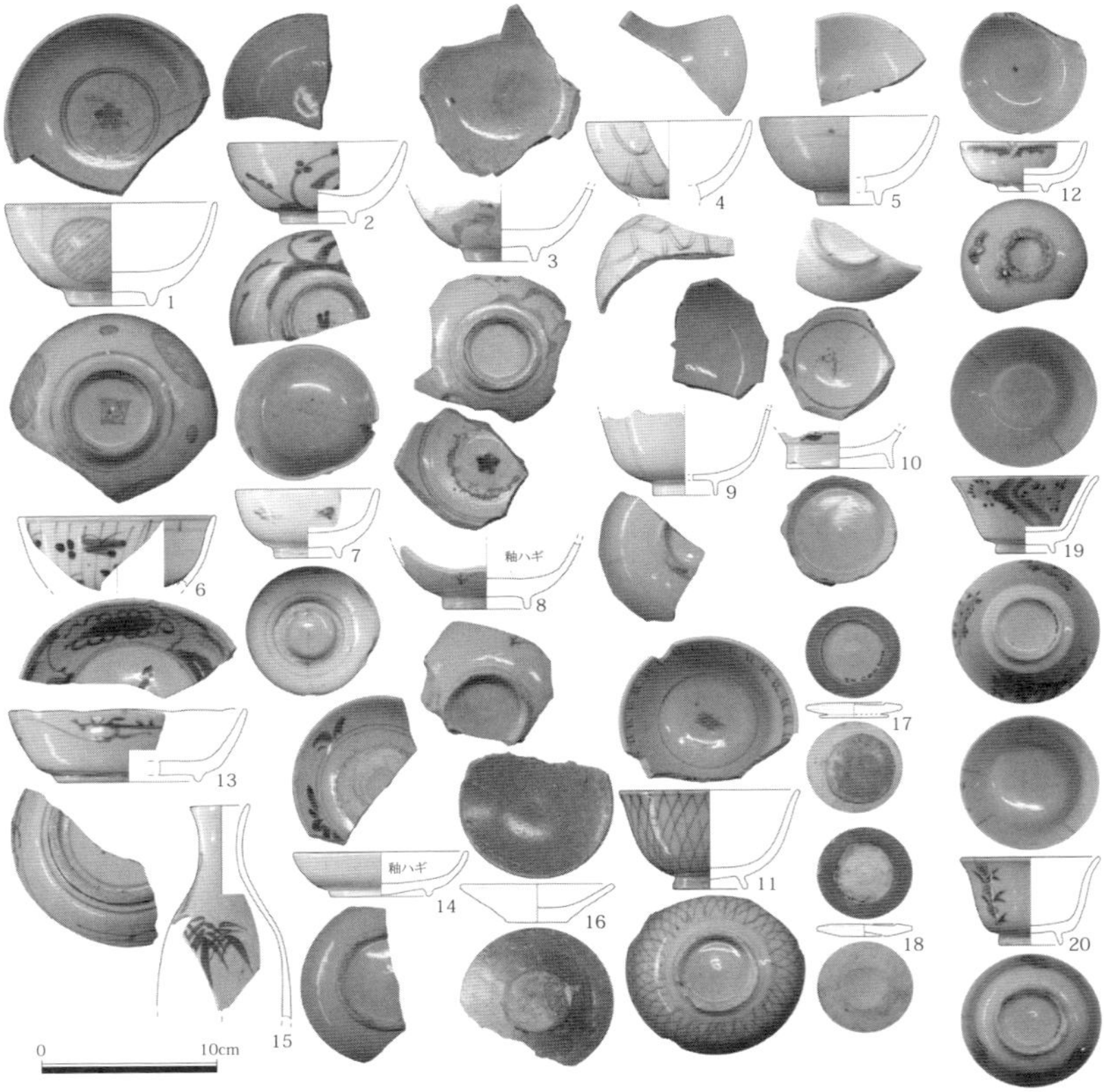

図 145　東舞相墓地採集陶磁器

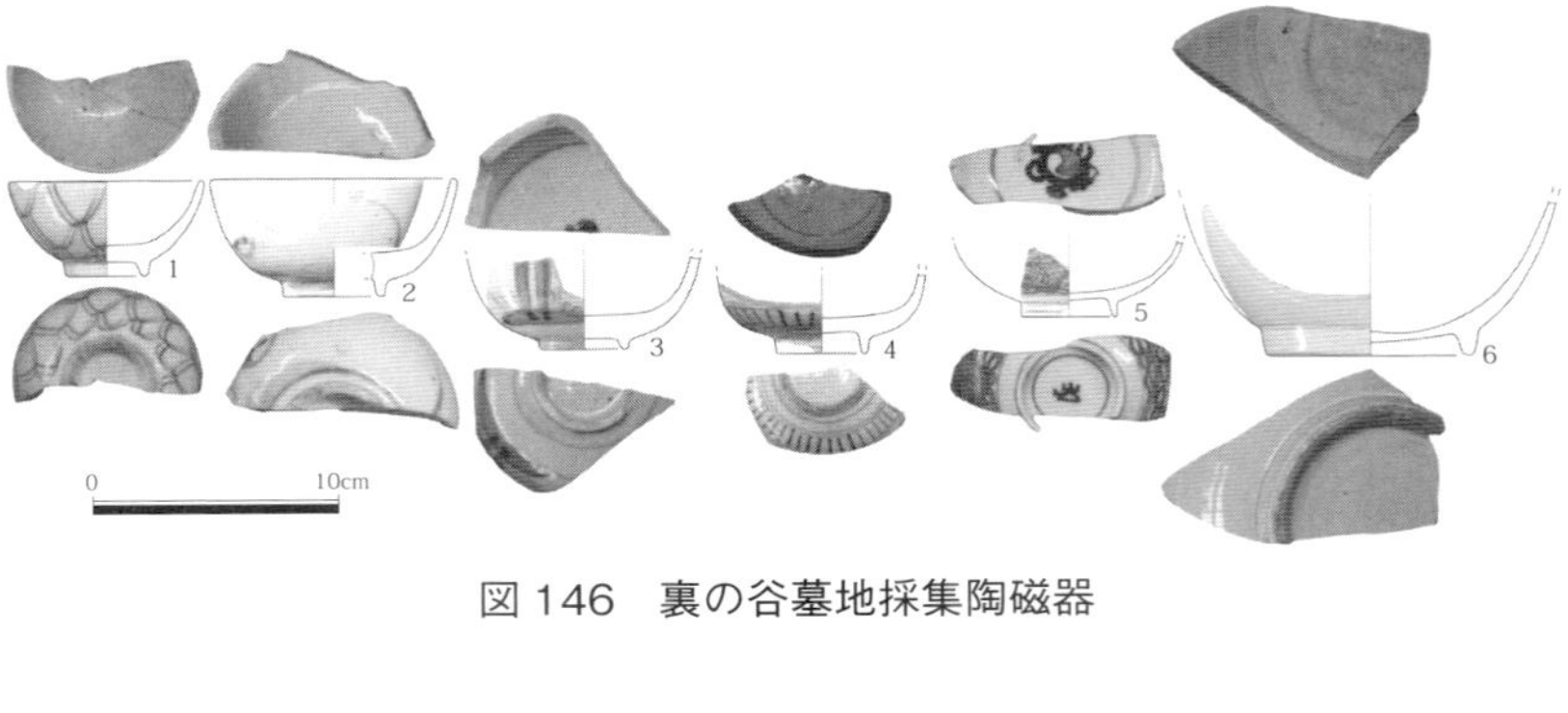

図 146　裏の谷墓地採集陶磁器

紅猪口（図145－12）は口縁付近に竹笹文とみられる文様が入る。染付皿は、内側面に宝文と竹笹文、外側面に唐草文が入るもの（図145－13）がある。合成コバルトとみられる顔料で二重圏線と草のような文様が入れられた染付皿（図145－14）もある。内面は蛇の目釉剝ぎが施され、釉剝ぎ部分にアルミナが塗布されている。染付瓶（図145－15）は長胴形の酒瓶で竹笹文が描かれている。近代の染付小坏（図145－19・20）も採集されている。
磁器製のハマ（図145－17・18）もみられる。断面逆台形のハマであり、円形ハマが熔着したもの（図145－17）を含む。

(4) 波佐見町・裏の谷墓地

染付碗と白磁瓶が採集されている（図146）。いずれも十八世紀から十九世紀にかけての製品である。主に地元の波佐見産とみられる。染付碗の文様は二重網目文（図146－1）、見込みにコンニャク五弁花文と外面に竹笹文（図146－3）、素描き[69]による文様（図146－5）などがある。白磁瓶は大型の徳利形（図146－6）である。

(5) 時津町・元村墓地

移設した墓石が並べられた石垣下で陶磁器が採集されている（野上ほか二〇二一a）。いずれも肥前系の磁器碗、皿、鉢であり、十八世紀から十九世紀にかけての製品である（図147）。ほとんどが染付であり、少量白磁（図147－4）がみられる。碗は丸碗が多いが、小広東形碗、広東形碗もみられる。波佐見焼の他、現地に最も近い長与皿山の製品も含まれていると推定される。

丸碗は重ね積みするために蛇の目釉剝ぎされたもの（図147－1・5・8）がある。丸碗の主文様（外面文様）は松竹梅文（図147－1）、雪輪草花文（図147－3・6）、丸文（図147－8）、草花文（図147－9）、折れ松葉文（図147－10）、二重網目文（図147－12）、コンニャク印判による井桁文（図147－15）などがある。見込み文様は濃みによる丸文（図147－5）、コンニャク五弁花文（図147－8）などがある。高台内銘は崩れた「大明年製」銘（図147－9・13）がある。小広東形碗は独釣図が描かれたものが

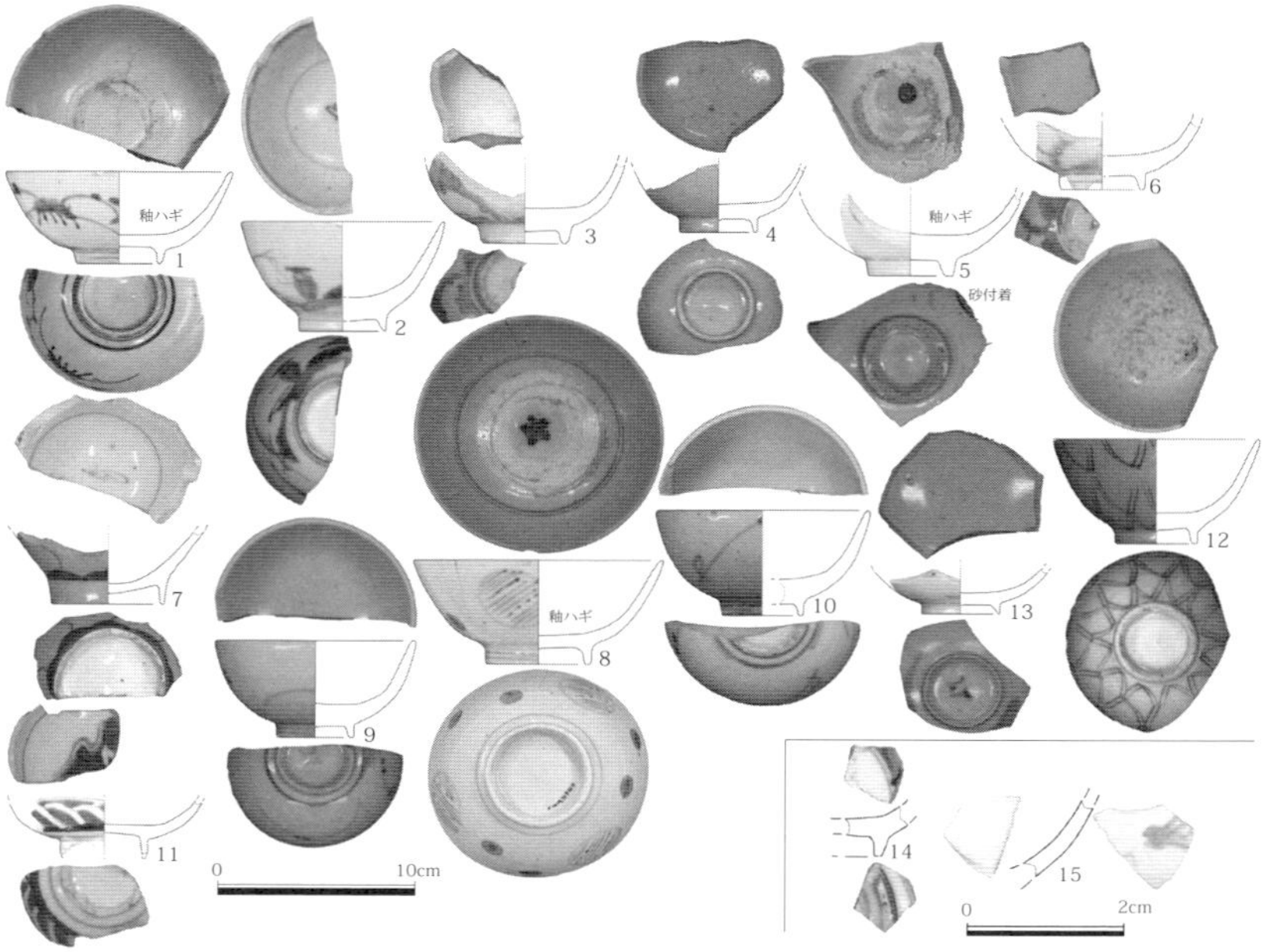

図 147　元村墓地採集陶磁器

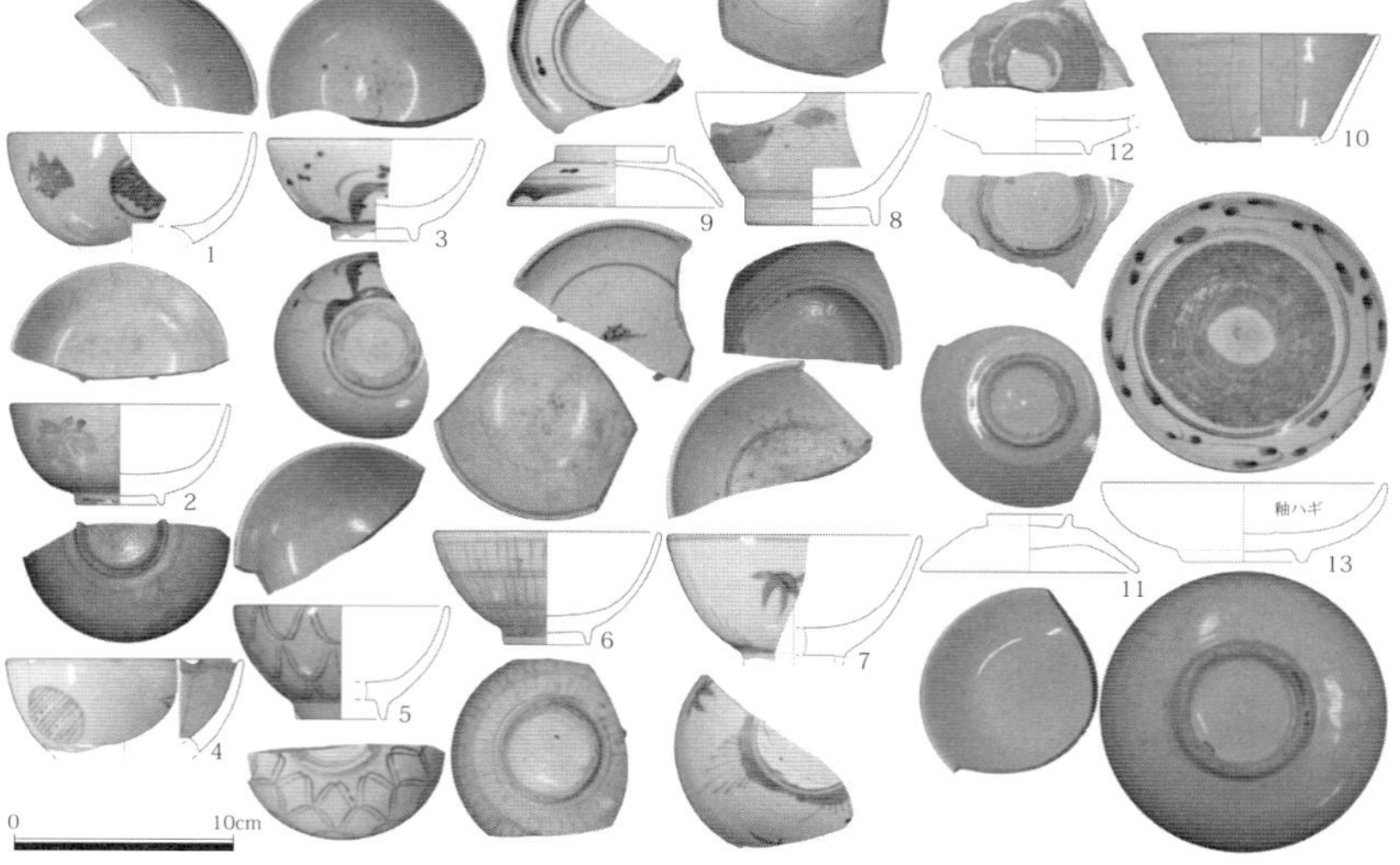

図 148　大浜墓地採集陶磁器

一点のみ採集されている（図147－2）。広東形碗は外面に捩花文、見込みに寿字文を入れたものがある（図147－7）。皿は染付皿の小片がみられる（図147－14）。鉢は高台脇に波文を描いたもので見込みにも文様が描かれている（図147－11）。

墓石などは現在の場所に移設されたものであり、これらの陶磁器は墓地そのものから採集されたわけではない。しかし、ほぼ完形のものもあることから、一般の生活の使用過程で壊れて廃棄されたものではないとみられ、疱瘡墓に供えたもの、あるいはいわゆる疱瘡小屋に使用され、患者の死によって使用が中断されたものである可能性が高い。そのため、墓の原位置はとても近い場所であったことを示唆している。

(6) 長崎市・大浜墓地

大浜墓地では、染付碗、染付碗蓋、染付皿、白磁碗、白磁碗蓋、白磁皿が採集されている（図148）。いずれも肥前系の磁器であり、十八世紀から十九世紀にかけての製品である。染付碗は、丸碗、小広東形碗、広東形碗などがある。染付丸碗は、コンニャク印判による桐文（図148－1・2）、雪輪草花文（図148－3）、丸文（図148－4）、二重網目文（図148－5）などの文様が入る。小広東形碗には梵字文（図148－6）や竹笹文（図148－7）の文様が入っている。広東形碗は蔓草文（図148－8）、碗蓋には山水文（図148－9）が描かれている。染付皿（図148－13）は重ね焼きを行うために見込みを蛇の目状に釉を剝ぎ、内側面に唐草文を描いている。

白磁碗と碗蓋は、朝顔形碗の身（図148－10）と蓋（図148－11）である。白磁皿（図148－12）は見込みを蛇の目状に釉を剝いだものが採集されている。

2　疱瘡墓に伴う陶磁器の特質

(1) 用途と性格

疱瘡墓および周辺で確認される陶磁器は、疱瘡墓に伴うものとみられるが、埋葬時に副葬されたものと、埋葬後に供えられたものがある。前者であることが確かなものは雄ヶ原黒岩墓地や頭ヶ島白浜遺跡の墓穴から出土したものである。一方、後者であることが確かなものは雄ヶ原黒岩墓地などで墓前に供えられたものがそのまま残されているものである。また、焼成に失敗して熔着した製品なども生きた人間が使うとは考えにくいので、墓前に供えたものである可能性が高い。それ以外は大半が採集品であるため、性格が判然としない。「荒れ墓」であるゆえに副葬されたものであっても地表に現れることもあるし、改葬されている例もあるからである。実際に地表で人骨が見られる墓地もある。

また、疱瘡墓は疱瘡小屋（山小屋）付近に設けられることが一般的であることから、疱瘡小屋で使用していた陶磁器が含まれている可能性がある。長與專齋が『松香私志』で「病家にては病人を遠く離れたる山中に移し置て日に飲食衣藥等一切需用の品を運び醫師を頼み山使を傭ふ杯其費用夥しく」と述べており（深川一九三〇）、疱瘡小屋（山小屋）には「飲食衣藥等一切需用の品」が持ち込まれている。採集された陶磁器は飲食や飲薬の器として使用されたものである可能性がある。さらに続けて「山へ運入たる物品は再人里に持歸ることならざれば（後略）」とも記しており、隔離施設である疱瘡小屋に持ち込まれたものは再び持ち帰ることができない上、多くの罹患者が隔離されたまま亡くなることを考えると、事実上、使い捨てである。そのため、疱瘡小屋で使用後、埋葬時にそのまま疱瘡墓に供えられることもあるであろう。

(2) 年代

フロイスの記述によれば、五島では十六世紀後半にはすでに疱瘡患者の山中への隔離が行われており、大村藩でも遅くとも十七世紀後半、天草地方でも十八世紀初めには、「送捨て」や「山揚げ」の政策が行われていたが、病死者の扱いに関する記録はあまりない。これらの制度の成立とともに疱瘡墓が生まれた可能性が高いが、今のところ、年代がわかるもので最も古い疱瘡墓は波佐見町の白岳墓地の元禄二年（一六八九）の墓碑である。十七世紀以前は、没年月日などを刻んだ墓碑自体が少なく、自然石や単純な加工を行っただけの墓石を使用することが多いため、十七世紀末よりも古い年号や年代が入る墓碑は見つかりにくいと考えられるが、採集される陶磁器においても十七世紀以前の陶磁器はほとんど見ない。大半が十八～十九世紀の製品である。特に十八世紀後半～十九世紀前半の製品が多い。磁器そのものの一般的な普及が十八世紀以降であることは確かであるが、陶器はそれ以前から比較的普及しているため、十七世紀以前の陶器や土器や採集されてもよいと思うが、そうした資料はみない。

この「送捨て」や「山揚げ」の政策の開始時期と採集陶磁器の出現時期の差について、いくつか理由が考えられるが、結論は導き出せていない。一つは、十七世紀以前の疱瘡墓においては、墓前に陶磁器を供える風習自体が一般的でなかった可能性である。これについては十分な根拠は持ち合わせていない。もう一つは、十七世紀以前の疱瘡墓と十八世紀以降の疱瘡墓の位置が異なる可能性である。つまり、感染者や患者の増加に伴い、従前よりさらに隔絶した土地への隔離が行われるようになった可能性が考えられる。例えば、波佐見の白岳墓地は元禄期の二つの家系に限られているのに対し、その対岸にある葉山墓地は十八世紀から十九世紀にかけて、少なくとも九〇年以上、継続して使用されている。現在、確認されている疱瘡墓の墓地の多くが十八世紀以降に継続して用いられ固定化したものであり、それ以前の疱瘡墓については単発的で小規模なものであるため、まだ発見されていない可能性がある。

次に「送捨て」や「山揚げ」の政策の終了時期と採集陶磁器の年代の関係をみてみる。まず「送捨て」や「山揚げ」の政策の終了について、種痘の普及が遅かった五島地方[70]などでは明治年間の没年が刻まれた疱瘡墓が残るが、少なくとも大村藩領内において「山揚げ」が行われたのは、遅くとも嘉永年間までとみてよいことは前にもあげた次の史料や石造物からもわかる。『松香私志』には、嘉永三年（一八五〇）正月から牛痘種法が制度化され、その後の嘉永五年（一八五二）、大村藩領内で疱瘡によって亡くなった人は一例もないと記されている（日本醫史學會一九五八）。また、久田松は大村市の雄ヶ原黒岩墓地の墓碑銘の年代について、長與俊達による牛痘接種が始まる同二年（一八四九）以降の墓石は全く見当たらないことを指摘している（久田松二〇二二）。そして、西海市の横瀬浦の平尾墓地や花川墓地には、種痘の普及によって「山揚げ」政策が終了したことで、それまでの疱瘡の犠牲者を供養する霊魂塚が残る（貫二〇二二）。その建立年代は同五年（一八五二）である。

　それに対して、大村藩領内の疱瘡墓で採集された陶磁器の中には近代以降の陶磁器が葉山墓地、東舞相墓地などで見られる。「山揚げ」が行われなくなった後も継続して墓参りが行われていた証拠であり、近代以降、地域内にあって完全に忌避された存在ではなかったことがわかる。時津町の元村墓地のように後に死んだ牛馬を埋葬する土地となったことと対照的である。

(3) 器種

器種は碗類と瓶・壺類が多く、特に碗類が多い。墓前に供えられた状態で残っていた磁器も副葬された磁器も同様に碗が多い。皿類は少ない。仏飯器、香炉、灯明皿もみられる。こうした器種の傾向は波佐見の中尾・鬼木地区の一般墓地でも同様の傾向を確認することができる[71]（野上・賈二〇二一a、野上ほか二〇二一b）。疱瘡墓の環境の特殊性に対し、器種組成は一般の墓地で発見される陶磁器の組成に近く、疱瘡墓特有の特色というものを看取することはできない。

　墓前に供えられた器と副葬された器については器種の違いがあることが想定される。例えば、香炉などは墓前に供えたものである可能性が高い。また、墓穴からの出土品の中には紅皿や紅猪口が数多くみられるが、採集資料の中にはあまり見られない。女性の被葬者に対し、化粧具として副葬されたものであったのであろう。紅皿は一般に成人女性が使用するものであるため、後に述べるように被葬者の中で成人が占める割合が高い疱瘡墓では、子供の占める割合が高い他地域の疱瘡病死者の墓よりも出土率が高くなることが想定される。

　また、窯場に近い波佐見町の墓地では、焼き歪んだものや熔着したものの他、窯道具のハマなどがよくみられるが、他の地域では確認されていない。

(4) 地域差

前に触れたように、大村藩領内の疱瘡墓では多くの陶磁器を採集することができるが、五島列島や天草地方の疱瘡墓周辺では採集される陶磁器は少ない。発掘調査事例を比較しても、大村藩領の雄ヶ原黒岩墓地では数多くの陶磁器が出土するのに対し、五島の頭ヶ島白浜遺跡ではほとんど出土していない。この理由についても判然としない。大村藩領内の疱瘡墓で多くの陶磁器が発見される理由の一つとして考えられるのは、波佐見や長与など磁器生産地の存在である。磁器の大生産地をもつ藩の領内ではこのように磁器の普及が他地域よりも進んでいた可能性は考えられる。しかしながら、天草の高浜でも十八世紀後半から、五島でも遅くとも十九世紀から地元で磁器の生産を始めており、それだけでは説明がつかないようにも思う。風習の違いの可能性も考える必要がある。

(5) 品質差

墓（特に石積墓、石組墓）の形態の差ほど陶磁器の品質差はない。大村藩領内で一般に使用されていた磁器が波佐見焼とみられることから、同一産地の品質差が小さいことも理由の一つであろう。あるいは隔離治療施設で使用したものを供える場合、そもそも実用を重視した陶磁器であったため、品質差が生じにくいのかもしれない。

第４節　「無痘地」における疱瘡禍

無痘地における感染状況について考える。疱瘡墓の数と分布からみると、無痘地は決して疱瘡が流行しない土地ではなかったと考える。実際に疱瘡が流行する時には多くの人が感染して亡くなった。例えば、「すわ慶助崩れ」の山小屋での罹患者の死亡率は四二・六パーセント、萱瀬の霊魂塚にみる死亡率は三二・八パーセント（罹患者数一九五人に対し、六四人死亡）であった。しかも流行は頻繁に起こっていた。大村市内の疱瘡墓で確認されている疱瘡墓だけでもおそらく一〇〇〇基以上の墓がある。「無痘地」政策は多くの犠牲の上に成り立っていたと考える。

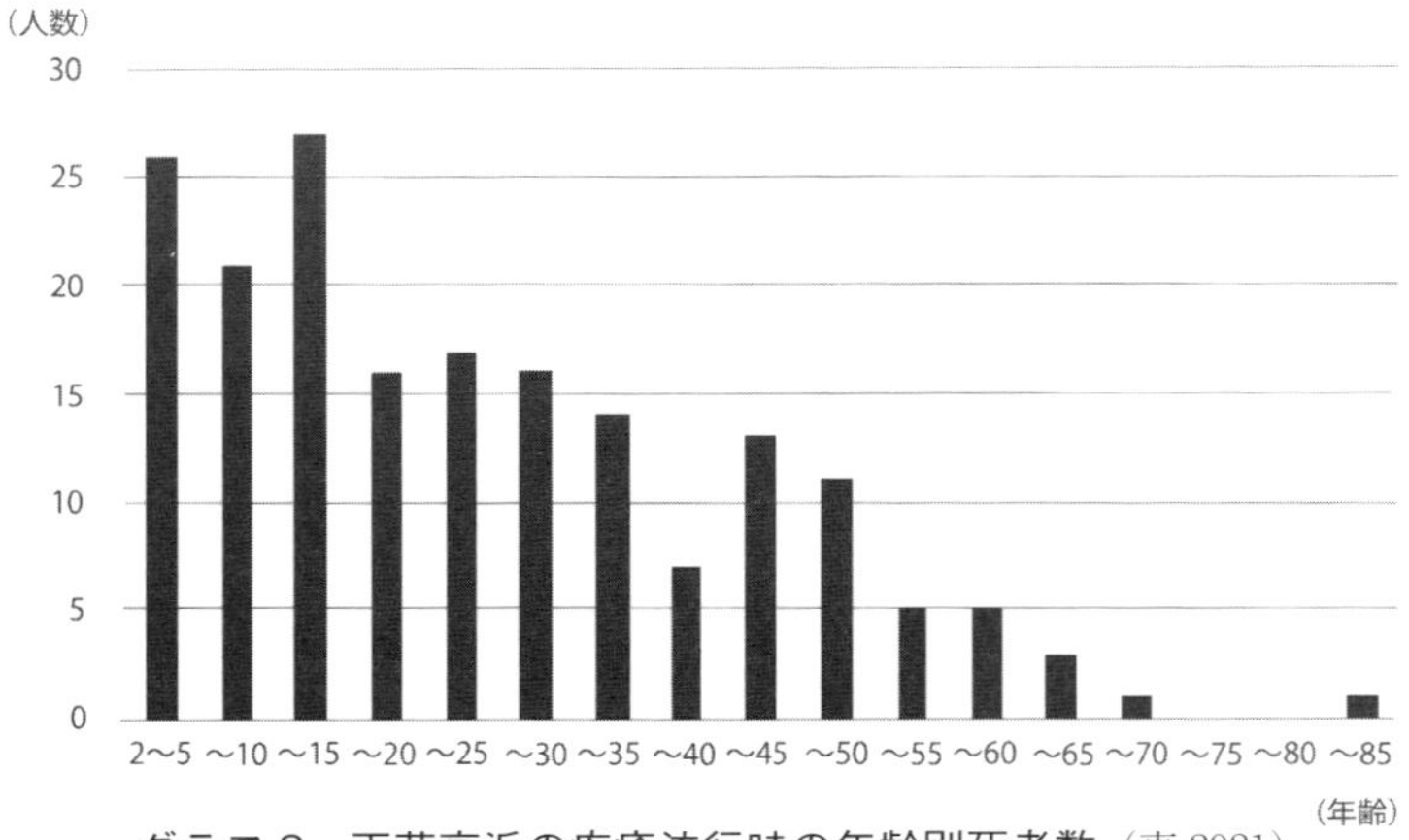

グラフ３　天草高浜の疱瘡流行時の年齢別死者数（東 2021）

そして、無痘地以外の日本の多くの場所では、疱瘡は子どもの病気とされていた。大都市の子どもにとっては、疱瘡は通過儀礼的な病であったことは前に述べたが、飛騨の山村の明和八年（一七七一）から嘉永五年（一八五二）までの間の寺の過去帳の調査では、五歳未満の子どもの死亡率が極端に高い結果が出ている（相川二〇一八）。また、長崎市には疱瘡病死者を供養する二つの疱瘡記念物があり、寛文二年（一六六二）と正徳二年（一七一二）に疱瘡が大流行し、それぞれ数千人の死者を出しているが、いずれも主として子どもが亡くなっている。そのため、無痘地以外の地域で疱瘡が流行した際には、多くの子どもが亡くなる傾向がある。

しかし、「無痘地」の疱瘡墓の墓石銘を見ると、多くは成人が感染して亡くなった墓であることがわかる。無痘地の大人は免疫を持っていないため多くの者が感染しているのである。『舊大村藩種痘之話』にも「壮年以後の人は種痘自痘とも重症にして危険なり」とあり、成人の方が重症化することが書かれている（日本醫史學會一九五八）。また、前にあげた元禄元年（一六八八）に大村藩四代藩主純長が疱瘡対策について報告した文章の中に「幼少之者ハ軽く仕候得共年老之者共十人ニ七、八人相果」（大村市医師会編集委員会一九九四）とあり、死亡率も年老の者が高かったことが知られている。実際に東昇の研究によれば、天草で文化四年～五年（一八〇七～一八〇八）に疱瘡が流行した時の子どもの死者の割合は二五パーセントにすぎず、死者の多くは成人である（グラフ3）。しかも子どもよりも重篤化するのか、死亡率も高い。成人の犠牲は労働力を喪失してしまい、社会的な危機が発生する可能性がある。無痘地の政策は、大きなリスクを持った政策とも言える。

『富江町郷土誌』には「富江五島家御代々侍附」が掲載されており、寛保四年（延享元年に改元）（一七四四）三月三代盛尚の時代に記録された藩士がわかる（富江町教委一九七七）。それを見ると、貞方利兵衛、玉浦類右衛門、山口亀馬、松園治左右衛門の項にその縁者や本人が江戸で疱瘡に罹り亡くなったことが記されている。「江戸にて致疱瘡相果申候」、「江戸にて御小姓仕候処疱瘡にて相果」、「江戸へ罷登り疱瘡にて相果」、「江戸にて疱瘡にて相果候」、「江戸へ罷登候得共、疱瘡にて相果候」などの言葉が並ぶのである。大都市の江戸では毎年のように疱瘡が流行し、そうした中に無痘地で育って免疫を持たない五島の藩士が放り込まれるのである。病魔から逃れることは難しかったであろう。[72]

その他にも他の地域に出かけて疱瘡を患うことも少なくなかった。例えば、『若松町誌』には「寛政十年（一七九八）若松の下代兼境目役荒木得太夫の先祖忠左衛門は二方領（福江と平戸と半ずつ領する地）の境絵図の御用にて江戸に使し、その帰途伊勢参宮をなし、津の町にて疱瘡を患いて死したり」（若松町教委一九八〇）とある。江戸からの帰りの道中で感染したものであろう。大村市の横山頭墓地で発見された「五嶋富江家中」と刻まれている墓石の被供養者の死亡経緯もそうしたものかもしれない。

無痘地は、ウイルスが入り込まない間は安定的な社会が続くが、一度、ウイルスが入ると、大きな危機に直面することとなる。十八世紀後半以降の疱瘡墓の増加は、無痘地の政策の危うさを表している。十九世紀の種痘の開発と普及は、無痘地にとってタイミングのよい大きな助け船となった。

第５節　隔離と差別

本章では、江戸時代の西海の疱瘡と疱瘡対策を述べてきたが、新型コロナウイルスなどの感染症が我々の生活に大きな影響を与えたように、過去の感染症と対策についての研究は現代にも通じるテーマである。あえて言うならば、無痘地の政策は、新型コロナウイルス流行時の「ゼロコロナ」政策とも重なって見える。ワクチンが政策の成否を決める点も同様であるし、政策に限界があることも同じである。ゼロの世界が続くことは幻想であり、隔離という武器だけでは疫病を克服することが難しいことを繰り返し学んできている。

ウイルスと菌の違いはあるが、近現代において同じように隔離されて、差別されたまま死後も専用の墓地に埋葬された人々がハンセン病罹患者である。ハンセン病罹患者も無痘地の疱瘡罹患者のように生きている間はもちろん死んだ後も隔離され、墓もまた社会から引き離されて設けられた。「癩病は恐ろしい病気であり、不治の病である」という思い込みにより、隔離が正当化され、人権を剝奪した差別まで公然と許されていた。ハンセン病患者あるいはその可能性をもつ者に対して厳しい仕打ちを行うように進める「無癩県運動」など、社会が率先して「患者狩り」や迫害を行い、それらの人権蹂躙を法律が擁護のみならず後押しをした。まさに見えざるものへの恐怖が引き起こした差別と迫害であった。

改めて言うまでもなく、ハンセン病罹患者への人権侵害は遠い昔の話ではない。強制隔離政策を固定化するらい予防法[73]が廃止されたのはわずか数十年前、一九九六年になってからのことであり、国の加害責任の明確化と人間の尊厳を取り戻すために、一九九八年に国を相手取り、熊本地方裁判所に国家賠償訴訟（「らい予防法」違憲国家賠償訴訟）を起こし、原告のほぼ全面勝訴の判決が出て確定したのは、今世紀に入った二〇〇一年五月のことであった。

そして、新型コロナウイルス感染症の流行時、特に感染初期においては、感染者への多くの中傷や差別があり、それは家族へも向けられた。欧米では謂れなき差別心がアジア人全般に向けられた。目に見えないウイルスが心の中の見えない差別心を表出させていた。隔離は差別を生み出す。特に恐怖感の強い病気についてであればなおさらである。疫病の予防法として、隔離政策が有効であることは誰もが認めるところであるが、一方的かつ過度な強制隔離はそのまま差別となり、隔離そのものが偏見や恐怖を増幅させていく。江戸時代よりはるかに科学が進歩し、疫病に対する知識が増え、近代から現代にかけてのハンセン病罹患者への人権侵害の歴史を身近に知る現代であっても何一つ変わっていないことを感じさせる。疱瘡墓はそれ自体、隔離と差別を物語るものであり、疱瘡対策にみられる隔離に伴う差別も現代に通じるテーマである。

疱瘡墓の周辺には、隔離の対象となっていた疱瘡患者だけでなく、迫害の対象となっていた潜伏キリシタンも移り住んでいた。後に差別を受けることとなる原爆被爆者が埋葬されたところもある。疱瘡墓が存在する空間は疱瘡患者だけではなく、その他の差別と迫害の空間ともつながっている。それは土地の系譜として現代へつながる。

天草の貢山の疱瘡小屋は、明治十九年（一八八六）に高浜でコレラが大流行した時にコレラ患者を多数隔離したとも言われている。この隔離施設は、明治二十八年（一八九五）に御所里（通称首越）に引き継がれるが、一九五四年にこのいわゆる首越の避病院の廃屋の跡地に火葬場が建設されている（松本一九八一）。また、西海の柴山宝塔が建立された付近も避病院であったとされる（西海町教委二〇〇五）。波佐見でも鴻巣山麓の疱瘡小屋の跡地に火葬場が建設されている（波佐見史編纂委員会一九七六）。さらには時津の元村郷の疱瘡墓周辺は牛馬を埋める土地として使用されていた。

隔離施設であった疱瘡小屋がその機能をもって避病院に引き継がれることは容易に理解できるものであるが、その後も火葬場などいわゆる「迷惑施設」として現代に引き継がれた例もある。疱瘡墓の研究は、感染症対策、隔離が生み出す問題など、現代社会が抱える問題の解決の一助となるテーマと考える。

疱瘡墓については不明なことがまだ多い。まず位置の特定が難しい。疱瘡墓の現地調査にとっては地元の情報が非常に重要であるが、情報提供者も年々、高齢化している。もともと集落から離れて隔絶された環境であるため、仮におおよその位置がわかってもたどり着くのは困難である。そのため、情報だけでは発見できない場合も多く、現地での同行案内を必要としているのであるが、高齢のため身体上の理由で現地まで案内できない場合も多い。例えば、握りの浜の疱瘡墓も情報提供者の同行は無理な状況であった。現地を知らない者だけで辛うじて辿り着いたものである。

もともと疱瘡墓の情報はその性格上、表に出にくい。また、小さな行政やコミュニティーの中では周知の情報であっても、市町村合併によって一つの行政の単位の規模が大きくなるとその情報が共有されなくなる。その結果、地域に埋もれた多くの疱瘡墓に関する情報が、博物館での事業や新しい市史や郷土誌の編纂などで公表されたり、公開されたりする際にもこぼれ落ちて忘れられる恐れがある。情報提供者の高齢化と地域の過疎化が進む中、情報収集を急ぐ必要がある。

註

(46) 天然痘はウイルスによって引き起こされる感染症である。天然痘ウイルスはＤＮＡウイルスであり、ボックスウイルスの一種である。『ケンブリッジ疾病史事典（The Cambridge Historical Dictionary of Disease）』によると、天然痘ウイルスはさまざまな株があると想定されるが、大きく二種類に分けられる（Kenneth 2009）。重篤な症状を引き起こし致死率の高い「メジャー」と、症状が比較的軽く致死率も低い「マイナー」である（香西二〇一九）。

(47) 天然痘ウイルスは主に空気伝染で吸入により、咽頭と気道から体内に侵入する。一二日程度の潜伏期があり、めまい、激しい頭痛を伴う高熱で始まる。発熱して三、四日後に発疹が顔や手足に現われ、口腔・咽頭と全身に広がり、六日後水疱となる。七日以降水疱から膿疱に進展し、紅斑を生じ高熱を発する。八、九日後に皮膚病変は乾き始め、続いて痂皮を生じて治癒に向かう。三週後落屑、治癒した後、あとが瘢痕となって顔にあばたを生じた。乳児の痘が口腔・咽頭・食道に波及すると、哺乳できなくなり、乳児死亡率は五割を超えた（相川二〇一八）。

(48) 京都大学貴重資料デジタルアーカイブ https://rmda.kulib.kyoto-u.ac.jp/item/rb00001942#?c=0&m=0&s=0&cv=6&r=0&xywh=-9644%2C-258%2C24903%2C4159

(49) いずれも一九七五年に長崎市によって有形文化財に指定されている。

(50) 現在の洞爺湖町付近。

(51) 国立国会図書館デジタルコレクション https://dl.ndl.go.jp/pid/2596358/1/20

(52) 「天然痘済の人を撰み日々の音信運送等に使用するものを云」（長與一九〇二）

(53) 長崎県西海市西海町横瀬郷二九七二番地一
(54) 長崎県西海市西海町横瀬郷二八七八番地
(55) 病死者については魚目浦では赤波江を墓地としているという（新上五島町教委編二〇二〇）。
(56) 切込とは他と隔離する処置（平田一九八九）
(57) 播磨殿とは大江八幡宮神主木下氏（平田一九八九）
(58) 一月九日の日記には、「去冬五丁めニ疱瘡出来　一昨七日弐丁目与吉方へ壱人煩出候而　茂木江船ら遣候積之処　此天気ニ而曲り崎江船繋致居候由申来ル」とある。昨年の冬に五丁目（富岡か）で疱瘡が発生して、一昨日の七日に二丁目の与吉のところで一名発病したため、茂木（長崎市茂木）に船で送ろうとしていた。
(59) 総病人数一二六人から死亡者三八人を減じれば残り八八人となるが、注釈に一名は「下津深江之者」とあり、残りの人数に含めていない可能性がある。
(60) 見ヶ〆は支援役のこと（中山二〇二二）。
(61) 一月九日の日記には「一山小屋江送物之分　船日和見合候而船ら積　外平之下タ磯辺江投ケ卸船帰候跡ニ而付札相改候而」とあり、外平の下方が磯辺であることがわかる。
(62) 天草市久玉町に所在。
(63) 大村市教育委員会のご教示による。
(64) 大村藩医長與俊達が、文政十三年（一八三〇）に藩命により痘家となり、建設した種痘の施術所、病舎の跡地である。一九七〇年十一月二十四日付けで大村市教育委員会より市指定史跡になっている。
(65) ダンパ平については正確な位置を把握していない。
(66) 例えば、橋村は次の例を挙げている。福江島富江の太郎島（多郎島）では、文久四年（一八六四）に疱瘡が発生した際に小屋掛けし、「逃薮」（避難所）がつくられた。天保八年（一八三七）、中通島飯ノ瀬戸村では一四四人の死者が出たため、村の目の前の串島に隔離している（橋村二〇二一）。
(67) 陶質の胎土に染付で文様を入れた碗。

(68) 手描きではなく、印判を用いた施文技法。十七世紀末から十八世紀にかけて流行した技法である。
(69) 絵具で塗り込めることなく、線描きのみで文様を描く技法。
(70) 明治期に種痘が制度化されるまでは五島にはまだ種痘法を学んだ医者がおらず、種痘を望むも者は長崎に出て受けていたという（新魚目町教委一九八六）。
(71) 二〇二〇年度と二〇二一年度に「波佐見町の文化的景観に関する基礎調査」において悉皆調査を行った。
(72) 大村藩では、江戸参勤の供の場合、陪従者の選定を行い、特命の者以外はなるだけ、疱瘡済みを選んでいたという（大村市医師会編集委員会一九九四）
(73) 昭和二十八年法律二四号「第六条一項　都道府県知事は、らいを伝染させるおそれがある患者について、らい予防上必要があると認めるときは、当該当患者又はその保護者に対し、国が設置するらい療養所（以下「国立療養所」という）に入所し、又は入所させるよう勧奨することができる。」

第3章　海を渡った信仰―潜伏キリシタン―

第1節　海を渡る人々

「西海」は南北と東西の海の道の十字路である。近世においてもそれは変わらない。その証左の一つが船の漂着記録である。北から南に行き来した朝鮮船、南から海流にのった薩摩船、そして、西から来朝する唐船の漂着記録が数多く残る。中島功の『五島編年史』には、五島における漂着、海難記録が記載されており、それを北見俊夫は抽出し、一覧表を作成している（北見一九九二）。漂着した船は、唐船、朝鮮船、薩摩船、琉球船、オランダ船などがある。西から北から、そして、南から船が「西海」に入り、島々に漂着している。平戸から上五島、福江島へと連なる島々が海に張った網となり、航路をはずれた船を捕らえているようである。

東から、つまり本土から五島列島へも多くの船が渡り、人々が住み付いている。その一つが漁民である。五島列島

図149　漁民等の移住者関連図

図 151　奈良尾妙典無縁墓（長崎県新上五島町）

図 150　奈良尾港（長崎県新上五島町）

に住み付き、漁を栄えさせた（図149）。香月洋一郎がまとめた漁民の移住についての口承を列挙する（香月一九九二）。まず近世の早い時期に五島列島に渡ってきた漁民としては、和泉佐野と紀州等の漁民があげられるという。和泉佐野の漁民は釣漁で五島に来島し、小値賀島の西の斑島に定住し、さらに飯ノ瀬戸（中通島）、あるいは富江の沖の赤島にも住んだという。紀州有田郡広浦（和歌山県広川町）の漁師は、鰹釣りのため、奈良尾、佐尾浦（ともに中通島）、日ノ島（若松島北西の島）などに毎秋旅漁で来ていたが、奈良尾（図150）に定住したという伝承もある。さらに播州赤穂の漁師が、佐尾浦で鰯漁を始めたのが、この地の鰯漁の起こりともいわれている。

捕鯨にまつわる移住もあったという。慶長年間、紀州熊野の湯浅庄助という人を招いて、有川で鯨組を始めたという伝承がある。また、宇久島で捕鯨を始めた山田茂兵衛は、薩摩の人間であるという。豊臣秀頼に仕えていたが、豊臣氏滅亡後に五島列島へ移ったと伝えられている。そして、小値賀の捕鯨業の創始者は、壱岐島出身の小田伝右衛門と伝えられている。十七世紀前半、西九州、北九州各地では次々と鯨組が興されており、多くは紀州の漁師を雇い、地元の漁師に突取式捕鯨法を習得させている。そして、香月は他地域からのさまざまな漁法の導入、漁民の来島を契機として水産業の隆盛をみたという（香月一九九二）。

海を介した人々の往来、五島列島への来島は、文字の記録や口承だけでなく、形として残る墓からも知ることができる。富江町土取郷の多郎島えびす神社の近くに弘化二年（一八四五）六月天草牛深村赤木恒七、下浦平治建立の地蔵と六基の石積墓など[74]があり、天草から西海に渡ってきた人々の墓の可能性がある（富江町郷土誌編纂委員会二〇〇四）。

三井楽町波砂間と浜窄との間の字亀岳、又の字名を尼御前というところに尼御前墓という伝説めいた名称をもつ墓があり、その祠のすぐ近くにイツキ山墓がある（入江一九七六）。「イツキ」とは居付であり、墓の名前が他地から渡ってきた者の墓であることを伝えようとしている。

また、奈良尾の妙典共同墓地（図151）には紀州有田郷広浦の漁民の墓碑等が多数残っている。妙典無縁墓碑群と称されているものである。四基の供養碑を含む一六三基が確認されている。そして、妙典共同墓地の他に庚申山墓地でも六基確認されている。その他にも整理され、処分された墓碑もあったと伝えられており、相当数の広浦の漁民が奈良尾で埋葬されたとみられる。最も古い墓碑銘は寛永二年（一六二五）である。寛永二年から享保末年（一七三二）までの間の墓碑が九基、元文二年（一七三七）から文政十一年（一八二八）の間の墓碑が一二〇基、天保二年（一八三一）から万延元年（一八六〇）の間の墓碑が一二基ある（奈良尾町郷土史編纂委員会一九七三）。享保年間以前の墓碑が少ないが、十七世紀までは無銘の墓も多く、この墓地でも多くの古い墓碑が処分されているため、実際はもっと多いものと思われる。

彼ら広浦の漁民について、嘉永元年（一八四八）に奈良尾郷の下代職江頭氏より、代官坪井氏に宛てた書簡の一節をあげる。

奈良尾の儀は古昔人家としては無御座候処、紀州有田郷広浦の漁師ども釣船商売として、初め日の島へ罷下り、それより佐尾浦へ引直り、同所より奈良尾見立、漁場に定め、真鰹釣を業となし、年々初秋の頃より罷下り（中略）左候はば広浦の漁師ども五島へは慶長初年頃より罷下り、終に奈良尾へ居着是れまで永続仕り候（後略）（奈良尾町郷土史編纂委員会一九七三）

「五島通い」と称して、はるばる紀州より渡ってきて、漁を行い、最終的に奈良尾に居付いたものたちである。奈良尾の住民の先祖の大半を占めていると言われている（奈良尾町郷土史編纂委員会一九七三）。ちなみに紀州有田郷の箕島商人（紀州有田郷宮崎商人）は伊万里で大量に磁器を買い付け、盛んに江戸に運んでいた。「江戸通い」である（前山一九九〇）。瀬戸内海から「西海」に向かう海道を紀州の人々が盛んに往来していた。

第2節　五島はやさしや土地までも

外海沿岸部をほぼ南北に縦断する西海航路と、外海と五島方面を東西に横断する航路によって、まさに網目のような海域内の水運網が形成されていた（岩崎二〇一三）。この水運網を多くのヒトとモノが行き交った。

五島と天草の間にも人々は行き交った。例えば、文政四年（一八二一）一月十九日のこととして「天草島富岡ノ者、鰮網商売ノタメ福江川口ニ入船シ、江湖（下大津郷）ニ居浦ヲ願出ヅ」（中島一九七三）とある。天草の富岡町の者が鰮（鰯）商売で福江に入船して滞在許可を願い出ている。こうしたことは定例化していたようで、天草・五島間での流通網が築かれていたことを示唆している（安高二〇二三）。また、文政七年（一八二四）「甲申万覚帳」（『上田家文書』）には、天草の高濱村の順幸丸が商用で出向するにあたり、下関や大坂へ寄港する前に、五島の平島に立ち寄っていることが記されており、天草と五島との間で恒常的な流通網が築かれ、人的交流が行われていた（安高二〇二三）。さらに天草から五島へ訪れた者の中には潜伏キリシタンも含まれていたことが、「高濱村百姓之内宗門心得違之者伝来口書帳」（『上田家文書』）によってわかる（安高二〇二三）。

また、単なる人の往来だけでなく、十八世紀から十九世紀にかけては、多くの外海地方の人々が西海を渡り、平戸や五島に移住している。本節では大村藩の外海地方から平戸や五島へ移住した人々について述べようと思う。

(1) 大村領から平戸領への移住

明治五～六年（一八七二～一八七三）の『耶蘇教諜者各地探索報告書』[75]によれば、明治六年（一八七三）の平戸領内の「耶蘇教」の入信者は、四一四戸・二二三二人という[76]。このように明治初期には相当数の信者が報告されているが、近世における具体的な居付を示す記録は少ない（岩崎二〇一三）。

平戸領への移住については、岩崎義則の研究成果から引用したい。大村領から平戸領への移住に関する初見は、寛政十一年（一七九九）年三月六日付の「下方筋え大村領之者数十人家内連ニ而相越候段、去ル二日申達候ニ付」という平戸藩当職家老の日記である（岩崎二〇一三）。調査の結果、渡航してきた大村領民は九五人ほどであり、紐差・古田あたりを居住地としていた（図152）。文政十二年（一八二九）に大村領の男女一三七人が黒島への渡島と滞在を許され、天保十一年（一八四〇）には居付、つまり移住を許されている。黒島は平戸領の牧場として利用されていたが、安永八年（一七七九）に針尾村居住の六人の入植が計画された。そして、島の半分を農地とし、半分を牧地とすることにし、自領に限らず、他領からの居付の積極的な導入

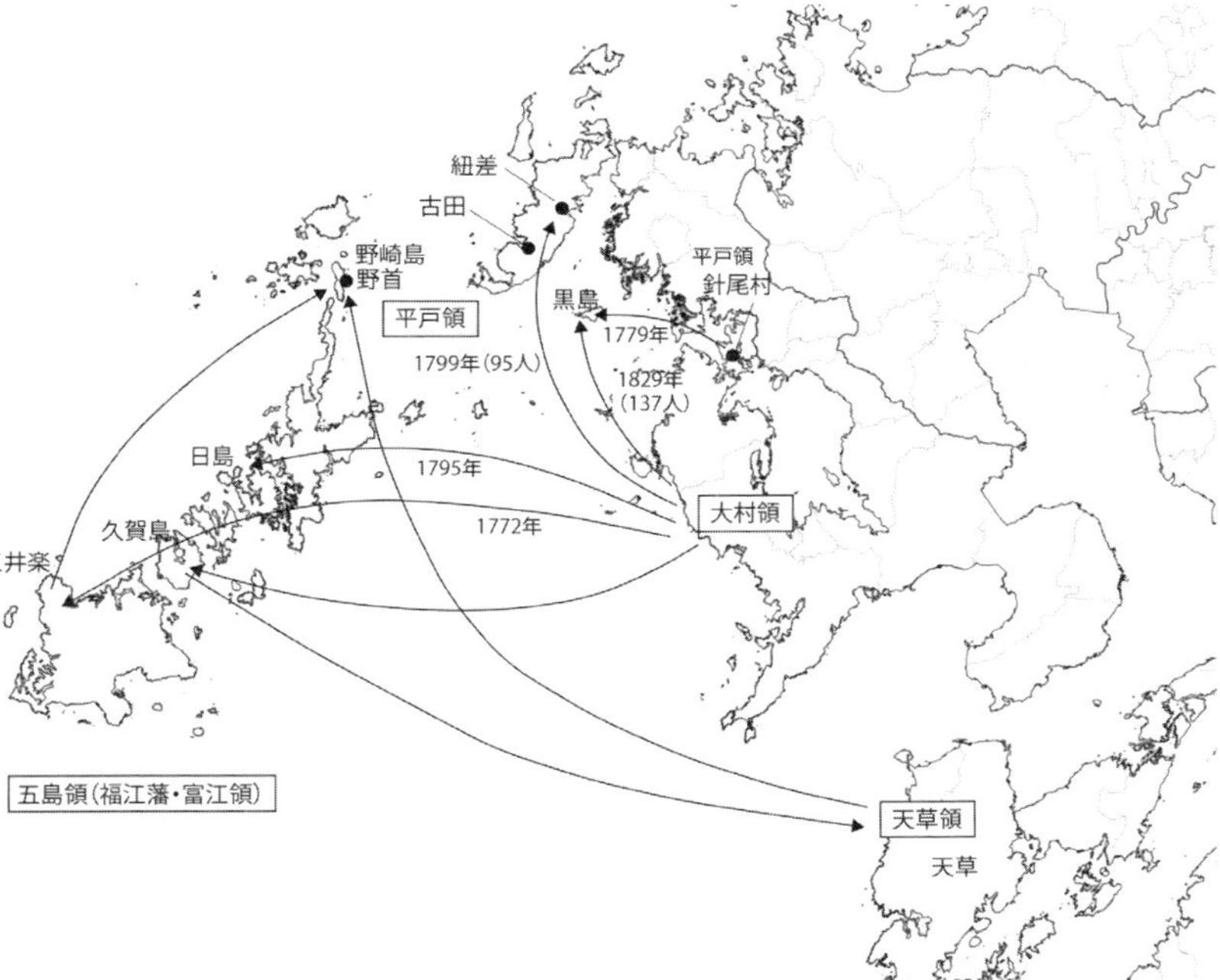

図152　平戸藩への移住および移住協定以前の移住関連図

が図られた（岩崎二〇一三、『御家世伝草稿』巻四七・五五）。その結果か、黒島は、明治六年の段階で一九三戸・一二六六人のカトリック信者がおり、五島灘・角力灘海域では、単一地域で最も多い信者数が記録されている（岩崎二〇一三）。

一方、野崎島については、大村領民の長吉・ヨネの夫妻が久賀島に居付いたが、貧困のために、その子松太郎は双子の忠造と粂造を連れて天草に渡り、後に野首に移り、以後代々ここに居住するようになったという（小値賀町教委一九七八）。久賀島から天草、そして、野崎島へと二代にわたる島旅である。また野首には三井楽から勘太・平太・東太の兄弟一家族が移り住んでおり、この二家族が野首の先祖であるといわれている（小値賀町教委一九七八）。そして、明治六年（一八七三）、野崎島を含む小値賀では、八〇戸数・二九九人という信者数が報告されている。

明治初期の信者数に見合うだけの近世期の記録が見られないことについて、岩崎は「史料的に裏付けられた以上の広汎かつ活発な移住と、居付先での人口拡大が、近世期に存在したと考えるべき」（岩崎二〇一三）としている。

(2) 大村領から五島への移住

福江藩における大村領からの居付の記録の初見は、安永元年（一七七二）の三井楽における大村領百姓の居付認可の事例である（岩崎二〇一三）。安永五年（一七七六）に三井楽で大村領百姓一四軒と漁師一軒の計七八人の居付が許可されている[77]（岩崎二〇一三）。また、数値が異なるものの「安永五年人別改日記」（『青方文書』）三月二十六日の条に、「柏村渕之元大村領百姓共明和九年（改元して安永元年）（一七七二）辰の年七月、居付相成り大勢妻子召し連れ相越し相成り候に付、時の御代官、真弓弥五兵衛方より、御蔵元へ相達し、御役所に於て御評議の上、御免成され、則ち大村より外れ証文請けとり罷り越し、右両村百姓仲間に入れ、渡世致し候故、此節人附帳面にも相記候につき相改候処、家数十六軒、人数男女にて七十人罷り存り候」とある（若松町教委編一九八〇）。しかし、当時はまだ望ましいものではなかったこともあり、寛政七年（一七九五）、「大村領ノ者、日ノ島男鹿浦（五島市若松町）ニ居ツキ、不埒ノ筋アリ」と書かれたものもある（中島一九七三）。

このように十八世紀後半には、大村領から五島列島への移住の記録が散見されるが、移住の状況が大きく変わる出来事が起こる。寛政九年（一七九七）に大村藩と福江藩の両藩の間に移住協定が結ばれたのである。その結果、大村藩から福江藩への移住が飛躍的に増加していく。大村藩の領民の福江藩への公的移住となる協定については『公譜別録拾遺』には次の通り記されている（岩崎二〇一三）。

寛政九年、大村の氓百八人五嶋へ来る、これハ 盛運公考に、五嶋ハ地広く人少ふして、山林のまだ開けざるを憂ひ玉ひ、此度、大村侯に乞て、かの氓をこの地へ移し玉ふ、これより後大村の氓らの由縁を以五嶋へ来り住する者数をしらす（『公譜別録拾遺』）

未開地の多い五島の土地に大村藩の農民を移住させ開墾させようとするものであった。最初の公的移住者として一〇八人が五島に渡ってきており（図153）、それを皮切りに数知れない人々が大村藩から五島へと渡っている。そして、『五島編年史』の著者中島功は、その背景につ

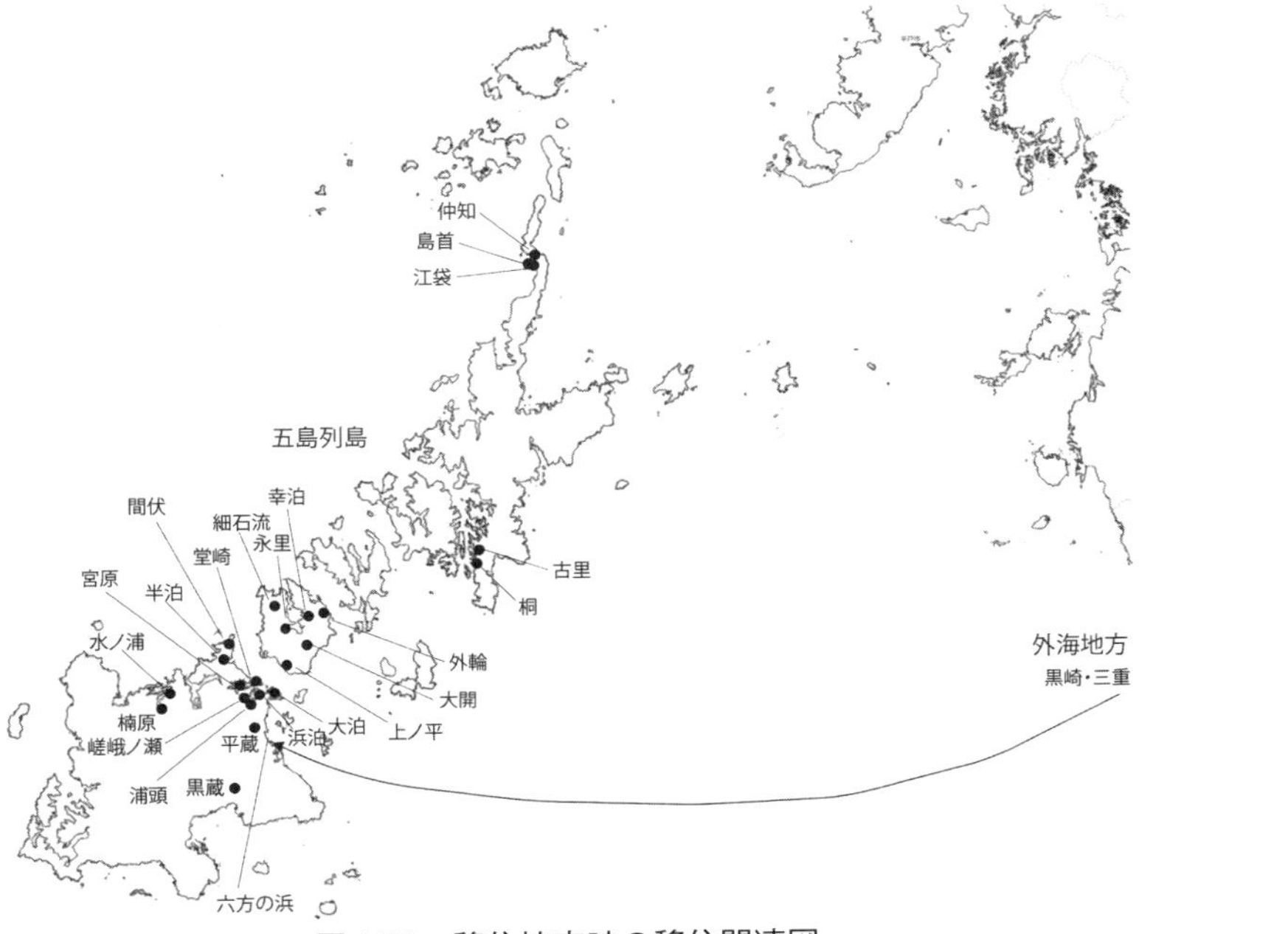

図153　移住協定時の移住関連図

いて、次のように書いている。

先ニ寛政四年二月、幕府ハ荒地開墾方規ヲ出シ、同四月帰農ヲ奨励シタリ。盛運乃ち領地ノ開発ヲ策シ、貞方伝吉ヲ以テ大村家ニ農民ノ移出ヲ請フ所アリ。ココニ十一月廿八日、ソノ一〇八名ヲ五島ニ移シ田地ヲ開墾セシメタリ。然モソノ多クハ所謂潜伏切支丹ノ徒ニシテ茲ニ五島ニ於ケル天主教徒ノ発展ノ第一歩ヲ印スルニ至リシナリ（中島一九七三）。

すなわち、幕府が荒地開墾方規を出し、帰農を奨励したことで、福江藩でも農地開発を目論み、大村藩に農民の移住を要請したというものである。しかし、その多くが潜伏キリシタンであり、止まっていた五島のキリシタン史の歯車が新たにまた動き始めたものでもあった。

そして、『五島編年史』には次のように具体的な経緯も記されている。

大村家老片山波江ノ指図ニヨリ黒崎、三重ヨリ之ヲ送ル。一行ハ十一月廿八日ニ福江ノ北、六方ノ浜ニ上陸シ、奥浦村平蔵、大浜村黒蔵、岐宿村楠原等ニ居着キタリ。猶今後屢〻コノコトアリ。或ハ居着ノ者ノ手引ニヨリテ来住セル者モアルベシ。奥浦村ニ於テモ浦頭、大泊、浜泊、堂崎、嵯峨ノ瀬、宮原、半泊、間伏ニ来住シ、又久賀島ニハ上ノ平、細石流、永里、幸泊、外輪、大開等ニ、又北魚ノ目仲知、島首ニ来住ス、ソノ江袋ハ大村領神ノ浦大中尾ノ七右衛門、チエノ子孫ト云ヒ、若松村ニモ桐ニ七名、古里ニ七名ナリシト伝ヘ、岐宿村水ノ浦ノ水ノ浦、山川、中村、片山、浜端ノ五姓ノ祖ハ寛政四年度一〇八名ノ内ナリ（中島一九七三）。

福江藩の貞方伝吉が要請役となり、大村藩では片山波江の差配によって、外海地方の黒崎（図154）、三重から農民を送っている。最初の公的移住者は十一月二十八日に福江の北の六方の浜に上陸している。そして、奥浦村の平蔵、小浜村の黒蔵、岐宿村の楠原などに移住している。

記されている移住地について、改めて列記すると次のようになる。

福江島奥浦村…平蔵、浦頭、大泊、浜泊、堂崎、嵯峨ノ瀬、宮原、半泊、間伏
福江島大浜村…黒蔵
福江島岐宿村…楠原、水ノ浦
久賀島…………上ノ平、細石流、永里、幸泊、外輪、大開等
北魚ノ目………仲知、島首、江袋
若松村…………桐、古里（図155・156）

その中で、北魚ノ目の江袋は大村領の神ノ浦大中尾の七右衛門、チエの子孫といい、岐宿村の水ノ浦の水ノ浦、山川、中村、片山、浜端の五つの姓の先祖は最初の公的移住者一〇八名の一部の者であったという（岐宿町二〇〇一）。

続いて、寛政十一年（一七九九）三月付の黒崎横目から

図154　黒崎教会および内部（長崎市）

図156　桐古里郷（長崎県新上五島町）

図155　桐教会（長崎県新上五島町）

五島領主に宛てた「覚書」に、福見に五人、桐に七人、古里に七人の名が掲げられ「右の者、此の節、渡世のため、其の領へ罷り越し候。仍って御修切手一札如件」とある（若松町教委編一九八〇）。彼らには宗派、名前、年齢が記された次のような修切手（宗切手）が出されている（奈良尾町郷土史編纂委員会一九七三）。

覚

真宗

幸作五十八才、りく五十四才、惣助二十五才、乙右衛門十八才、甚六二十六才

右男女五人者共、此度渡世のためその御領へ罷越候、

仍て修切手一札件の如し

寛政十一未六月

大村郷黒崎村横目

宮原　一兵衛

村相

村添　作太夫

五島御領人御役

外海地方から多くの移住者が五島へ渡っており、新天地での生活への憧れから、「五島へ五島へと皆行きたがる、五島はやさしや土地までも」といった民謡も黒崎方面に生まれたとされる。最初の一〇八名の移住以後、続々と海を渡って移り住んでいった。当初は「千人貰い」と称されたように一〇〇〇人程度の移住を目論んでいたとされるが、結果的に移住者は三〇〇〇人規模にふくれあがったといわれる（佐藤二〇〇三、安高二〇二三）。明治初年の「異宗徒」の公式

数字を基礎にすると、この三〇〇〇人という数字はおそらく現実に近いものと推察されている（内藤一九七九）。
移り住んだ先も福江藩領のさまざまな土地にわたっている。[78] 例えば、福江島の玉之浦町域では、井持浦、立谷、赤崎、銭亀、布浦、島山島など人里離れた入り江の奥の僅かな土地を開墾して暮らしたという（玉之浦町一九九五）。また、福江藩が明治四年（一八七一）に作成した「岐宿掛異宗徒人員帳」の中の入牢中の者の記載がある。それによれば、岐宿村では楠原、狩浦、赤窄、さじき（佐舗）、道之浦、姫しま（姫島）などに居付いていたことがわかる（岐宿町二〇〇一）。奥浦村や岐宿村の水ノ浦以外にも多くの居付き先が福江島内に確認できる。

最初の公的移住からおよそ七〇年後、慶応三年（一八六七）に福江領の人別改があり、日ノ島掛人付居着百姓帳（図157・158）には、次のような記載がある（若松町教委編一九八〇）。

日島居着、大村領神ノ浦系四軒（内一、二十年前久賀より、三十年前原塚に）
　同瀬戸より天保元年（一八三〇）居着竈百姓一軒、防州柳井生一人家なし
漁生浦居着、大村領神ノ浦系（安政四年（一八五七）居着）
有福島居着、同前二十六軒（内一、奈留島掛相浦より）
　（内一軒天保十三年（一八四二）古田へ、一軒馬込へ、七軒小田へ、四軒小田崎へ）
間伏持堤居着大村領池島、三軒（内一鵜瀬）、
　大村領天野、一軒（姥石ヶ浦）、
　大村領神ノ浦、四軒（姥石ヶ浦一、鵜瀬堤一）、
　大村領樫山、一軒（筒ノ浦）、
　大村領黒崎、一軒（神崎鼻）、
　大村領池田、一軒（石司）、

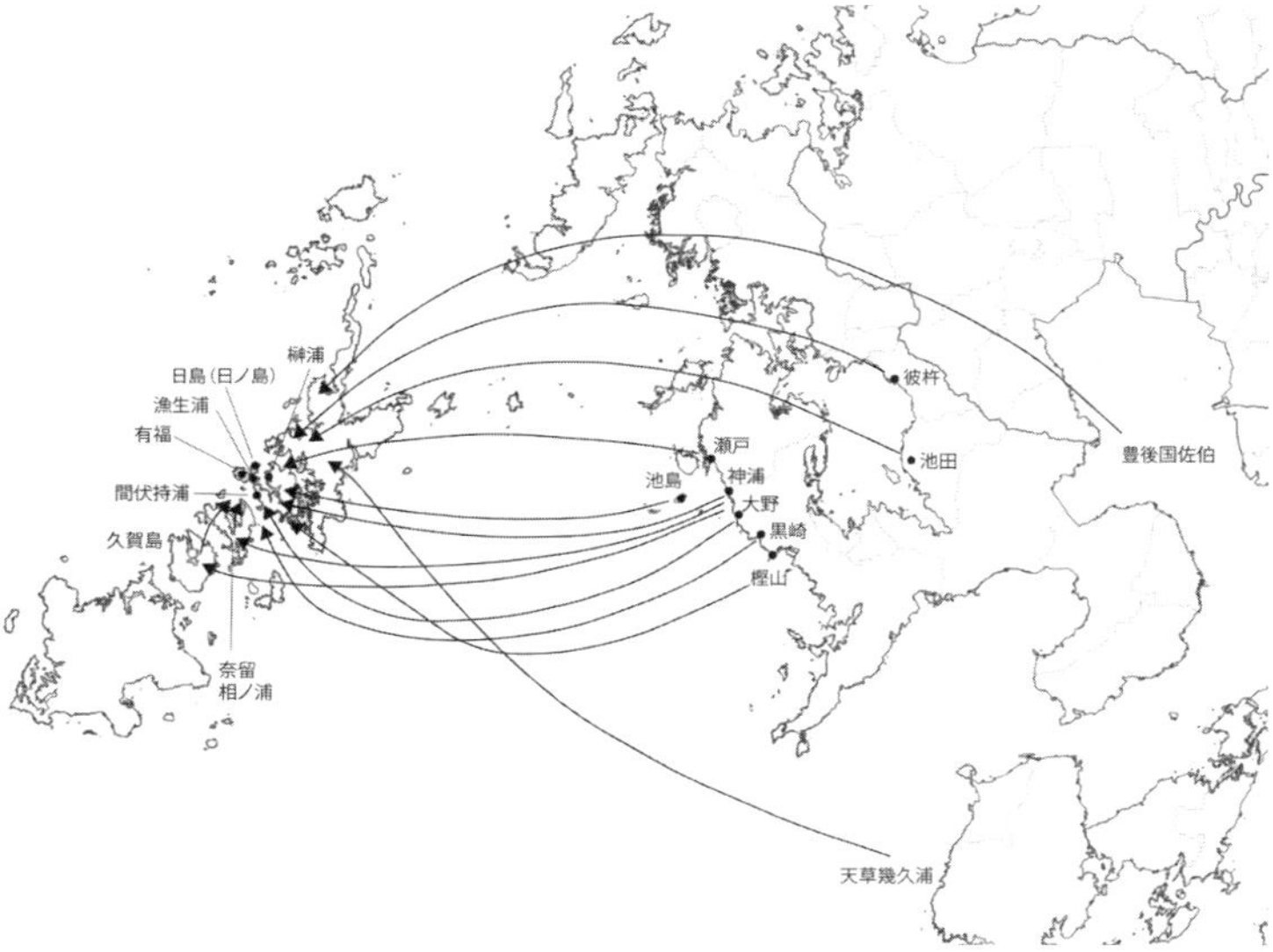

図 157　「日ノ島掛人付居着百姓帳」関連図 [1]

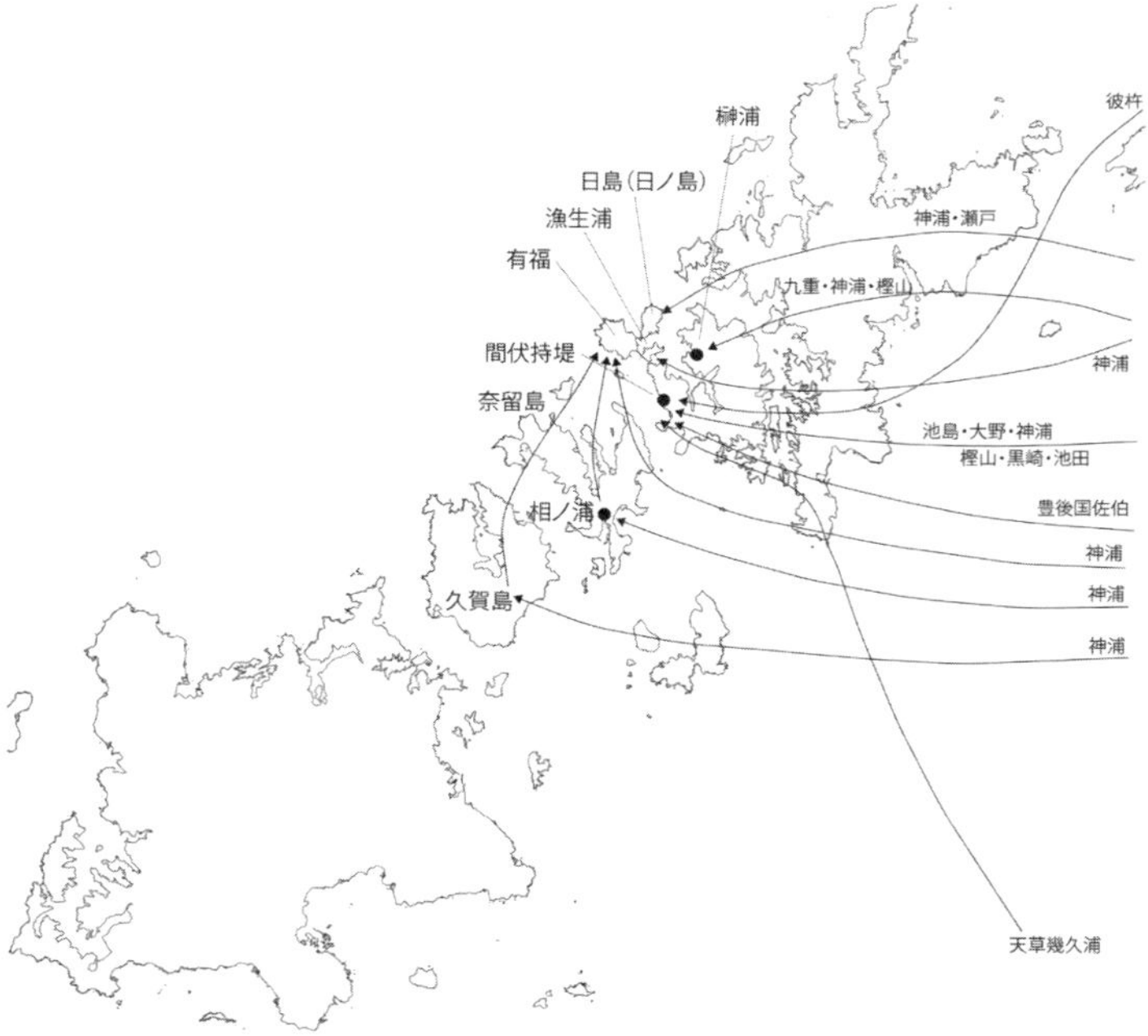

図 158　「日ノ島掛人付居着百姓帳」関連図 [2]

大村領彼杵、一軒（滝ヶ原）、
豊後国佐伯、一軒（石司）、
天草幾久浦、一軒（鵜瀬）
榊浦持居着　大村領九重浦、十軒（月ノ浦八、三年浦二）、
大村領黒崎、四軒（三年浦一、月ノ浦一、土井ノ坪二）、
大村領神ノ浦、三軒（月ノ浦二、土井ノ坪一）、
大村領樫山、一軒

移住先である日島（図159・160）、有福島（図161）、漁生浦島（図162）は五島列島の若松島の北西に位置する島であり、現在は新上五島町に属している。間伏、榊浦は若松島北西部に位置しており、同じく現在は新上五島町に属している。そして、居着（付）人の出身地は神ノ浦（三八軒）、池島（三軒）、樫山（二軒）、黒崎（五軒）などの外海地方が大半を占めている。六三軒の内、四八軒を外海地方出身が占めている。九重浦（一〇軒）も地名から推測するに外海地方の可能性が高い[79]。これらを加えると、九割以上が外海出身となる。その他には大村領の池田（大村市か）、彼杵（東彼杵町）、大村領以外では豊後佐伯（大分県佐伯市）と天草幾久

図159　日島（長崎県新上五島町）

図160　日島の集落（長崎県新上五島町）

図161　有福島（長崎県新上五島町）

図162　漁生浦島（長崎県新上五島町）

浦（熊本県）からの移住者がそれぞれ一軒ずつ見られる。また家を持たない防州柳井（山口県柳井市）出身の一名も記録されている。また、最初の移住からさらに移住を重ねる場合もあった。有福島に居付いた者の内、一軒は奈留島の相浦から移って来た者である。同じ史料を岩崎義則が解読し分析している。墨書された原文書には朱書きによる修正・訂正が複雑になされており、判読・理解がともなう（岩崎二〇一三）ためか、集計の数値がやや異なっているが、結論の大筋は変わりない。その中で岩﨑は単純な数では有福が最も多いが、榊ノ浦・日島・漁生浦では、ほとんどの世帯が大村居付百姓の世帯と言えるほど、その割合が高い点も指摘している（岩﨑二〇一三）。

次に移住者である「居付」と先住者である「地下」との摩擦の例をあげる。舞台は五島列島で福江島に次いで大きな島である中通島南部の須崎というところである。『峰日誌』には慶応四年（一八六八）七月十三日（同年明治に改元）、福見の幾三郎という者から須崎を開墾したいと直接藩の蔵元に願い出があり、代官瀬兵衛以下役人達が現地に検分に行ったところ、その数日後に「巣崎開墾ノ件其他ニテ奈良尾へ混雑出来、與八殿、瀬兵衛殿、安兵衛殿市八郎殿出張、先般足軽目付参リ候節ヨリ集会致居候由」という事態に発展していた（奈良尾町郷土史編纂委員会一九七三）。福見は中通島南部の集落であり、移住先の一つであった。つまり、福見の居付が無人の須崎の開墾を願い出たが、奈良尾の百姓たちが自分たちの持ち山であるということを理由にその却下を願い出たことで事件となったというものである。

結果は、明治三年（一八七〇）二月二十八日になって「奈良尾持内須崎山開拓、先達ヨリ福見居付共願出候得共奈良尾百姓共ヨリ願出候ニ付会計局へ罷出相願候処奈良尾へ御免被仰付候旨平山甚吉殿ヨリ御沙汰候」となり、奈良尾の願い出が通っている。その後、今後の紛争を避けるために奈良尾側は監視役として須崎に江村由太郎を派遣することとなる。明治五年に由太郎一家は無人であった須崎に移住した（奈良尾町郷土史編纂委員会一九七三）。結果的に福見の居付の願い出は通らなかったが、このように与えられた土地ではなく、無人の未開拓の土地の開拓を願い出ることもあった。土地に限りのある農業と、当時の人口に対しては「豊富」とみられた資源があった漁業では受け入れられ方が異なっていたのであろう。漁業が新しい漁法を携えた移住者が発展を促したのに対し、農業は協力が必要な一方で限られた土地や水源を奪い合う間柄にもなる。

そして、大正七年（一九一八）九月に編集された『岐宿村郷土史』には、「当村（岐宿村）に於ける居着人と称するは、総て基督教信者にして其数八五四人に達し、水浦郷全部、楠原郷の一部、川原郷内の打折、惣津の全部、唐船の浦郷内の福見部落の全部、姫島全島を占む」とある（岐宿町二〇〇一）。岐宿村のみで移住者およびその子孫で八五四人の人数に達し、それらは「旧大村藩内の住民にして農耕の為移住したる者」および「今より約五〇年前基督教信者にして他の迫害に堪えずして上五島より移住したる所謂居着人が加われり」という状況であったという。前者は寛政九年の移住協定に伴う移住であり、後者は上五島からの再移住者である。ここに書かれた「迫害」とは明治初年のキリシタン弾圧のことを指すのであろう。本書は大正七年（一九一八）九月に編集されたものであり、明治初年から五〇年ほど経た頃、移住について二つの経緯があることが認識されており、興味深い。

それぞれの経緯による岐宿村への移住者の子孫について、水浦捨五郎が述べた記述が『岐宿村郷土史』にある（岐宿町二〇〇一の重引）。捨五郎の祖父久三郎自身が大村藩からの移住者であり、遠く離れた先祖というわけではなく、自らの先祖の移住の経緯についての伝聞は正しいものと思われるし、『岐宿村郷土史』が編集された一九一八年当時七五歳であることから、捨五郎は二〇代の頃にキリシタン弾圧の時期を過ごしていることになる。そのため、迫害に伴う移住の経緯についても信憑性が高いとみてよい。捨五郎が述べたところによると前にも述べたように、水ノ浦の水ノ浦、山川、中村、片山、浜端の五つの姓の先祖は寛政九年の公的移住者の一部である。すなわち、久三郎とその子五平と勇造、藤兵衛、福右エ門であり、水浦（水ノ浦）・山川・浜崎（浜端か）[80]姓は久三郎の子孫であり、五平（捨五郎の祖父）の子孫が水浦姓を名乗り、勇造の子孫が山川姓を名乗った。そして、藤兵衛の子孫が中村姓、福右エ門の子孫が片山姓を名乗っている。打折および姫島の先祖も水浦と同時期に同じ場所から来たという。楠原の住民は大村藩の黒崎から来たという。それに対し、惣津の住民は迫害を逃れて上五島から渡って来た人々という。

姫島については、文化十年（一八一三）に五島の測量を行った伊能忠敬らの測量日誌に「岐宿村属姫島を測る。海岸大絶壁、西風強く船測出来ず。通行ならず雑木の中を切り分けて行く。右山形に新畠二町ばかり薩摩芋、大村身繕人の家七軒あり」とある（的野一九九八）。大村身繕人とは、大村藩からの移住者であろう。厳しい環境で生活していたこともうかがえる。前にも述べたように福江島の南河原についても「大村引越疱瘡五人あり」と書かれている。

第３節　再移住する人々

(1) 頭ヶ島への移住

前に述べた頭ヶ島も潜伏キリシタンが移り住んできた島である（図163・164）。この島は疱瘡罹患者の隔離地であり、「ホウソで死んだものは、例外なく、この島の海岸に埋めた」（宮本二〇一五）という島であった。

文化十年（一八一三）に伊能忠敬が測量した「頭島」の地図には、朱書きで有川村と書かれている（図98）。当時は漁業の網小屋しかない無住の島とされる。

その無人の島を開拓した人物が久賀島田ノ浦の前田儀太夫と言われている。前田儀太夫については、跡を継いだ前田長平が建立した墓に刻まれた「頭ヶ島由来記」を読むことで知ることができる。以下がその全文である。

図 163　再移住の関連地図

本島ハ有川村ノ管轄ニ属シ夙ニ有望ノ一島ヲ以テ称セラル
今茲ニソノ由来ヲ考フルニ本島ハ安政ノ初ニ至迄
世傳テ無人島トナシ人跡甚タ希ナリ時ニ大村平戸
富江等近藩ノ領民ニシテ移住セシモノアリト□□固□
是レ窮乏ノ流民進テ草□ヲ披キテ田野ヲ開墾ス
ルノ余力ナク只ノ沿岸遺利ヲ拾テ日常ノ計ヲナス
ニ汲タタルノミ是時ニ當リ有川ノ人宮嵜與三兵衛ナ
ルモノアリ来テ本島ヲ開墾セントセシモ成ラスシテ去リ
尓来一人ノ敢テ望ヲ属スルモノナキニ至レリ時正ニ

安政五年戊午ノ春起チテ有為ノ一男子ハ本島開墾
ニ従事セリソレ之ヲ誰トカナス本島ノ開祖前田儀太夫
正義實ニ其人トス氏下五島田之浦郷山口吉十郎
ノ第三子ニシテ初メノ名ヲ儀助ト称す資性怜悧ニテ活達
能ク忠孝ノ道ヲ守リ夙ニ名ヲ郷里ニ馳ス偶々家兄
長十郎藩主　五島公ノ命ヲ受ケ有川鯨組支配
人トナル氏モ亦タ共ニ有川ニ来后チ養ハレテ同村前
田傳次郎ノ後ヲ嗣キ姓前田ヲ冒カレ名ヲ儀太夫ト
改ム是ヨリ先キ大ニ漁業ノ利アルヲ見四方ニ斯業ヲ

図164　頭ヶ島のカトリック墓地
（長崎県新上五島町）

試ミシモ皇天コノ偉男子ヲノ好運ニ際會セシメス遂ニ事業ニ敗ヲ取リ窮困身ニ迫ル一日憤然トシテ自□ヲ謂ヘラク今ヤ事業全ク敗テ招キ年来ノ畫策遂ニ意ノ如クナラス然レモ男子□ソ小敗ニ屈シテ姑息ニ陥ルヘケンヤ聞ク頭ヶ島ハ無人ノ小島ナルモ樹林繁茂シ地モ亦タ磽确ナルニアラスト若カス此島ヲ開拓シテ利ヲ後世ニ貽サンニハト□テ意ヲ決シテ有川士族平田筓及七目郷原友吉ノ二氏ニ謀ル二氏大ニ其志ヲ嘉ミシ且ツ若干ノ資ヲ與テ壮挙ヲ助ク於テ妻子ヲ提ケテ本島ニ移リ

躬カラ鋤犁ヲ取リテ開墾ニ従事ス然レモ当時島内ニ住スルモノ男女僅ニ数人ニ過キス以是氏東西ニ奔走シテ移住ヲ勧奨セシモ本島ハ嘗テ痘瘡避疫ノ地タリシヲ以テ人皆ナ逡巡シテ敢テ勤メテ應セス然レモ氏益々屈セス百方勧諭シテ遂ニ数人ノ男女ヲ移住セシメ協心戮力営々トシテ怠ケス遂ニ幾頃ノ田畑ヲ開クニ至ル之ヨリ本島ハ漸ク世人ニ属目セラレ且ツ氏ノ熱誠ヲ慕テ移住ヲ望ムモノ日ヲ追□テ多キニ至リ爾来十年ノ後ニ至テハ人家ハ十六戸ヲ以テ数ヘ人口百卅余人ノ多キニ達し果

然トシテ前日ノ観ヲ一變ス物換リ星移リ開拓以来殆
四十年後ノ今日トナリ田畑大ニ開ケテ盛ニ禾穀ヲ生シ
沿岸水産ノ利潤亦タ實ニ尠トセス島内ノ人口ハ益々増
殖シ俗□朴シテ能ク業務ヲ勵ミ生活ノ度各々其
宜キニ適ス嗚呼四十年世ニ無人島ヲ以テ称セラレタ
ル一孤島コノ英偉ナル男子ノ為ニ開カレテ遂ニ今日ア
ルヲ致セリ然レハ本島ノ歴史ハ實ニ氏カ一代ノ歴
史ナリ以是今本島ノ来歴ヲ録シテ故ラニ氏ノ墓
碑ニ刻スル所以ノモノ實ニ茲ニアリ時ニ明治乙未

七月氏ノ後嗣前田長平君本島ノ由来ヲ録シテ□
墓碑ニ刻セント欲シ来テ予ニ文ヲ嘱ス予大ニ其挙ヲ
美トシ敢テ辞スルニ忍ヒス乃チ不文ヲ顧ミス旧史ニ依
リテ唯タ其来歴ヲ叙述シ□カ世人ノ参核ニ供スト
云爾
明治廿八年七月　平田又六　謹識
前田長平造立之

前田長平が平田又六に撰文を依頼したものである。先代の功績を残そうとしたものであるから、必ずしも客観的な史実というわけではないと思うが、開拓開始後、四〇年足らずの時期の建立であるため、当時の状況を知る貴重な資料で

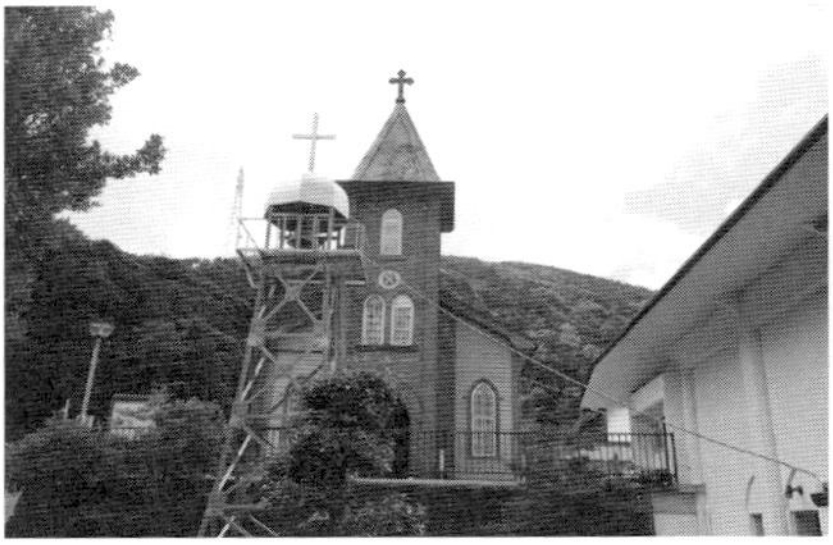

図166　旧鯛ノ浦教会（長崎県新上五島町）

図165　鯛ノ浦の集落（長崎県新上五島町）

あることは確かである。

「頭ヶ島由来記」によると、まず前田儀太夫は久賀島の田之浦郷の山口吉十郎の第三子であり、兄長十郎が有川鯨組の支配人となり、儀太夫も有川にきて、有川村の前田傳次郎の跡をついで前田姓を名乗るようになったという。儀太夫が開拓に乗り出す前にも、大村、平戸、富江などの近隣藩の領民がすでに移住しており、頭ヶ島を管轄していた有川の宮嵜與三兵衛が開墾しようとしたがうまくいかなかったとある。そこで安政五年（一八五八）春に儀太夫が開拓に着手した。しかし、それも当初はうまくいかず、有川士族の平田筭や七目郷の原友吉に開拓計画を持ちかけ、さらに各方面に島への移住を勧めたところ、移住者が現れ、開拓が進んだとある。開拓が進むにつれて移住者も増え、一〇年後には人家は一六戸、人口は一三〇人余りに達したとある。そして、移住が進まなかった理由に、この島がかつて疱瘡患者の隔離地であったことが挙げられている。『五島編年史』には、「五島村別郷土誌」からの引用で安政五年（一八五八）「春、前田儀太夫正義、有川頭ヶ島ニ於テ開墾ニ着手ス」（中島一九七三）とあるが、これも「頭ヶ島由来記」に拠るものであろう。

それでは頭ヶ島にはどういった人々が移住したのだろうか。まず浦川和三郎は有川の代官貞方数右衛門の許可を得て鯛ノ浦（図165）のキリシタン二、三戸がはじめて頭ヶ島に移住し、次いで元治元年（一八六四）に五戸が移住してからは、跡を追って引っ越す者が多くなったとしている（浦川一九七三）。また、宮本常一は「前田儀太夫が五島藩に申し出て開拓することになり、西彼杵半島の神浦・赤首・大野などの貧乏な百姓に入植をすすめると、一〇人余り希望者があって、開拓は順調に」進んだと書いている（宮本二〇一五）。

そして、阿部律子は旧鯛ノ浦教会（図166）に残る洗礼台帳をもとに頭ヶ島の開拓者たちがどのような経路をたどって頭ヶ島に到着し定住していったのか考察している（阿部二〇一四）。まず上五島の他のキリシタン集落では、神浦や大野出身者が多く、出津出身者は比較的少ないのに対し、頭ヶ島特有の特徴として出津出身者が多いことを挙げている。上五島随一のキリシタンの頭目であり、一八六七年に鯛ノ浦から頭ヶ島に移住したドミンゴ森松次郎の両親の出身地が出津であった。また頭ヶ島には出津・大野出身者が多いが、そのほとんどは立串、小串、鯛ノ浦、船越などの頭ケ島に隣接する中通島内のキリシタン集落を経由した後に頭ヶ島に入植していると述べている。ただし、中には外海を出てから平戸や田平にまず入植し、その後鯛ノ浦を経由して、最後に頭ヶ島にたどり着いているものもいる（阿部二〇一四）。阿部は移動の背景について、次のように述べている。「外海地方から五島列島の各地に移民していった潜伏キリシタンたちは劣悪な環境に置かれていた。ほとんどの耕作地は地下によって占領されていたために、彼らに残されていたのは草木生い茂る山間部の土地しかなかった」。そのため、「信仰ができることだけを楽しみに、開拓に精を出したが、結果が思うように出なければ、次の新天地を求めて移動していった」としている（阿部二〇一四）。信仰だけが楽しみかどうかはわからないが、生活苦によって、より信仰に頼らざるをえなくなったのは確かかもしれない。

頭ヶ島のキリシタンについて、仏教徒の開拓指導者である前田儀太夫の下で仏教徒を装うことで信仰を続けたと、前田儀太夫が仏教徒であることを殊更に強調した著述が目につくが、隅へ隅へと流れついた居付人と、開拓を遂行したい儀太夫が経済的事情で結びついたのであり、信仰上の違いはそもそもあまり問題とはされていなかったのかもしれない[81]。それだけ厳しくも大きな開拓であったということでもあろう。なお、「頭ヶ島由来記」にはキリシタンに関わることは何一つ書かれていないが、前田儀太夫の息子はおそらく一八七〇年以前にキリシタンと結婚しており、一八七〇年生まれの娘をはじめ彼らの子らは全員受洗している（阿部二〇一四）。

(2) 繁敷への移住

次に福江島内における再移住の例をあげる。第1章で述べた五島焼の窯場があった集落の近くに移り住んできた移住者である。福江島の富江領で最初に築かれた窯が繁敷の八本木窯であることは前に述べた。八本木窯は数年間操業しただけで廃窯を迎えている。当時の絵図が残っていることもすでに述べたが、それによれば八本木山と繁敷山に挟まれた盆地状の平坦地には田や畑が広がり、民家が点在している。絵図の中央部には、「福蔵ひらき」と書かれてあり、開拓地あるいは開拓中であることを示している。『富江町郷土誌』は、繁敷は通称山田（やまんだ）といわれ、山間地を開拓して水田化したことが窺われるとしている（富江町郷土誌編纂委員会二〇〇四）。

そして、絵図には一九軒の民家が描かれており、それには人名が書き込まれている。その内、上田礼作の住居を含めて五軒程度は八本木窯の関係者とみられるので、一四軒程度が地元百姓であると推測される。八本木窯が廃窯して三〇数年経た弘化三年（一八四六）の幕命調査報告書には、繁敷村は家数二〇軒、人数一三八人（男七八人、女六〇人）とある。そして、もともと田尾村の支配下にあった村であるが、家数人数とも増加したので繁敷村として分村したという（富江町郷土誌編纂委員会二〇〇四）。八本木窯の廃窯に伴い、陶業関係者が流出した分を補ってなお人口が増加したとみられる。

さらに繁敷村は、本村と下村に分かれるが、下村こそが新たな移住者が開拓した土地である。廃窯になって、およそ四〇年余り経った嘉永六年（一八五三）に岐宿（奥浦）の福見のキリシタン一家が繁敷に移り住み、開拓した。陶農の里が農村に戻り、そのはずれにキリシタンが移住してきたのである。『五島キリシタン史』[82]によれば、木場田利助という者が榮八、庄八、弥助、助蔵、好五郎、末松の六子を引き連れて移住したという（浦川一九七三）。利助の元祖は、最初は福見を割り当てられたが、土地が狭く、続いて利助は岐宿の中岳郷籾の木を割り当てられたという。河務を過ぎて一の河沿いに大曲、二里木場を通り、行者山の麓の籾の木にたどり着き、やがて籾の木から川を渡って繁敷郷へと田地を増やしたという（岐宿町二〇〇一）。繁敷では道蓮寺跡あたりに移住してきたと言われる（富江町郷土誌編纂委員会二〇〇四）。

図 167　繁敷ダム（長崎県五島市）

図 168　繁敷教会外観（長崎県五島市）

図 169　繁敷教会内観（長崎県五島市）

図 170　繁敷のカトリック墓地（長崎県五島市）

そして、利助の子らは成長し、それぞれ家を定めて、人口を増やしていった。前に述べた「山田（やまんだ）」について、繁敷村（繁敷郷）全体ではなく、キリシタンが山を開墾してできた土地であるから山ン田とよぶようになったとする記載（岐宿町二〇〇一など）も少なくない。

明治初年には五島でキリシタン弾圧が吹き荒れた。弾圧はもちろん山ン田にも及んでいる。明治元年（一八六八）奥浦村の大川仁蔵の一家七人は山ン田の道蓮寺は非常に辺鄙な山奥であるため弾圧が及ばないと思って逃れてきたが、厳しく迫害を受け、三日目には平蔵（五島市平蔵町）に戻ったという（富江町郷土誌編纂委員会二〇〇四）。当時の具体的な迫害の様子は、山ノ田の組頭になった庄八の明治三年（一八七〇）陰暦三月十二日からの日記に記されている（浦川一九七三）。改宗させるための精神的、肉体的拷問、財産の没収などを受けている。やむなく改心してはそれを取り消し、また迫害を受ける繰り返しであったことが記されている。そして、改宗と改心を誓わされた誓詞が残っているという。それは明治四年（一八七一）六月十三日付けで富江村の役人宛に出されたもので、それによると五〇数名のキリシタンが富江繁敷村居付として集落を形成していたことがわかる。福江島の旧富江領のほぼ唯一のキリシタン集落である。

そして、禁教の時代が過ぎ去り、一九一九年に最初の教会[83]が建設された。山ン田教会とよばれていたこの教会は、戦時中に繁敷ダム建設のための飯場として使用されたらしく、作業員の火の不始末で一九四三年の火災で消失してしまう。終戦後、一五戸に増加し、昭和二十三年には片岡吉一師の指導で教会が再建されたが、それもまた一九七四年に繁敷ダム（図167）の建設に伴い取り壊され、現在の地に中田武次郎師の指導のもと新たに建設され（図168・169）、里脇大司教によって祝別された（岐宿町二〇〇一）。しかし、信徒は減り続け、ついに二〇二一年三月末日に閉堂し、最初の教会から一〇〇年余りの歴史に幕を閉じることになったという[84]。時代の波に翻弄された教会は閉堂した後も美しく管理されたまま今も深い山の中で清楚な佇まいを見せている[85]。繁敷ダムから教会に向かう途中の山腹には十字架を中心とした繁敷の信者のカトリック墓地がある（図170）。かつて教会があったダム湖の湖面を見下ろせるような位置にあるが、現在は周囲に樹木が生い茂り、望むことはできない。

福江島の奥まった内陸に位置する繁敷に、天草から陶工を招いて八本木窯が築かれたことと、キリシタン一家によって山が開かれ教会が建てられたことに何か関わりがあるわけではない。前者は磁器の原料の存在によって最初の窯場として繁敷の場所が選ばれた。李参平が有田の天狗谷に窯を築いた時、その場所を選んだ理由として記されているものは「水木宜故」であった。八本木窯は繁敷の中でも水と薪に恵まれた場所であった。後者は人里離れた未開の地であるため開墾地として選ばれた。先住者との摩擦を避けるには山に入らざるをえなかった。

それぞれ理由は異なるが、天草高浜の陶工と大村領の外海にルーツをもつキリシタンが四〇年ほどの時間を隔てて、ともに西海を渡り、五島の「山の中」のそれぞれの場所に辿り着いている。

(3) 五島から島外へ

『五島キリシタン史』には、「福見居付の出奔」の記載がある。多少、想像による描写もあるが、話の大筋は認めてよいと思う。以下、その概要を述べる。

寛政年間に移住してきた百姓である岩崎一郎兵衛と林幾次郎の両家族が福見に居付いたとされる。さらに安政三年（一八五六）の浦上の三番崩れが外海に飛び火して、三重村樫山の茂重騒動となった際、外海を離れたキリシタンも福見の居付となった。しかし、明治に入り、福見にもキリシタン弾圧の足音が近づいた時、福見のキリシタンたちは出奔することにした。九家族、五十人が九隻の船で、福見を離れ、外海を目指した。幾次郎の船は峯下丈八の船とともに三重村畝刈の浜にたどり着いたが、不穏な空気を感じ、北松浦郡黒島（現佐世保市）へ移り、新年を迎えたという。森幾三郎の船は平戸の生月にたどり着いたというが、生月のどこに住居を定めたかは判然としない。梁音次郎は船を江ノ島（西海市）にとどめて日和をまち、歌ヶ浦（佐世保市）の字蔵方に宿を借りたという。峯下常吉、岩本惣市、同勇助らは三重村の樫山に、森仁蔵は黒島にそれぞれ親族を頼って逃れている。そして、弾圧の嵐が過ぎ去った後、彼らは五島へ戻っている（浦川一九七三）。

迫害を逃れて、移住地であった五島を離れ、故地である外海やその周辺の島に移っている。前に述べた頭ヶ島も移住者が迫害を逃れるため、島を離れて一時無人化しており、当時の五島に吹き荒れた弾圧と迫害の激しさを物語っている。

なお、この「福見居付の出奔」事件については、『峰日誌』に次のように記録されている。

福見居付昨夜十一軒出奔候旨小頭浅吉ヨリ、右ニ付兵太郎殿、拙者、平助、周蔵出張、残品ハ取調ノ上一同へ預置引取、太田出張役中へ飛船差立候。役中引取之上又々仝十五日役々立越申候。又仝十七日下代三人小役二人立越、残品切芋、大根、芋其他売却致種芋七千斤同品百姓沢蔵へ預申候、尤麦種代芋五千斤ニテ同様芋一万五千三百斤尤一斤七文替委細別帳ニアリ（『峰日誌』慶応四年十月十二日）。

移住は魅力的な言葉で飾られることがしばしばである一方、実際には厳しい環境に身を置くことになることも少なくない。というよりむしろその方が多い。大きな期待を抱き、海を渡るが、その期待が大きい分、失望も大きなものとなる。「五島はやさしや土地までも」とうたわれた五島の土地も「五島極楽来てみて地獄、五島は極楽行てみりゃ地獄、二度と行くまい五島のしま」という歌に変容するという。いつごろ変容したのかよくわからないが、変容の理由はおおよそ二つ考えられる。一つは経済的な苦難であり、もう一つは明治初年のキリシタン弾圧である。

第４節　キリシタン弾圧と人の移動

青く美しい海に映える白い教会は五島の象徴的な風景である。五島列島には数多くの教会があり、その中には外海地区などの文化遺産（図171～175）とともに、世界遺産の構成資産となっているものもある（図176・177）。多くの信者が今も信仰を続けている。

全国一六の教区に分かれているカトリック教会の中で、人口に対する信徒率が高い教区が、五島（上五島地区・下五島地区）が属する長崎教区である。

図 171　長崎と天草地方の潜伏キリシタン関連遺産位置図

図 173　外海の大野集落・大野教会（長崎市）

図 172　外海の出津集落（長崎市）

図 175　外海の大野集落・祈りの岩（長崎市）

図 174　外海の大野集落・枯松神社（長崎市）

図 177　頭ヶ島天主堂（長崎県新上五島町）

図 176　江上天主堂（長崎県五島市）

長崎の信徒率四・三〇五パーセントは全国の信徒率（〇・三三一パーセント）の一〇倍以上の数値である。信者数においても五六、八二六人（二〇二二年現在）であり、東京教区の信者数九二、〇〇一人（同）に次いで多い。さらに教会の数も群を抜いている。信者数が多い東京教区と比較しても格段に多い。そして、長崎教区の中でも五島は教会数が多く、いわゆる巡回教会[86]の割合が高い。都市部に比べて地域が支えている小さな教会が多い印象を受ける。つまり、長崎は日本有数のカトリック教会の信者地区であり、その中でも五島はカトリックが色濃い地区であると言える。しかし、これは五島がカトリックの島であるということではない。色濃いのは一面であり、信者の多くは移住者たちの子孫であろう。彼らの先祖の歴史は移住そのものの苦難に、弾圧と迫害が上乗せされたものであった。

ここで簡単に五島のキリシタン史を振り返っておこう。五島とキリスト教との接触の機会は古い。永禄五年（一五六二）に五島の領主であった宇久純定が横瀬浦で布教していたトーレス神父に西洋医師の派遣を依頼したことが最初の接触である。その依頼により日本人医師ディエゴが派遣されて治療を施している。

そして、永禄九年（一五六六）にトーレス神父はイエズス会修道士のルイス・デ・アルメイダと日本人伝道士ロレンソ了斎を派遣した。直後に純定が急病を患ったが、アルメイダの治療により快復し、許可を得た二人は宣教活動を行い、二五名が洗礼を受けた。そして、同年六月には福江島の奥浦に五島で初めての教会（奥浦教会）が設けられた。およそ一二〇名が洗礼を受けた。

翌年には福江の清浄寺境内に教会が建設され、宇久純尭がロレンソから説教を受けて改宗し、ドン・ルイスの洗礼名を授かっている。なお、その四年後の元亀二年（一五七一）に家督を継ぎ、一九代当主となっている。永禄十一年（一五六八）に純尭夫人が侍女とともに洗礼を受け、元亀二年には奥浦に六方教会が建設されるなど順調にみられた布教活動であったが、やがて受難の時代が始まる。

天正十五年（一五八七）に豊臣秀吉による伴天連追放令が公布され、キリシタン弾圧が始まったのである。二〇代当主の宇久純玄（のちの五島純玄）はもともとキリシタンであったが、大叔父である盛重が介入して弾圧が激化していった。

図 178　堂崎教会敷地の聖ヨハネ五島像（長崎県五島市）

図 179　クエルナバカの大聖堂内部の壁画（メキシコ）

豊臣秀吉が文禄・慶長の役を起こし、朝鮮半島を侵略した際、五島純玄も渡海したが、文禄三年（一五九四）に戦地で疱瘡に罹患し、亡くなっている。そして、継いで二一代当主となった五島玄雅はキリシタンであったため、布教を許したが、後に棄教し、信者を弾圧したという。

弾圧が強まる中、一五九七年に西坂の丘の殉教の日を迎える。豊臣秀吉の命によって捕らえられ、慶長元年十二月十九日（一五九七年二月五日）に長崎の西坂の丘で二六人のキリスト教徒が処刑された。その中の二〇人の日本人には五島の椛島出身の聖ヨハネ五島（聖五島ジュアン）（図178）も含まれていた。『日本史』を著したルイス・フロイスがこの「二十六聖人の殉教記録」の報告を残している。この西坂の丘の殉教は西洋では衝撃をもって受け止められていた。メキシコのクエルナバカという町の大聖堂の壁画にも長崎西坂で殉教を遂げた二十六聖人が描かれている（図179）。長崎の街並み、連行されるキリスト教徒の姿、そして、磔にされ殉教する姿が描かれている。二六人の中にメキシコのフェリペ・デ・ヘススが含まれていたからであろう。壁面には「皇帝である太閤様が迫害を命じた」（EMPERADOR TAYCOSAMA MANDO MARTIRIZAR.POR）の文字も書かれている。

秀吉の死後、開幕した江戸幕府は当初は厳しい禁教政策を取らなかったが、やがて弾圧を強めていく。慶長十七年（一六一二）に玄雅が亡くなった後家督を継いで二二代当主となった五島盛利は、幕府によって禁教令が発布されると、キリシタンを追放し、弾圧した。

その後、さまざまな禁教政策が行われ、十八世紀には五島のキリシタンの集団はほぼ壊滅し、系譜も途絶えたとされる。寛政四年（一七九二）、幕府の西国巡見使が五島を訪れた際の「上使御下向御答書」には、転び[87]と類族[88]とのことが書かれている（内藤一九七九）。

一、類族の有無の事
去る慶長年中、切支丹御禁制被仰出候節、邪宗門を捨候者は、寛文年中生残りの男女二百十九人有之候、其頃公儀御役人様に帳面を以て差上げ候、右切支丹の者は段々に相果て、以て只今は一人も存命不仕候、其類族の儀は相改め、毎年二期、両度に出生・病死の帳面、宗門御奉行え差出御届仕候、
一、人別毎年改めの事
毎年宗門改めの節、相改め申候、尤も類族存命の者五百六十八人有之候、内男五百三十四人、女三十四人、公儀へは七年目々々人別書付を以て御届仕候、

寛文年間（一六六一～一六七三）に生存していた転宗者二一九名も寛政年間には全て亡くなっている。寛文十三年からでも寛政四年まで一二〇年近く経っているため、当然のことではある。一方、類族は五六八名が存命であった。類族の性別内訳は男五三四名、女子三四名であり、ほとんどが男であった。性別による類族の定義の違いによるものであろうか。いずれにせよ為政者はキリシタンあるいはそうだったものの血縁の線を執拗にたどっている（内藤一九七九）。内藤は「法脈」は絶えたとしても、「人脈」は一五〇年を経てなお続いていると表現している。

しかし、五島のキリシタンの歴史の歯車が再び動き始める出来事が起きる。先に述べた寛政九年（一八九七）に福江藩と大村藩の間に取り交わされた移住協定である。大村領からの移民は、「ソノ多クハ所謂潜伏切支丹ノ徒」であり、「五島ニ於ケル天主教徒ノ発展ノ第一歩」（中島一九七三）となったのである。

移住の理由として、大村領内の厳格なキリシタンの弾圧と詮索など信仰上のものに求めるものも少なくない。浦川は

「大村領内の厳格な宗門改と極端な産児制限」を理由にあげている（浦川一九七三）。中には心の内面の理由まで述べているものもある。例えば、移住者は「安住の地を求めてやってきたのである。キリシタンたちは、信仰に安住できることを唯一の喜びとして、山間僻地のやせ地や、漁に不便な海浜に住み着いて、困難な生活を始めた」（岐宿町二〇〇一）と移住者の心情を記している。つまり、信仰上の理由を優先して経済的困難を受け入れたということであるが、心の内面を推し量ることはできてもそのことを証明することは難しい。一方、『長崎県郷土誌』に「寛政の頃五島領主は大村地方に於ける耶蘇教徒が、拷問に遇い殺しんせらるるのを哀れみ、且、五島農業の発達を図るため、大村領主へ交渉して千人の農民を請い受け、上下二島に配置して山地の開拓を奨励せらる」（若松町教委編一九八〇）とあるように為政者側の哀れみの感情を理由にしているものもある。もちろんそうした事実を示す証拠もない。このように証明が難しい物語が広く流布しているように思う。

図180　キリシタンへの拷問が行われた楠原牢屋（長崎県五島市）

例えば、寛政九年の移住協定の大村藩側の事情の一つとして、外海地方の人口増加が挙げられる。それはキリシタンが信仰上、間引きを忌避することによるものとして説明されることが多いが、岩崎義則は通俗的な潜伏キリシタンに関する説明以上に、キリスト教と入れ替わるように勢力を拡大した浄土真宗が間引きを禁止していた点がむしろ重要ではないかと指摘する（岩崎二〇一三）。潜伏キリシタンであることがその周囲の地域社会にさまざまな影響を与えていることは確かであると思うが、一方で全てが潜伏キリシタンの信仰上の問題に結びつけられるものではないであろう。それは大村藩、主に外海地方から五島への移住においても同様であり、あたかも信仰上の安住地を求めたことが移住の主たる理由として前面に現れることがあるが、岩崎はあくまでも経済的な事情による移住が基調であることを強調しており、それに幕末期の弾圧からの亡命目的の移住も発生していたとみるべきとしている（岩崎二〇一三）。少なくとも移住の全体像と弾圧期の移住について、切り分ける必要があるだろう。

五島ではさまざまな場所で迫害があったことが伝わっている。岐宿の楠原には、楠原地区や水ノ浦地区のキリシタンが入牢させられ、拷問を受けた牢屋も復元されている（図180）。また、『五島キリシタン史』には五島における迫害が詳述されている。それには「五島の迫害を一言以て約すれば、ただ残虐暴戻の極みだと云うより外はない」（浦川一九七三）とある。内容は苛烈極まりない迫害の記述であるが、これは誇張でも虚偽でもなく、むしろ実際の迫害は言葉以上のものであったのであろう。しかし、そうであるがゆえにこの迫害がフィルターとなって、実像を見えにくくし、岩崎のいう「通俗的な潜伏キリシタンに関する説明」と史実の境界を曖昧にしているように思う。

浦川は、この迫害の理由として、キリシタン邪宗門と云う一般的誤解を別にして、それには二個の有力な原因が伏在していたとする。その一つ目の理由とは、「先ず五島藩は小藩中の小藩で、土地は瘠せ、藩民も裕ならず、文化の中心には遠く懸け離れて居る所から、自ずと一種の狭隘な島国根性に囚われ、敦厚温和な気風に乏しかった様に思われる節がないではない」というものであり、二つ目の理由は、「次はキリシタンはわずか三四十年前に大村藩から移住したもので、気質と云い、言語、習俗と云い、在来の島民とは随分大きな逕庭があった」ことである（浦川一九七三）。前者の理由は、迫害に対する怒りから表出している言葉のようにも見えるのでさておき、二つ目の理由はもっともであるようにも思う。

また、長崎府の報告書には、「其徒は元来（中略）居食者と唱え、諸国に所謂「入百姓」の類にて、従来の国人等は大に此徒を卑め、縁組は勿論、親睦をも結ばず、別種のものの如く取扱われ候者にて云々」と書かれている（浦川一九七三）。浦川もまた「（先住者である）島民はキリシタンを以て特殊部落民となし、対等の権利すら認めなかった。活かそうと殺そうと、追放しようと踏み潰そうと勝手放題だと信じて、思いのままに暴れ廻ったのである」と述べている（浦川一九七三）。

信仰上の相違も要因ではあるものの、むしろそれは「気質、言語、習俗」と同列のものであり、「従来の国人」と「居食者」との摩擦自体が迫害の大きな熱源の一つとなっていると考える。信仰上の問題だけを特別視しすぎると、当時の人々の関係が却って理解しにくいものとなってしまうように思う。少なくとも「残虐暴戾の極み」という苛烈なものになった理由は「大きな逕庭」そのものであったと思う。宗教的迫害や対立というより社会的差別、迫害の色合いが濃い。

第５節　墓からみたキリシタンの移住

「西海」の歴史像に幕末から明治初期にかけてのキリシタンへの弾圧と迫害が投影されているのは確かであろう。そのため、ここでは、できるだけ「通俗的な潜伏キリシタンに関する説明」を避け、物質資料によって潜伏キリシタンの移住について見ていきたいと思う。

外海から五島に渡った潜伏キリシタンとその子孫の物質資料の最も象徴的なものは教会であろう。五島列島各地に点在する教会は彼らの移住と信仰の帰結として存在している。しかし、それらはいずれも明治期以降に建設されたものである。近世の物質資料としては彼らの生活用具、信仰道具などがあるが、いわゆる「動産」であり、発掘調査によるものでなければ、近世から確実にそこに存在したことを証明することは難しい。

地表からの観察で潜伏キリシタンとその子孫の痕跡を確認できるものはやはり墓である。潜伏キリシタンの墓の研究成果は少なくない。分布調査、現地詳細調査、そして、一部は発掘調査が行われている。特に近年は加藤久雄らが精力的に調査を行って

図181　旧木ノ口墓所（長崎県五島市）

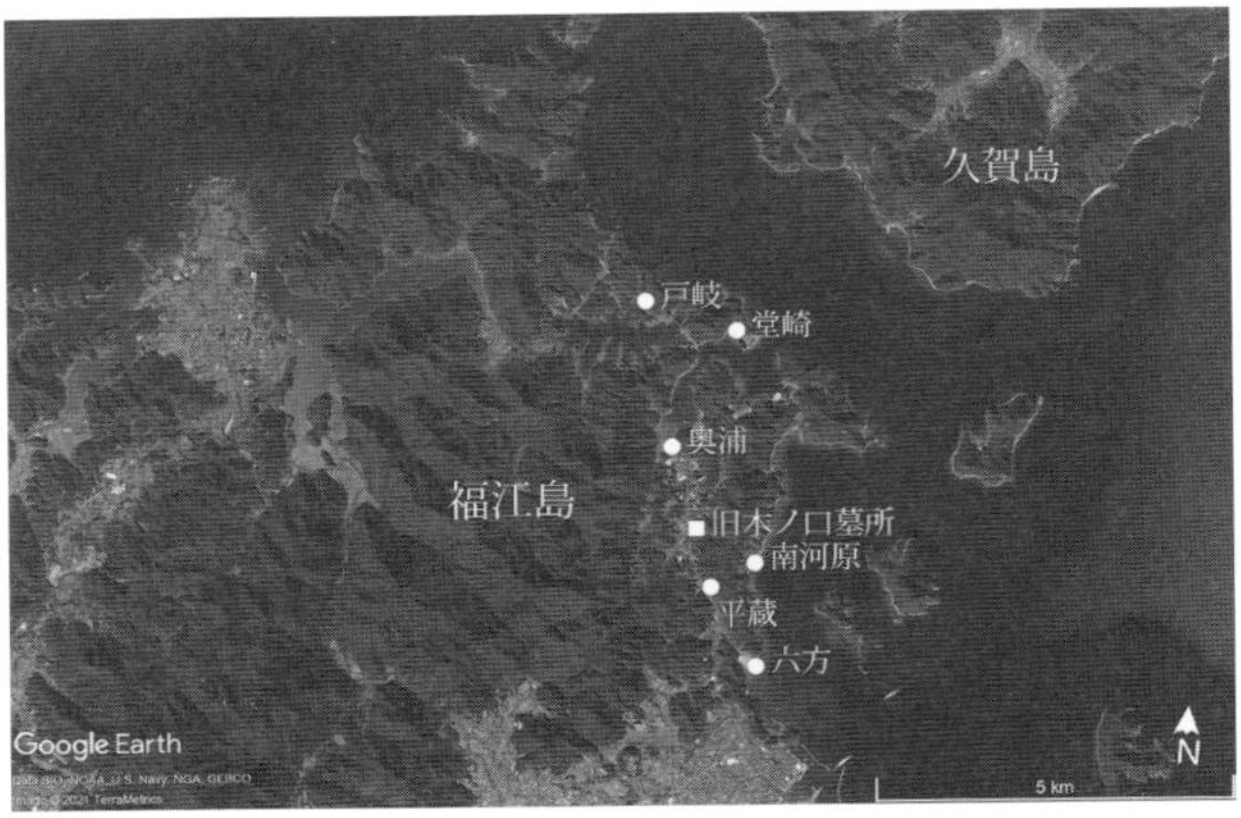

図 182　旧木ノ口墓所とその周辺

いる。以下、これまでの研究成果の一部を紹介しよう。

加藤らは福江島（加藤・野村二〇一六、野村・加藤二〇一八）、奈留島（野村・加藤二〇一九）の潜伏キリシタン墓の分布調査を行い、福江島の旧木ノ口墓所の調査を行った（野村・加藤二〇一五、加藤ほか二〇二三）。

旧木ノ口墓所（図181）は、五島市平蔵町中木ノ口に所在する。寛政九年（一八九七）の福江藩と大村藩の移住協定による最初の移住者が上陸した六方に近接した位置にある（図182）。墓所のある木ノ口は公的移住者が最初にあてがわれた開墾地の一つである平蔵の北側に位置している。そのため、加藤らは比較的初期の段階から移住者が定着していた可能性を考えている（加藤ほか二〇二三）。

旧木ノ口墓所は、耕地および旧耕作地に囲まれており、眺望が良く、逆に言えば平地からも確認できる場所に造営されており、典型的な集落墓地である。墓所は丘陵の尾根部分を上中下の三段に造成しており、下段が最も古い墓域と推定されている。確認できた墓は八五基であり、正方形またはそれに近い形態を示す石組墓である。石組墓の形状から墓の年代はわからないが、採集された陶磁器から墓所の年代を推定することができる。報告によると、「最古のものは十八世紀後半の波佐見焼の丸碗、最新のものは二十世紀後葉の磁器製湯呑みコップ」である（加藤ほか二〇二三）。染付雪輪草花文碗、染付二重網目文碗などは生産年代が十八世紀後半に遡る可能性を残すものの、ほとんどの陶磁器は十八世紀末以降のものとみられる。つまり、寛政九年の公的移住前後およびそれ以後の製品である。

陶磁器の流入の経緯については、二通りの考え方が可能である。一つは移住する際に家財道具の一部として持ち込まれたもの、もう一つは商品として五島にもたらされたものである。特に生産年代が十八世紀後半に遡る可能性がある染付碗については、ゆがんでいるものもあり、五島まで運ばれてきた商品ではなく、移住者とともに持ち込まれた可能性が指摘されている（加藤ほか二〇二三）。商品である場合、五島への肥前磁器の流入ルートは大きく川棚・早岐からのルートと長崎からのルートが考えられるが、前者であれば波佐見焼だけでなく、三川内焼も含まれる可能性もあるし、後者であれば長与焼の可能性もある。また、十九世紀以降であれば、福江島内でも磁器生産が始まるので、島内産の磁器も含まれるかもしれない(89)。

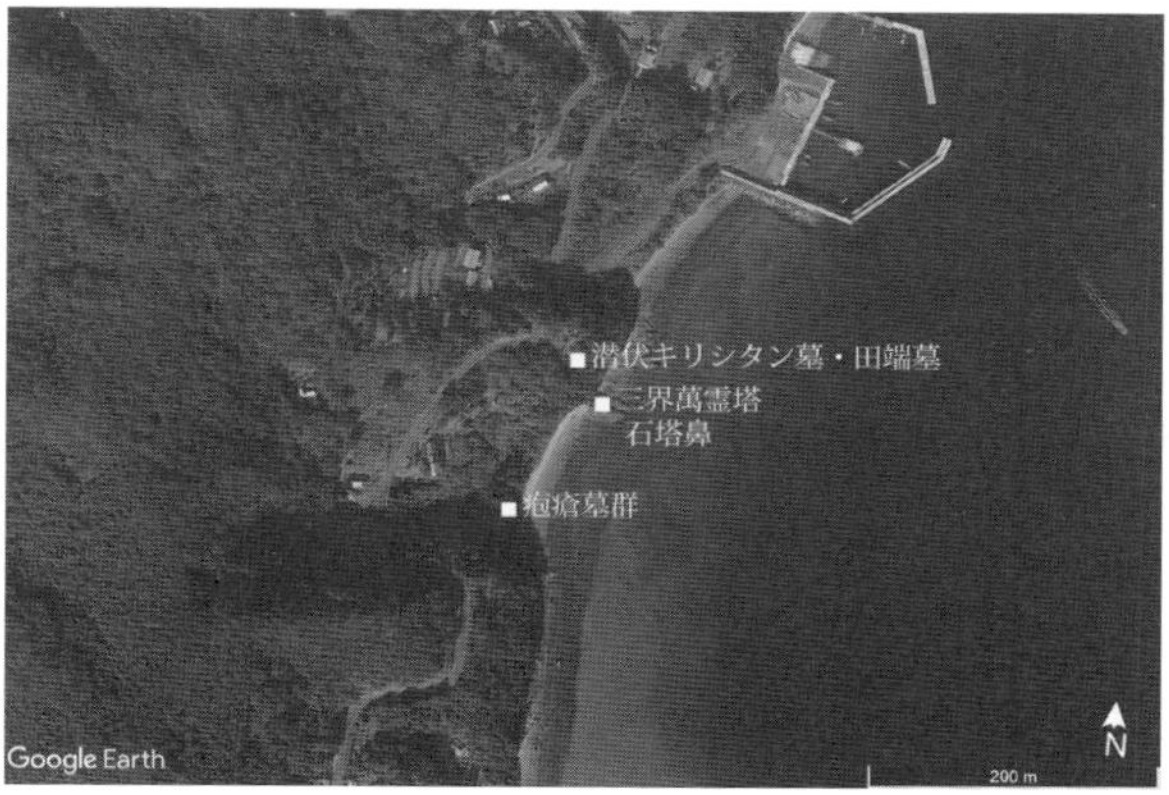

図183　福江島南河原の疱瘡墓とキリシタン墓

二十世紀後葉の遺物まで発見されている点については、報告にあるとおり、戦後に至るまで墓所の造営ないしは祭祀が続けられてことを示すものであろう。また、陶磁器の器種は、ほとんどが供膳具で、特に碗が圧倒的に多い。これは他の近世墓地でも見られる特徴である。例えば、波佐見の中尾郷や鬼木郷でも同様の傾向がみられるし、前にあげた疱瘡墓でも同様である。あえて相違点を挙げるとすると、旧木ノ口墓所では瓶などの袋物が少ない。

以上が加藤らによる旧木ノ口墓所の主な調査成果である。立地環境についてみると、従来言われてきた「潜伏キリシタン墓は人目につかない場所に密かに造営された」という考えに反している（加藤ほか二〇二三）。潜伏キリシタン墓の立地に関する従来の考えもまた弾圧と迫害が投影されており、これもまた一概にあてはめることができない「通俗的な潜伏キリシタンに関する説明」の一つであろう。

一方、実際に人目につかない場所に造営されたキリシタン墓地もある。その場合、集落自体、奥まった僻地に存在している。五島では疱瘡墓の近くに

図184　南河原のキリシタン墓（長崎県五島市）

図185　赤波江教会と疱瘡墓・キリシタン墓

潜伏キリシタンが大村領内から移住することが少なくなく（本馬二〇二一）、疱瘡墓の近くにキリシタン墓があることもある。

例えば、福江島の疱瘡死者を慰霊する「三界萬霊塔」が建てられた石塔鼻の近くには疱瘡患者の隔離施設があり、疱瘡病死者が埋葬されていた。その疱瘡墓と至近の距離に南河原のキリシタン墓がある（図183）。石組墓が並んでおり、それらは潜伏キリシタンの墓とされている（図184）。また、中通島赤波江の疱瘡墓は赤波江教会の共同墓地にあり、キリシタン墓と同じ敷地の中にある（図185）。疱瘡墓が無造作に墓地の最下段の一角に寄せられており、疱瘡墓を整理してキリシタン墓にしていることがわかる。それから、キリシタンが移り住んだとされる頭ヶ島も元々は疱瘡の隔離島であった。海岸一帯が疱瘡死者などの墓地であったとみられ、その付近に現在のキリシタン墓地がある。奈留島付近の前島も潜伏キリシタンが住んだ島であった。墓地は石組墓が主体であるが、柱形の墓石をもつ墓が二基あり、その内の一つは死因が疱瘡であることが刻まれている。

前に述べたように、疱瘡墓は疱瘡患者の隔離施設（疱瘡小屋）の近くに設けられることが一般的であり、キリシタン墓はキリシタン集落の近くに造営されることが多い。つまり、疱瘡小屋があったところの近くに潜伏キリシタンが集落を営んでいるということである。この理由について、本馬は信仰を隠す意図があったと推測している（本馬二〇二一）。筆者自身、潜伏キリシタン墓地と疱瘡墓が近接してつくられていることを確認した時、集落から隔離され、人目から遠ざけられた人々と、心に秘めた信仰のため人目を忍ぶ人々の空間が重なったと考えた。確かに結果的にはそうなのであるが、疱瘡の罹患者は人里離れた場所に隔離されたが、潜伏キリシタンは隠れ暮らすためにそうした土地を住地として選んだわけではないのかもしれない。むしろ現実的にそのような土地にしか行き場がなく、「地下」から忌避されるような未開の地を選ぶことで先住者との摩擦を避けることが主な要因であったと考える。墓地についてもひっそりと築いて隠そうというものではなく、集落自体を結果的にひっそりとした空間に作らざるをえなかったからに他ならない。

　旧木ノ口墓所は、眺望のよい丘陵に立地している。墓地を隠すことなく、百数十年以上にわたり、管理されてきた。旧木ノ口墓所でみられるこの開放的な立地環境と疱瘡隔離地付近の墓地の奥まった環境の違いは何を意味するのか。旧木ノ口墓所は、陶磁器の年代から初期の移住者によって造営され始めた墓地であったと推定される。初期の移住者は、公的な移住協定に基づくものであり、それなりの待遇が保証された人々であったのではないか。つまり、比較的好条件の開拓地を与えられたため、あまり奥まったところに移住することなく、墓地も開けている。しかし、移住者が増加し、良い条件の開拓地が乏しくなると、奥まった土地に移住することになる。そして、先住者との摩擦が最も少ない土地の一つが「地下」が忌避する疱瘡隔離地であったのであろう。

　疱瘡墓の発掘や発見の経緯の一つが、開発行為であった。山の中を通す道路建設（黒岩墓地、元村墓地）、近代の移住者の開拓（柴山墓地）、工業団地やゴルフ場の建設や太陽光パネルのための造成によっても疱瘡墓が発見されたり、壊されたりしている。つまり、開発範囲と隔離地が重なりを見せている。外海からの移住者の開拓地が隔離地まで及んだ結果、疱瘡墓とキリシタン墓が隣り合わせとなった。信仰上の理由というより経済的・社会的な事情によって、移住地が選ばれたのである。

　このことは「地下」の居付者への警戒感を強めた可能性も考えられる。五島では没年が刻まれた墓石に限れば、十九世紀になって疱瘡墓が増加している。[90]つまり、疱瘡死者が増えている。「無痘地」で疱瘡が流行するのは、内部発生ではなく、他の地からのウイルスの持ち込みによる。移住する人が増え、交流範囲が広がると、感染症が流行しやすくなる。南河原の疱瘡小屋に大村藩からの居付が五人いたことを記した伊能忠敬らの測量日記を前にあげたが、居付の集落が隔離地の近くにも形成されたので尚更、警戒は強いものとなる。

第6節　移住の変化

移住者、いわゆる居付(居着)の過程を時期別にみていこうと思う。居付の環境の変化の画期となるのは、やはり大村藩・福江藩の間の移住協定、浦上四番崩れや五島崩れなどの幕末・明治のキリシタン弾圧であろう。そこで以下の通り、移住協定以前を第1期、移住協定から初期の公的移住期を第2期、移住が半ば無秩序に拡大していった第3期、幕末・明治のキリシタン弾圧期を第4期とする。

第1期と第2期の画期は寛政九年の大村藩・福江藩の間の移住協定、第3期と第4期の画期は慶応三年に始まるキリシタン弾圧事件である浦上四番崩れ、第4期の終末は太政官布告第六八号による明治六年（一八七三）のキリシタン禁制の高札撤廃がそれにあたるが、第2期と第3期の画期の具体的な年代を示すことはできないし、おそらく地域によっても異なるであろう。

第1期　協定前

「西海」には網目のような海域内の水運網が形成されており、その水運網によって、人々が渡って来た。記録に見られる居付の早い例としては、前に挙げたような安永年間の三井楽における大村領百姓の居付認可の事例などがある。

第2期　協定時～公的移住初期

続いて寛政九年（一七九七）に福江藩が大村藩に百姓の移住を依頼し、まず百姓一〇八人が福江島に移住している。

すなわち、「第一回の移住は、同年十一月二十八日で、六方に上陸し、奥浦の平蔵、大浜、岐宿の楠原に居着き、ご用百姓として大変優遇されたと伝えられている」（岐宿町二〇〇一）。どのように優遇されたかはわからないが、少なくとも他藩に依頼した公的移住であるため、悪い扱いではなかったと思われる。開拓する土地もそこでの生活もある程度、保証されたものであったであろう。初期の移住者や子孫たちの墓地の一つと推定される旧木ノ口墓所の立地や環境をみてもそれは理解できる。そして、その優遇を伝え聞くことが、「五島へ五島へ皆行きたがる五島やさしや土地までも」の民謡にあるような状況を生み出す一因となる。

第３期　移住拡大期

当初の予定は一〇〇〇人程度の移住であったと言われているが、それが歌のような風説に誘われるように、続々と海を渡り、三〇〇〇人ほどとなったという。公的な移住に、私的な移住であったり、いわゆる「呼び寄せ」による移住が加わったりした結果であろう。

しかし、未開拓な土地が多かったとは言え、無尽蔵に開墾可能な土地があるわけではない。当初の一〇〇〇人という数字が正確なものかどうかはわからないが、少なくとも開墾予定の土地の面積等に見合うだけの人数を想定していたであろう。そして、それが三〇〇〇人になったということは、これも正確な数字ではないにしろ、想定を大きく超えた人数であることは確かであろう。

移住協定以前の寛政五年（一七九三）五月二十一日に報告された福江領の人口の総数が二九、四五四人であったのに対し、天保十年（一八三九）五月には三五、三八三人となり、およそ半世紀弱の間に五、九二九人の増加が見られる（岩﨑二〇一三）。岩﨑はこの増加の背景に、大村領外海からの移住と、福江領における居付社会の拡大・成熟が大きく寄与していると述べている（岩﨑二〇一三）。さらにキリシタンであれ浄土真宗徒であれ、間引きを忌避する外海出身の人々の人口増加率は高かったとみえる。前に述べたように嘉永六年（一八五三）に繁敷へ六子を連れて移住した木場田利助は、最初に割り当てられた福見が狭く、新たに岐宿の中岳郷籾の木を割り当てられ、さらに川を渡り、繁敷を開拓していった（岐宿町二〇〇一）。土地不足で再移住を余儀なくされたのである。

移住者やその家族が増えるにつれて移住地の環境は劣悪化していき、先住者である「地下」との摩擦も生じ、移住者はさらに奥まった土地へ移り住んでいった。その結果、「地下」が長年、忌避してきた疱瘡患者の隔離地にまで居住地を求めていった。南河原、赤波江、頭ヶ島、前島など疱瘡墓が残る土地に潜伏キリシタンの生活範囲が重なっていった。そして、「五島へ五島へ皆行きたがる五島やさしや土地までも」が「五島へ五島へと皆行きたがる。五島極楽来てみて地獄」へと変容していった。

第４期　弾圧・迫害期

移住者にとって、さらなる受難が覆い被さることになる。一八六五年の大浦天主堂でのいわゆる「信徒発見」によって、潜伏キリシタンが自らの信仰を表明したため、キリシタンを一掃しようと、大弾圧が始まった。長崎本土では浦上三番崩れ、浦上四番崩れが起きた。江戸幕府から明治政府になっても弾圧・迫害が続いた。

外海地方からは迫害を逃れて五島に渡るものもいたが、明治元年（一八六八）には五島にも弾圧の嵐が吹き荒れた。「五島崩れ」である。「五島崩れ」の最初の弾圧事件と言われる久賀島の「牢屋の窄」事件では、わずか六坪ほどの牢に二〇〇人ほどのキリシタンが押し込められ、拷問を受けて多くの者が殉教している。こうした弾圧と迫害の話が各地に伝わる。「侍」による殺害事件もあった。明治三年のいわゆる「鷹ノ巣六人斬り」とよばれる事件である。迫害から逃れていた中野寅吉一家五人が逃亡先から鷹ノ巣（斬られが窄）に戻り、身を寄せてきた身重の妹とともに住んだが、寅吉の留守中に四人の若侍に六名が惨殺されている（有川町郷土誌編集・編纂委員会編一九九四）。

こうした弾圧・迫害に伴い、人の移動や移住が行われた。その動きは大きく二通りあり、一つは五島に先行して弾圧が行われた長崎本土から迫害を逃れて五島に渡る動きであり、もう一つは五島の島内での弾圧・迫害から逃れて、島内外に再移住する動きである。前者については、明治初年に、西彼杵半島の出津から船越地区にキリシタンが移住している（有川町郷土誌編集・編纂委員会編一九九四）。後者については、前に述べたように明治元年には福江島の奥浦村の大川仁蔵一家が非常に辺鄙な山奥であるため弾圧が及ばないと思って繁敷の山中の道蓮寺に逃れてきたが、見逃されることなく、厳しい迫害を受け、平蔵（五島市平蔵町）に戻っている。また、福江島の岐宿の物津の住民も迫害から逃れて上五島から渡って来た人々であることは前に述べたとおりである。彼らは子孫が後々まで暮らしている。さらに五島の島外に逃れた人々もいた。前に述べた上五島の福見の居付の出奔である。彼らは故地である福見から九家族が船出して、故地の外海地方やその周辺の島々に迫害から逃れている。時代に翻弄されながら、人々は「西海」の中をさまよい続けていた。

迫害によって無人化したところもある。上五島の潜伏キリシタンの頭目のドミンゴ森松次郎が移住した頭ヶ島である。この島では前田儀太夫の下で「居付」が開拓に精を出していたが、キリシタンが捕えられて、明治元年十一月二十六日、友住に引き立てられ、厳しい拷問を受けた。彼らは島に戻っても監禁されたが、監視の目を盗んで島から脱出し、頭ヶ島が無人島と化したという（有川町郷土誌編集・編纂委員会編一九九四）。なお、『五島編年史』には、明治二年（一八六九）八月、三村小六兵衛・平田右八郎に誓紙を奉呈して改宗した者、男一八名女二二名計四〇名とあり、福江藩の異宗徒改宗帖には、「有川村内頭ヶ島居付、明治之戊辰ヨリ異宗信仰ノ処、同ニ巳八月改宗八戸四一人」と記されている（有川町郷土誌編集・編纂委員会編一九九四）。

こうした弾圧と迫害は、明治六年（一八七三）のキリシタン禁制の高札が撤廃されるまで続いた。しかし、明治憲法によって信仰の自由が認められたものの、キリシタン、居付への差別はその後も根強く残った。差別だけでなく、弾圧も行われた。木場田は戦前の高等小学校時代に教員がキリスト教を「外道」と称し、木場田自身も「国賊」とよばれ、体罰を受けたことを著している（木場田一九八五）。太平洋戦争に突入すると、長崎教区内では、外国人司祭や修道士が抑留され、聖母の騎士修道院や聖マリア学院が抑留所となり、警察と憲兵の監視の下に迫害に耐えた。そして、日本人司祭も次々と抑留され、中には長期間にわたって、長崎警察署に抑留された神父もいたという。まさに「昭和期の弾圧」

（木場田一九八五）であった。

註

（74）他に安政二年（一八五五）建立の法家祖父地蔵などがある（富江町郷土誌編纂委員会二〇〇四）。
（75）https://waseda.repo.nii.ac.jp/records/32269
（76）内訳は中野村（一七戸・一〇四人）、宝亀村（七二戸・二八六人）、紐差村（四四戸・二三五人）、古田村（八戸・四二人）、黒島（一九三戸・一二六六人）、小値賀島内（八〇戸・二九九人）である。
（77）「七月廿七日、大村領ノ百姓、家主十四人（内、漁夫一人）、惣人数七十八人（切支丹ナラン）、捨往来ヲ持参居付願出シカバ、之ヲ三井楽淵之元ニ置ク」（『五島編年史』）
（78）「異宗徒人口戸数并死生出奔調目録　福江藩」により、明治五年（一八七二）、福江藩は一五〇〇人に及ぶカトリック信者が、近世期から大村領からの居付百姓がいた各所に存在していたことを把握していることがわかる（岩﨑二〇一三）。
（79）三重の誤記の可能性がある。同様に大村領内の天野（一軒）も外海の大野の誤記である可能性がある。
（80）水ノ浦には浜端姓の住民はいるが、浜崎姓の住民はおらず、誤記とみられる（岐宿町二〇〇一）。
（81）阿部律子は、前田家は支配者であり、なおかつ仏教徒であるにもかかわらず、キリシタンへの理解もあったのではないかと指摘している（阿部二〇一四）。
（82）『富江町郷土誌』（二〇〇四）には「奥浦福見」、『岐宿町郷土誌』（二〇〇一）には「岐宿の福見」とある。
（83）現在の繁敷ダム左側周回道路の下、堤防から約一〇〇㍍先にあったという（岐宿町二〇〇一）。
（84）https://www.city.goto.nagasaki.jp/sekaiisan/li/010/110/20190202143313.html（二〇二一年四月二十六日更新、二〇二四年五月二日閲覧）
（85）閉堂してから三年経った二〇二四年四月の訪問時も清掃が行き届いた状態であった。
（86）教会堂に司祭（神父）が常駐せずにミサの時だけ訪れる教会。
（87）キリシタン信者の転宗者。

（88）キリシタン本人の特定の範囲の親族。
（89）小田窯では明和年間に陶磁器生産が始まるが、短期間で終わった可能性が高く、寛政九年の公的移住以後に造営された墓所で使用されたものは少ないとみられる。
（90）大村藩の波佐見などでは没年を刻んだ墓石を用いるようになるのは十七世紀後半頃からであり、没年を刻んだ定型化した墓石が一般化するのは十八世紀以降である。

終章　周縁海域の交流―内と外―

「肥前磁器窯業圏」の磁器窯跡、「無痘地」の疱瘡墓、「長崎と天草地方の潜伏キリシタン関連遺産」のキリシタン集落。一見、つながりが見えない三つの分布範囲がこの海域に重なっている。地勢的な条件を共有しているものの、それぞれ分布が形成された要因は異なっている。これらの形成要因についてそれぞれまとめてみよう。

第1節　外界からの技術

世界的に見ても日本列島のやきものの歴史は長い。その大半は窯を使わない時代であった。付け加えるならば、轆轤も使わない時代であった。そして、新しい「窯」はいつも外の世界から渡ってきた。第1章で述べたように、古墳時代の須恵器の窖窯、文禄・慶長の役前後の登り窯、そして、明治時代の石炭窯がそれぞれ外来のヒトとともにモノとして伝わった。文禄・慶長の役前後の登り窯とともに伝わった技術の産物の一つが、磁器であった。

「肥前磁器窯業圏」の磁器窯跡は、その産物である磁器を焼成した近世の登り窯の跡である。磁器はどこででも焼けるものではなかった。もともと磁器は中国の特産であり、朝鮮半島経由で日本に技術が伝わり、国産磁器が焼かれるようになったのは、十七世紀初めのことである。日本でも磁器を焼くことができた地域は限られており、十七世紀中頃以降、江戸時代中期以前においてはほぼ肥前地域の磁器が市場を独占していた。十七世紀中頃から後半にかけて、九谷（石川県）や姫谷（広島県）に技術が伝播したり、肥前地域に比較的近い九州地方のいくつかの窯場で焼かれたりすることはあったが、市場に大きな影響を与えるものではなかった。同じく朝鮮半島の技術を源とする窯場においても多くは陶器を中心に生産を続けた。陶器ほど磁器の生産が広まらなかった大きな理由の一つは、陶器と磁器の原料の違いである。肥前では陶器は土で作られ、磁器は石で作られる。陶器は比較的広く分布する粘土で焼成が可能であるが、磁器の原料である「陶石」を産出する地域は限られていたためである。

代表的な磁器原料は、有田の泉山陶石、波佐見の三股陶石、佐世保の網代陶石など肥前の主要磁器生産地付近の原料産地と熊本県の天草陶石であるが、その他にも嬉野（吉田陶石、不動山陶石）、五島（繁敷陶石、田尾陶石）、対馬（対州陶石）などがあり、「西海」は磁器原料にとても恵まれた地域であった。存続期間の長短の違いはあるが、それぞれ磁器生産地が存在した。言い換えれば、磁器窯跡の分布は陶石の産出範囲に包摂されていた。

大陸に近く、海の十字路であった西海は、外界から技術を導入しやすい地域であっただけではなく、陶石を産出するという地理的・地質的条件が重なったことで、磁器生産が盛んになり、磁器窯が分布することとなった。その痕跡を私たちは目にしているのである。

そして、十八世紀中頃より天草陶石が広域的な商品として流通するようになり、その後、磁器の生産技術が広まることで十九世紀には磁器窯の分布が広がるが、「西海」の分布の密度の高さを維持したまま、やがて近代を迎えた。

第2節　水際としての防疫

人間が移動すれば、ウイルスも移動する。交通の発達とともに、人間の活動範囲が拡大すれば、ウイルスもまた広い世界を手にすることとなる。大陸の陸の道を通して天然痘ウイルスは、「旧世界」に広がり、大航海時代になると海の道を渡って、「新世界」にまで広がっていった。天然痘ウイルスは種痘の普及によって撲滅されたが、人間とウイルスとの戦いが今も続いていることは、新型コロナウイルスの例をあげるまでもなかろう。新型コロナウイルスの場合は空の道によって瞬く間に世界中に広がった。人間が手に入れる高度な移動手段はそのままウイルスの手にも渡る。極めて厄介な戦いである。

人から人へ感染する病気であることがわかれば、人と人を引き離すことを考えることは当然である。それが差別を生み出し、人権を犠牲にすることがありうることを私たちは知っているが、一方で最も効果的な予防方法であることも確かである。

そして、隔離が最も効果的な場所は、外の世界との境界である。外部との接触の少ない「天然の無痘地」などは内と外が別世界であり、その境界が明確である。感染者が出ること自体が稀であるため、日頃の生活において対策をとることは少ないが、一旦、感染者が出た際には非常事態としてあらゆる隔離の手段が講じられる。「奥の蝦夷」では集落ごと感染者から離れて山に逃げ込むようなことも行っている。

一方、五島、大村、天草などの「西海」は隔絶された地域ではなく、外の世界との境界が明確ではない。確かに五島は離島であるが、毎年のように海外からの船が漂着する島嶼群であり、外海地方とは密度の高い水上交通網があった。そして、福江には城下町もあった。大村は城下町を有するだけでなく、当時の大都市長崎と隣接する地域であり、長崎街道によってつながっていた。「人工の無痘地」でも感染者が出ることが非常事態であることに変わりはないが、ある程度、想定内の事態であった。前に述べたように、長崎で疱瘡が流行しているという状況に接する度に大村では感染予防の対策が取られており（香西二〇一九）、ウイルスの侵入に対する警戒は常にあった。天草などでは隔離施設の立地条件や規模、材質なども決められているように、感染者が出た場合のマニュアルも確立されていた。

それでは、必ずしも外の世界との境界が明確な地域ではないこれらの地域がなぜとりたてて「無痘地」として形成されたのであろうか。歴史上の成り行きというほかないのかもしれないが、一つはこの地域が当時の日本全体からみた時の「水際」であることも関係しているのではないかと思う。つまり、巨視的には、「西海」は日本列島と外の世界の境界、すなわち水際に位置している。

例えば、現代の日本の疫病としての水際と言えば、国境線ではなく、海外からの玄関口にあたる空港や港である。新型コロナウイルス流行時にはこの水際で多くの対策が取られたが、その基本はやはり「隔離」である。ウイルスは水際を越えて入り込もうとするものだからである。ウイルス（感染者）を検出し、その隔離を徹底させることで、国内にウイルスが入り込まないようにした。水際での基本的な対策である。

「無痘地」以外であっても患者の隔離はある程度は行われるものであるが、もともとウイルスが外からやってくる水際では、他地域に比べて隔離を徹底させる習俗がつくられたのではないか。そして、山がちで入江が深く、また離島も多く、隔離を容易に可能にする地形もあった。日本国内で頻繁に疱瘡が流行するようになり、ウイルスは外からやってくるものではなく、国内からやってくるようになっても、この海域では伝統的な習俗がそのまま共有されながら残ったのではないか。そのため、江戸後期を中心におびただしい数の疱瘡墓がこの「西海」に残されることとなった。

人工的に「無痘地」をつくりだす政策はいずれ破綻することが明らかであった。しかし、それは幸運なことに種痘の開発と普及によって救われたのである。それに大きな貢献を果たしたのが「無痘地」のありさまを常に見てきた大村藩医の長與俊達であった。

第3節　周縁に潜む信仰

技術、疫病と同様にキリスト教も海を渡ってきた。「西海」にはキリシタン大名・武将が多く誕生した。日本初のキリシタン大名と言われ、長崎を開港した大村純忠をはじめ、大村喜前、有馬義貞・晴信・直純、宇久純尭・五島純玄、天草鎮種・種元・久種など多くの大名や武将が洗礼を受けている。大友宗麟、大村純忠や有馬晴信の名代として派遣された天正遣欧少年使節団のうち、千々石ミゲル、中浦ジュリアン、原マルチノの三名は「西海」の少年たちであった。キリスト教は民衆の間にも浸透していき、キリシタン墓が各地に築かれていった。

図186　大浦天主堂（長崎市）

このようにキリスト教伝来後、権力者の庇護を受けながら布教が進む時代もあったが、やがて禁教時代となり、信者たちは長い潜伏を余儀なくされた。江戸幕府による慶長十七年（一六一二）および十八年の禁教令から元治二年（一八六五）年の大浦天主堂（図186）における「信徒発見」まで、およそ二五〇年もの間の長い潜伏であった。

大橋幸泰は、長い潜伏を可能にしたキリシタンの内在的要因をいくつか挙げている。強靭な信仰心にそれを求めることはあり得るとしても、それだけではなく、混淆宗教を意味するシンクレティズム[91]、そして、信仰共同体としての組織の存在があったとしている（大橋二〇一四）。そこで「西海」にキリシタンが長らく潜伏し、キリシタン集落を形成した要因について考えると、まずキリシタンの絶対数が他地域に比べて多かったことが挙げられるであろう。それは禁教までの時間に行われた布教の広がりと深さによるものであろう。絶対数の多さは、信仰共同体としての組織の形成にもつながる。また、潜伏しやすい地形的な要因もあろう。五島への移住前、多くのキリシタンは外海地方に潜伏していた。外海地方の五島灘（角力灘）に面した西海岸は断層崖であり、切り立った崖が連なっている。まさに「西崖」である。平地は乏しく、小河川の下流部にわずかに広がるのみである。今は西海橋・新西海橋の架橋によって、長崎市と佐世保市を結ぶ道路が半島を縦断しているが、かつては文字通り、「陸の孤島」であった。こうした地形が潜伏を助けたことも容易に想像できる。

そして、もう一つはやはり「西海」自体が日本本土の周縁であるためでもあろう。周縁であるがゆえに、外来の宗教が早くに伝わり、広まったわけであるが、周縁であるがゆえに潜伏を可能にした面もあろう。ただし、これは中央から遠いため目が届かないという単純なものではない。木村直樹は、幕府や藩がキリシタン禁制政策を、形式的に全国画一で実行し、また潜伏していた側もそれを形式的に受け入れることで、キリシタンでないことが証明されたことになり、形式的に処理されることで、禁教する権力

図 187　五島列島のカクレキリシタン分布図（長崎県教委 1999）

側も深いキリスト教への理解がなくなっていったとしている（木村二〇二三）。その上で十八世紀以後幕末に至る時期まで、本当に幕藩体制にとって大勢を揺るがす真の脅威と認識されていたのか、キリシタン禁制の意味の変容を考える必要があるとも述べている（木村二〇二三）。実際に後に述べる「天草崩れ」では、大量の潜伏キリシタンの存在が発覚したものの、「異宗」扱いで済ませている。そして、安高啓明は江戸幕府が築いていた寺請制度や絵踏（影踏）、類族改などが形骸化して、潜伏キリシタンは日常生活や生活環境に連動させた信仰形態を築いていたとする（安高二〇二三）。しかし、脅威に対して無策になったというわけではなく、文政十年（一八二七）、京大坂では潜伏キリシタンではない「異端的宗教活動」が「切支丹」として摘発され、処刑されている（大橋二〇一四）。宗教の内容とは関わりなく、為政者側にとって脅威とみなされたものが「切支丹」とされている。

周縁である「西崖」で生活する人々の「異宗」に「大勢を揺るがす真の脅威」は感じられず、禁教政策が形式化・形骸化する中で、それに対する潜伏キリシタンの対応もまた形式化、日常化していったのであろう。そして、形式化したものを壊す契機となったのが、幕末・明治の弾圧につながる「信徒発見」なのであろう。

幕末・明治の弾圧・迫害の中を生き延びて、禁教高札の撤廃により潜伏するキリシタンたちはいなくなった。禁教時代の「異宗」を継続してカクレキリシタンとなった人々もいたが（図187）、多くはカトリック教徒となっていった。そのための教会が「西海」に次々と建てられていった。

第４節　技術、疫病、信仰をめぐる人々

文化年間は、技術、疫病、信仰をめぐるヒトとモノが濃密に往来した時代であった。そして、その往来の道筋の紐を手繰った先の一つは天草の一人の人物であった。本節ではその人物の日記をもとに周縁海域内外の交流の姿を述べようと思う。

技術や疫病、信仰が海を渡る航跡は残らないが、文字や伝承の助けを借りることで、これらが海域を行き交い交流する姿を動態として知ることができる。海域の交流もつきつめれば、ヒトの接触である。モノもヒトによって運ばれる。目に見えるモノだけでなく、技術や疫病、信仰といった目に見えにくいものもヒトがもたらすものである。

天草高浜の庄屋であった上田宜珍は、技術、疫病、信仰のいずれの往来、接触や交流にも関わっている人物である。本書ではあまり触れなかったが、天草における潜伏キリシタン発覚に伴う「天草崩れ」に対処し、第1章で述べたように福江島の富江に弟礼作らを派遣し、八本木に窯場を興し、第2章で述べたように疱瘡が流行した「すわ慶助崩れ」も乗り切っており、その際、疱瘡退散の祈祷の小値賀の野崎島への依頼文も書いている。これらの出来事を時系列で追い

ながら、行き交う技術、疫病、信仰の有り様を述べて本章を閉じることにする。

現在、東京国立博物館に真鍮製の踏絵が一九枚所蔵されている。元々は寛文九年（一六六九）に長崎奉行所が二〇枚制作したものであるが、五島の富江領に貸し出した際に紛失してしまい、一九枚のみが現存している（安高二〇一八）。貸し出されたのは文化二年（一八〇五）二月六日のことであり、五島への帰帆中に紛失したようである。その捜索のため、天草の宜珍のところにやってきている。『上田宜珍日記』（平田一九九八）には次のように記されている。

文化二年二月二十五日
一五嶋富江御船壱艘相見候処　当月六日長崎御奉行所ゟ　宗門絵板御借受被成御帰帆之節　行方不相知候ニ付尋ニ薩州迄御通船之由　御船奉行久保善左衛門殿御子息久保転殿と申仁被参候由　礼作申出候（後略）

つまり、「宗門絵板」を紛失後、捜索のため薩摩行きの船に船奉行親子が乗ってやってきて、宜珍の弟である礼作が対応したとある。後に礼作は富江に渡り、窯場を興したことは第1章で述べたとおりである。

結局、「宗門絵板」は行方知れずのままとなったが、天草では同じキリシタン関係で大きな露見が起こった。関わりがあるのかどうかわからないが、「宗門絵板」を捜索に来た日のわずか四日後の二月三十日に代官所に庄屋が招集され（平田一九九八）、翌月大江村、﨑津村、今富村、高浜の諸村でキリシタン信仰が露見し、検挙されるという事件が起こった。いわゆる「天草崩れ」である。四村の人口一万余人の中、半数にあたる五、二〇五人の村民がキリシタン容疑で捕えられている。次のように同年六月には山方役や志岐大庄屋が大江村より船で高浜村にやってきて取り調べが始まっている（平田一九九八）。

文化二年六月一日

一江間新五右衛門殿[92]平井為五郎殿[93]御上下四人　大江村ゟ舟ゟ御越　当村百姓共之内　宗門心得違之者御調子御仕
懸リ　別紙相記シ有之

そして、その結末はと言えば、大量の潜伏キリシタンの存在が発覚したものの、彼らはあくまで「異宗」を信仰する者たちであって、「切支丹」とは認定されなかった。改めて絵踏みを行うことで、全員「異宗」を回心したとみなされて文化三年（一八〇六）八月に決着している（大橋二〇一四）。それは島原藩が庄屋・大庄屋を通じて丁寧に百姓に利害を説きながら村方での吟味を進めた結果であった（大橋二〇一四）。もちろん、庄屋である宜珍は探索し、吟味する側であり、後にこの時の対処によって褒賞を受けている。

「天草崩れ」があった文化二年の前半期は慌ただしく、同年四月には五島の富江領より陶工の派遣依頼があった。前に述べた「宗門絵板」捜索の際に対応した礼作らを同年閏八月に富江に派遣し、八本木に窯を築かせている。富江領内で最初の磁器窯である。天草高浜の上田家は、天草陶石の販売だけでなく、自ら高浜川上流の「皿山」で磁器を生産しており、宜珍はやきものづくりのあるべき姿を説いた「陶山遺訓」や使用人との間に「陶山永続定書」を取り交わしている。天草高浜は対外的には磁器原料である天草陶石とともに、磁器の生産技術の供給源にもなっていたのである。

そのため、「西海」以外の地域からも陶工が技術を学びに来ている。その一人が瀬戸の磁祖、加藤民吉である。ちょうど礼作らが富江の繁敷で八本木窯の磁器生産にとりかかっている頃である。以下は、民吉が三年間ほどの平戸藩での修業を終えて、天草に戻って来たことが書かれた『上田宜珍日記』の一節である（平田一九八九）。

文化四年四月二十三日
一尾州春日部郡瀬戸村焼物師民吉平戸ゟ参　此者去子年（文化元年）東向寺ゟ御頼ニ付　皿山江召置　同年平戸
皿山江罷越度同寺ゟも御添書被仰越候故任其意候処　平戸佐々村市ノ瀬山ニ三ヶ年滞留罷在　当節国元ゟ呼状

図188　佐々市瀬窯跡（長崎県佐々町）

到来候ニ付近々帰国之積之由　先年之恩義も有之事ニ付　肥前皿山ニ而見覚候
事伝授致候存寄ニて立寄候段申之候　上薬青地等之事承候処尤之様子ニ相聞候
且赤絵錦絵手伝授之義頼出候ニ付　一両日中礼作内野ゟ罷帰候上　書付相渡可
申と申達置候
一平戸佐々村市ノ瀬山福本仁左衛門ト申仁之方へ三ヶ年滞留　焼物方見覚候由
一尾州瀬戸村焼物山往古加藤四郎春暁開発之由　民吉父加藤吉右衛門　兄吉之助
弟弥三郎ト申由

加藤民吉は尾張の瀬戸村の陶工であり、子年（文化元年）に天草の東向寺から頼まれた者であった。最初は高浜焼の皿山で預かり、その後、平戸藩の佐々村（長崎県佐々町）の市ノ瀬山（図188）の福本仁左衛門の元に三年間滞在し、肥前の磁器作りを学んでいたが、瀬戸に戻ることとなり、天草に立ち寄ったというものである。帰国にあたって赤絵（上絵付け）の技法も学ぼうとしている。伝授を任せる者として、礼作の名前がまたここでも見られる。

磁器生産の本場で技術を学ぶために民吉が滞在した佐々の窯場は、第1章であげた寛政年間の『近国焼物山大概書上帳』にも記されている。それによると十八世紀末に天草陶石のみで磁器を生産していた肥前の「筒江皿山、志田皿山、濱皿山、吉田皿山、さざ皿山」の窯場の一つであった。つまり、天草陶石の販売先であった。陶石の販売網が人脈にもなっていたのであろう。販売網が人脈となり、人脈が技術の道となった。

そして、『上田宜珍日記』にあるように、民吉は文化四年（一八〇七）に上田家に戻った後に瀬戸へと帰っているが、この民吉の「西海」での技術修得と瀬戸への技術伝播はその後の国内磁器生産事情を大きく変えることとなる。それまで有田や波佐見を擁する肥前地方が磁器生産の中心であったが、瀬戸での磁器生産の本格化によって、やがて主役の地位を譲ることとなる。ちなみにその三年後、磁器の生産技術だけではなく、測量技術も海を渡ってきた。伊能忠敬が文化七年（一八一〇）に天草の測量を行った際、宜珍は附廻り役を務め、測量技術を学んでいる。その技術は文化十一年（一八一四）の高浜大火後の村復興に役立ったと言われる。

続いて民吉が瀬戸に帰った文化四年の暮れ、宜珍が庄屋を務める高浜村を疫禍が襲った。第2章で述べた疱瘡流行である。慶助の葬式の参列者が次々と疱瘡にかかり、「すわ慶助崩れ」を起こした。発病者の隔離施設である山小屋、濃厚接触者を待機観察させる除小屋を設けたり、発病者等を他国などで治療したり観察したり、さまざまな対策をとり、八〇名以上の死者を出しながらも翌年までに終息させた。宜珍はその記録をつぶさに日記に認めており、およそ半年にわたる疫病との戦いを私たちに伝えてくれている。疱瘡の患者数、死者数、濃厚接触者数などの報告は、現代のコロナのそれを見ているようであり、過度な表現もなく、誇張をおさえた記載は、疫病への対処の必要十分な記録情報となっている。

わずか数年の間に、キリシタン信仰が露見した「天草崩れ」（一八〇五〜六）、技術伝播の「八本木皿山」（一八〇五〜一五）、疫病の災禍に見舞われた「すわ慶助崩れ」（一八〇七〜〇八）に対処している。こうしてみると、文化年間は天草においては激動の時代であった。技術、疫病、信仰が行き交っている。その中心の一つが上田宜珍その人であった。宜珍自身は天草を出ていないが、「八本木皿山」では弟礼作らを富江へ派遣して技術提供を行い、「すわ慶助崩れ」では野崎島へ祈祷依頼するなど、「西海」の中の海を介した交流や往来があった。そして、西海の中だけでなく、加藤民吉（一八〇四、一八〇七年来訪）や伊能忠敬（一八一〇年来訪）などが訪れ、技術を伝え、あるいは学んでいる。技術、疫病、信仰が交差した時代であり、土地であった。

そして、ちょうどその頃、文化を迎える数年前に結ばれた福江藩と大村藩の間の移住協定により、多くの潜伏キリシタンを含む大村藩の百姓が海を渡っていったことは第3章で述べたとおりである。[94]「西海」にさらに多くのヒトとモノが行き交い、次なる激動の幕末・明治の時代に向かうことになる。

註

（91）異なる宗教文化が接触して生まれる文化的状況のこと。

（92）山方役

（93）志岐大庄屋

（94）例えば、文化年間にも百人の移入者を大村家に乞い受けている（有川町郷土誌編集・編纂委員会編一九九四）。

おわりに

近世の「西海」は想像以上ににぎやかであった。肥前本土の磁器生産の技術は、天草や五島へと渡り、天草の陶石は肥前各地に流通した。天草の陶工の一団は五島に渡って山間の集落の開発とともに窯場を築いた。漁民も盛んに往来していた。西海の地域内だけでなく、紀州など本州の漁民が「五島通い」を行い、中には住み付き、今の集落の礎を築く者たちもいた。大村藩と福江藩の間に移住協定が結ばれた後はさらに人々が往来した。イツキと呼ばれた人々が新天地で新しい社会を作っていった。彼らの多くは潜伏キリシタンであったため、やがて弾圧も海を渡ってきた。その他、多くの漂着船が示すように唐人、朝鮮人、薩摩人、琉球人が五島に辿り着いている。また「西海」では特定の人々の死後の扱いも共有されていた。疱瘡に罹り亡くなった人々は死後も隔離されたまま埋葬された。「西海」一円にその墓域が広がっている。疱瘡に罹った人々は山奥や海岸、離島に押し込められただけではなく、海を渡って他国で養生する者もいた。退散祈祷のため海を渡る者もいた。「西海」は技術、疫病、信仰が行き交う海であった。

技術、疫病、信仰の証が広がるそれぞれの空間は「西海」において大きな意味でも小さな意味でも重なりをみせている。巨視的には分布範囲が似通っていて、微視的には人々の生活範囲が重なっている。例えば、新たに築かれた窯場のある繁敷に潜伏キリシタンが移り住んできたり、疱瘡の隔離地の近くに潜伏キリシタンの集落が形成されたりしている。あるいは疫病が流行したことによって、禁教政策による絵踏みが免除されるといった不測の事態のような関わりもあった（安高二〇一八）。しかし、技術、疫病、信仰のそれぞれの世界に強い結びつきや関わりがあったわけではない。技術が疫病や信仰を生んだわけでも、技術や疫病が信仰の結果というわけでもない。それぞれ別の歴史的な成り行きの中で形成された空間である。

しかし、それらは共通の背景をもっていると言えなくもない。それは外部からみた「玄関」であり、国内の「水際」、「周縁」といった「西海」の地理的・歴史的な特性である。玄関であるがゆえに技術や宗教がもたらされ、水際であるがゆえにウイルスなど招かれざるものの侵入を防ぐ強固な対策がとられ、周縁であるがゆえに潜伏キリシタンなどの人々が隠れ留まった。

そして、近代になると、窯業も近代化を迎え、薪を燃料とした「登り窯」から石炭など化石燃料を用いる窯へと変わっていった。以後、窯業は各生産工程がそれぞれ近代化されていった。疱瘡を徹底して遠ざけてきた無痘地も種痘の普及により隔離政策が終わった結果、「疱瘡墓」の機能もなくなり、忘れられていった。また、禁教が解かれると、キリシタンの潜伏もなくなった。「潜伏キリシタン墓」からカトリック墓へと変わっていった。

手技のような技術、ウイルスや細菌による疫病、心の中にある信仰など、それ自体は形を持ちにくいものではあるが、「副産物」や「付帯したもの」を生み出した。技術は道具や窯などの施設の跡を残し、疫病は墓を生み、信仰もまた墓や集落を形あるものとして伝える。それらは近世の「西海」の海域を行き交ったヒトとモノの証である。「西海」にはその証が散りばめられている。

あとがき

西海、とりわけ五島の海は美しい。その中でも玉之浦の大瀬崎の断崖から海を望む景色はまさに西崖であり、最も好きな風景の一つである。編著者も海辺の町で育ったが、やはり海の青みが違う。西海の歴史に関心を持ち続けている理由の一つはこの引き込まれそうな魅力的な深い青みであるかもしれない。海辺に面したかわいらしい教会もよいし、島ちゃんぽんも飽きない。長く通っている割に知り合いはそう多くはないが、五島の人はやさしく、心地良い。学生を連れていくことが多いこともあって、島の世界に溶け込むほどには近づかず、島外者として定期的に淡々と調査に訪れる感じではあるが、少しずつ青みに引き込まれながら調査を続けている。

編著者が初めて「西海」の調査を行ったのは、長崎県本土部であり、一九八七年の波佐見の畑ノ原窯跡の出土遺物の整理作業であった。とりわけ陶磁器に関心があるわけではなかったが、恩師の佐々木達夫先生に連れられて波佐見まで出かけた。文字通り、朝から晩まで出土陶磁器の実測を「陶芸の館」で行った。その二年後に波佐見の隣町の有田の歴史民俗資料館に勤務するようになり、今度は有田の窯跡の発掘調査を毎年、続けることになった。毎年、三～四か所の窯跡を発掘したことは、今思えば貴重な経験であり、その後の私の研究の基礎となったと思っている。

そして、編著者にとっての初めての五島列島は、小値賀島の山見沖海底遺跡の潜水調査であった。その後も同じ小値賀島の前方湾海底遺跡（小値賀町）、坂本龍馬がグラバー商会から購入し、暴風雨により潮合崎で沈んだワイル・ウエフ号（新上五島町）の調査、福江島の水中遺跡調査（五島市）など、水中考古学に関する調査で出かけることが多かった。海辺から海を見るのではなく、海から人々の営みを見る視点を得たように思う。

二〇一六年からは福江島の五島焼の調査を始めた。以来、毎年、研究室のゼミ生とともに福江島の富江の窯跡の調査を行っている。二〇一六年は田ノ江窯跡測量調査、富江歴史民俗資料館所蔵の田ノ江窯跡や八本木窯跡の採集遺物の調

査、二〇一七年は八本木窯跡測量調査、福江島内の古窯跡群分布調査、二〇一八年～二〇一九、二〇二一年は田ノ江窯跡発掘調査（二〇二〇年はコロナ禍のため測量調査のみ）、二〇二二～二〇二四年は八本木窯跡発掘調査を行っている。その他、五島焼に影響を与えた天草地方や讃岐地方の窯場の調査も行っている。これらの調査成果については第1章で述べたとおりである。

続いて、二〇二〇年に波佐見の疱瘡墓の調査を行った。その調査を契機に共著者の賈文夢とともに、大村、五島、天草地方の天然痘（疱瘡）で亡くなった人々の墓の調査を二年間にわたって行った。波佐見、時津、大村、長崎、奈留島、中通島、頭ヶ島、福江、富江、天草、南島原など、西海をぐるりと調査して回った。アプローチしやすいところもあったが、奥深い山や切り立った崖下の海岸など、来るものを拒むような場所も少なくなかった。コロナ禍の最中に行ったこともあり、数百年前の天然痘禍を身近に感じることができた研究であった。これらについては第2章で述べたとおりである。

そして、二〇二四年には大村領から五島に渡った人々の移住先の島々や集落、そして、その後に建てられた教会群を踏査した。五島は「国境の島」であり、他の離島と同様に過疎化が進んでいる。消滅しつつある集落もあり、信者の減少による閉堂を迎えた教会もある。調査の度にお世話になっていた商店や食堂も一軒一軒姿を消している。おそらくこの流れが止まることはないであろうが、一方で新芽が芽吹くように新しいスタイルの店も生まれている。第3章では十九世紀の人の移動と人口の変化についても述べたが、現在もまた急激な変化を目の当たりにしている。さまざまな理由によって人々は周縁に流れ着き、時には押し寄せる人波によって周縁に集落や人々が増加していったが、波頭が崩れた後の引き波のように人々をこの地から連れ去っている。
初めての「西海」調査から四〇年近くの時間が過ぎたが、まだまだ研究は続く。私自身の残りの研究生活の何割かはこの「西海」の海域交流の解明に費やしたいと考えている。
本書を上梓するにあたり、妻の美千子に心から感謝したい。常に物心両面にわたって支えてくれている。また、少し離れた土地で暮らす息子夫婦にも感謝したい。元気に暮らしているだけで私の支えである。同じく離れて暮らす父母にも感謝しよう。何より好きなことをして生きていくだけの体と心を与えてくれた。そして、雄山閣編集部の羽佐田真一さんには刊行までの時間が限られた中、大変お世話になった。共著者ともども御礼申し上げる。

編著者　野上　建紀

本書を刊行するにあたり、両親に深く感謝したい。海外に留学させるために多大な努力をしてくださり、この貴重な機会があったからこそ、私は異なる文化や価値観に触れ、視野を広げることができた。両親の信頼と支えが、私の成長の大きな原動力となった。

著　者　賈　文夢

謝辞

「西海」の研究にあたってはこれまで多くの方々のご指導とご協力をいただいた。芳名を記して、謝意としたい。

佐々木達夫、大橋康二、渡辺芳郎、中野雄二、関根達人、溝上隼弘、山口浩一、盛山隆行、松下久子、韓盛旭、Nguyen Thi Lan Anh、Nguyen Quynh Trang

小田昌広、鍋内千亜喜、出口健太郎、中村秀記、春野太一、山﨑健、山本一伸、松田朝由、岩下邦明、相良俊則、貞方義男・清子、故山下徳己、山下與一、山口与志人、野口博文、尾﨑克厚、竹野市朗、永冶克行、阿野さなえ、門原智代美、山下寿子、塚原博、魚屋優子、平田賢明、寺田正剛、片多雅樹、中尾篤志、大野安生、柴田亮、田島陽子、下田章吾、原口聡、内田まるみ、竹田ゆかり、中尾陽介、宇土靖之、中山圭、上田万里子、田中光徳、田橋誠、立石光徳

王維、賽漢卓娜、木村直樹、才津祐美子、植野律子、石橋春奈、椎葉萌

平川梨乃、藤澤汐里、瀬戸暁加、岡田淳希、齋藤優次郎、金城康哉、福島雄平、本多夏聴、神田希、本田涼香、前川智英、新垣咲希、川畑容、山口友香、長岡南美、弓場春佳、児玉菜摘、藤川恵蘭、古川麻菜美、加藤緋香理、石松佐織、本田貴子、秋月冬楓、仲宗根理希、林理一朗、三根茉佑子、村山由貴、與儀日呂扇、沖真優子、満生凛良、石井勝吾、山浦咲良、川上智輝、久具仙果、谷口暖乃、友岡梓、廣瀬友葵、古川勇魚、三木崇平、下地隆弘、関本航明、上村香都乃、秦望恵、田中正幸、永里謙汰、盧爍霏、川島絹加、山下輝、平山彩乃、岡田あさひ、奥野華有、中村駿斗、古賀新之助、田口玲蘭、田﨑のの瑚、西陽那、西口優子、野下遥路、藤田史歩、古堅鈴乃、末廣万葉、杉本駿、三池温大、南桂アレン、瀬名波佳、髙永鈴佳、矢野来羽、山﨑怜愛、邵媛玉、馮曦君、Sangtian Chaowanasai（敬称略、順不同）

五島市教育委員会、五島市教育委員会富江支所、五島市シルバー人材センター、とんめ成章館平成塾、小値賀町教育委員会、

さぬき市教育委員会、上田陶石合資会社、佐賀県立九州陶磁文化館、有田町歴史民俗資料館、波佐見町教育委員会、佐世保市教育委員会、民宿としまる、旅館わらじ舎、一平、大河内酒店さけ市富江店、さんさん富江キャンプ村、高崎食堂、埋蔵文化財サポートシステム

文献目録

相川忠臣　二〇一八「天然痘―地方病から地球規模の病気へ、そして根絶へ―」『天然痘との闘い　九州の種痘』岩田書院　一六―二〇

阿部律子　二〇一四「頭ヶ島の開拓者たち」『長崎県立大学経済学部論集』第四八巻第三号　三五―六〇

網野善彦・安志敏・下川達彌・立平進・上野武・高橋公明・白木智・伊藤亜人・北見俊夫・香月洋一郎・生田滋・柴田恵司　一九九二『東シナ海と西海文化』海と列島文化4　小学館

有田町史編纂委員会　一九八五『有田町史　陶業編Ⅰ』

有川町教育委員会　一九九六『頭ヶ島白浜遺跡』有川町文化財調査報告書第1集

有川町郷土誌編集・編纂委員会（編）　一九九四『有川町郷土誌』

生田滋　一九九二「スペイン帝国領「日本」の夢」『東シナ海と西海文化』海と列島文化4　小学館　四四三―四七八

池田直温　一八六一『牛痘弁非』

池田榮史　一九八七「天草近世磁器窯考―熊本県天草郡苓北町内田皿山窯跡編―」『國学院大學考古学資料館紀要』第3輯　國學院大學考古学資料館　一九一―二〇八

池田榮史　一九八九「天草近世磁器窯考―熊本県天草郡天草町下津深江窯編―」『國學院大學考古学資料館紀要』第5輯　國學院大學考古学資料館　一六二―一七七

泉澄一　一九九〇「文化・文政期の対州（対馬）窯をめぐって」『関西大学東西学術研究所紀要』二三　一―四二

磯田道史　二〇二〇『感染症の日本史』文春新書

犬塚泉　二〇一七「名もなきいしぶみ被曝無縁仏をめぐって　上・中・下」（『長崎新聞』二〇一七年三月七・八・九日掲載）

入江庄一郎　一九七六『みみらく史考』商業界

岩崎義則　二〇一三「五島灘・角力灘海域を舞台とした十八～十九世紀における潜伏キリシタンの移住について」『史淵』第

一五〇輯　九州大学大学院人文科学研究院　二七－六七
内海紀雄　一九八五『五島・久賀島年代記（改訂）』改訂五島・久賀島年代記刊行会
内海紀雄　二〇一四『潮鳴り遥か―五島・久賀島物語―』梓書院
浦川和三郎　一九七三『五島キリシタン史』国書刊行会（二〇一九年新装版刊行）
越中哲也　一九八九「九州地方の伊万里系磁器窯」『世界陶磁全集』8　小学館　二二二－二五六
大岡素平・山崎真治　二〇二〇「沖縄県南城市武芸洞遺跡採集の黒曜石製石器」『沖縄県立博物館・美術館，博物館紀要』一三　三七－四二
大島明秀　二〇一八「村井琴山「疱瘡問答」」『史料・九州の種痘：「九州地域の種痘伝播と地域医療の近代化に関する基礎的研究」報告書』二七－四一
大橋康二　一九九六「初期鍋島について」『初期鍋島―初期鍋島の謎を探る―』古伊万里刊行会　七七－八八
大橋康二　二〇一〇「肥前陶磁生産技術の地方窯への伝播」『東洋陶磁』三九　三三－五三
大橋幸泰　二〇一四『潜伏キリシタン　江戸時代の禁教政策と民衆』講談社選書メチエ五七四
大濱村　一九一八『郷土誌』（佐々野浩吉写）
大堀皓平　二〇一七「沖縄・奄美諸島における黒曜石研究の現状」『南島考古』第三六号　一一五－一三四
大村市医師会編集委員会　一九九四『大村医史』
大村市史編さん委員会　二〇一五『新編大村市史　第三巻（近世編）』大村市
大村市史編さん委員会　二〇一七『新編大村市史　第五巻　現代・民俗編』大村市
大村史談会編　一九九四『九葉実録第一冊』
大村史談会編　一九九五『九葉実録第二冊』
大村藩之醫學出版會　一九三〇『大村藩の醫学』
岡田淳希　二〇一九「富江藩における窯業の起源と技術系譜―八本木・田ノ江窯の製品と窯道具から―」（長崎大学多文化社会学部二〇一八年度卒業研究論文）

尾崎朝二　二〇一二『拓かれた五島史』長崎新聞社
小値賀町教育委員会　一九七八『小値賀町郷土誌』
小値賀町教育委員会　二〇一二『重要文化的景観「小値賀諸島の文化的景観」保存調査報告書』小値賀町文化財調査報告書第二三集
小畑弘己・盛本勲・角縁進　二〇〇四「琉球列島出土の黒曜石製石器の科学分析による産地推定とその意義」『Stone Sources』No.4　石器原産地研究会　一〇一－一三六
賈文夢　二〇二二「肥前大村・五島の疱瘡関連石造物について」『長崎大学多文化社会研究』八　二六七－二八三
賈文夢　二〇二四「長崎と天草地方における近世の「疱瘡墓」」『長崎大学多文化社会研究』一〇　八五－一一五
香月洋一郎　一九九二「島の社会伝承―海士集落を通して―」『東シナ海と西海文化』海と列島文化４　小学館　三六九－三九六
加藤庄三　一九八二『民吉街道』東峰書房
加藤久雄・野村俊之　二〇一四「五島列島の潜伏キリシタン墓の研究（旧木の口墓所調査）」『地域総研紀要』一二巻一号　五三－七〇
加藤久雄・野村俊之　二〇一六「五島列島における潜伏キリシタン墓に関する分布の基礎的研究」『地域総研紀要』一四巻一号六一－七二
加藤久雄・野村俊之・美濃口雅朗　二〇二三『旧木ノ口墓所』鎮西学院大学・石造遺産調査会
カトリック中央協議会司教協議会事務部広報課　二〇二三『カトリック教会現勢　二〇二二年一月一日～十二月三十一日』
川口三吉　一九七八『本山郷土誌』昭和堂印刷
岐宿町　二〇〇一『岐宿町郷土誌』
北見俊夫　一九九二「東シナ海の海人文化」『東シナ海と西海文化』海と列島文化第４巻　二七三－三二六
木村直樹　二〇二三「第５章　島原の乱と禁教政策の転換」『日本近世史を見通す１列島の平和と統合―近世前期―』吉川弘文館　一二二－一四六

久田松和則　二〇二二「大村市雄ヶ原黒岩墓地の疱瘡墓」『「感染症と考古学」発表要旨集』長崎大学多文化社会学部・長崎県考古学会　二二－二五頁

倉田芳郎（編）一九八二『長崎・松浦皿山窯址』松浦市教育委員会

郡家真一・松崎久磨治・片町一男　一九八〇「五島のやきもの」『日本やきもの集成11』平凡社　一三六－一三七

香西豊子　二〇一九『種痘という〈衛生〉近世日本における予防接種の歴史』東京大学出版会

國民圖書株式会社（編）一九二七「肥前國風土記」『校註日本文學体系』第一巻　國民圖書株式会社　六一七－六五二

木場田直　一九八五『キリシタン農民の生活』葦書房

五島市　二〇一一（更新）「疱瘡墓」https://www.city.goto.nagasaki.jp/s014/010/040/160/200/020/20190322154444.html（二〇二四年一月四日確認）

五島文化協会　一九八五－一九八八『五島文化協会同人誌浜木綿』四一－四五号

西海町教育委員会　二〇〇五『西海町郷土誌』

酒井シヅ　二〇〇八『病が語る日本史』講談社学術文庫

佐賀県立九州陶磁文化館　一九八八『長崎の陶磁』

崎連　一九八七『五島・富江歴史散歩』長崎出版文化協会

佐々木達夫（編）一九八八『畑ノ原窯跡』長崎県波佐見町教育委員会

佐々野浩吉　一九七九『大濱村郷土誌』

佐世保市教育委員会　一九九九『長葉山窯跡発掘調査報告書－平成一〇年度佐世保市埋蔵文化財発掘調査報告書』

佐世保史談会　二〇〇二『平戸藩御用窯総合調査報告書』

佐藤智敬　二〇〇三「五島列島・椛島における点在集落の歴史―脱カクレキリシタン史の視点」『常民文化』二六号

鮫嶋安豊　二〇二〇「明治時代に種子島で発生した感染症「天然痘」」『西之表市編さんだより』第1号　西之表市　四

司馬江漢　一九八六『江漢西遊日記』東洋文庫

下川達彌　一九八四「滑石製石鍋出土遺跡地名表（九州・沖縄）」『九州文化史研究所紀要』二九

下川達彌　一九九二ａ　「考古学からみた海人文化」『東シナ海と西海文化』海と列島文化４　小学館　七六－一〇四
下川達彌　一九九二ｂ　「西北九州の石鍋とその伝播」『東シナ海と西海文化』海と列島文化４　小学館　三九七－四一〇
下川達彌　二〇〇一　『土と炎の里　長崎のやきもの』
新魚目町教育委員会　一九八六　『新魚目町郷土誌』
新上五島町教育委員会（編）　二〇二〇　『新上五島町の歴史書　海と生きた島びと』
新里亮人　二〇〇二　「滑石製石鍋の基礎的研究―付九州・沖縄における滑石製石鍋出土遺跡集成―」『先史琉球の生業と交易』
　熊本大学文学部
瀬野精一郎・新川登亀男・佐伯弘次・五野井隆史・小宮木代良　一九九八　『長崎県の歴史』山川出版社
添川正夫　一九八七　『日本痘苗序説』　近代出版
立川昭二　一九八四　『病いと人間の文化史』　新潮選書
玉之浦町　一九九五　『玉之浦町郷土誌』
多良見町教育委員会編　一九九五　『多良見町郷土誌』資・史料編
辻唯之　二〇二〇　『新上五島町の歴史書　海と生きた島びと』新上五島町
堤正通　二〇〇七　「久賀島キリシタン史　五島崩れ（キリシタン迫害）発端の島」『復活の島―五島・久賀島キリスト教墓碑調
　査報告書』　二一八－二三三
津田豊水　一九七三　『奈良尾町郷土史』奈良尾町郷土史編纂委員会
鶴田文史　一九八三　『西海のキリシタン文化綜覧』天草文化出版社
鶴田文史　一九八六　『天草の歴史文化探訪』天草文化出版社
富江町教育委員会　一九七七　『富江町郷土誌』
富江町教育委員会　一九八〇　『富江町郷土誌』
富江町郷土誌編纂委員会　二〇〇四　『富江町郷土誌』富江町教育委員会
富江村小学校職員會（編）　一九一八　『富江町郷土誌』

内藤莞爾　一九七九『五島列島のキリスト教系家族―末子相続と隠居分家―』弘文社
長崎県教育委員会　一九九七『石田城跡―県立五島高等学校建替工事に伴う緊急発掘調査報告書―』
長崎県教育委員会　一九九九『長崎県のカクレキリシタン―長崎県カクレキリシタン習俗調査事業報告書―』長崎県文化財調査報告書第一五三号
長崎県教育委員会　二〇一九『竹松遺跡Ⅳ下巻　古代・中世編』新幹線文化財調査事務所調査報告書　第一一集
長崎市埋蔵文化財調査協議会　二〇〇〇『瀬古窯跡』
長与町教育委員会　一九七四『長与焼の研究―長与皿山古窯物原発掘報告書―』
中島功　一九七三『五島編年史』下巻　国書刊行会
中島浩氣　一九三六『肥前陶磁史考』（復刻版一九八五　青潮社）
中島陽一郎　一九八二『病気日本史』雄山閣
中野雄二　二〇〇〇「波佐見」『九州陶磁の編年―九州近世陶磁学会一〇周年記念』九州近世陶磁学会　二五四－二八九
永野正宏　二〇二〇「蝦夷地における感染症対策―十九世紀前半の天然痘とアイヌの関わり―」『Ocean Newsletter』第四八九号　海洋政策研究所
永野正宏　二〇二一「一九世紀前期の日本北方における感染症対策―天然痘とアイヌの関わりから」『疫病と海』海とヒトの関係学4（秋道智彌・角南篤編著）西日本出版社　一三四－一四七
中山圭　二〇一七a「天草陶磁器の海外輸出について―採集品の分析を中心に」『第7回近世陶磁研究会資料』近世陶磁研究会
中山圭　二〇一七b「天草陶磁器生産技術の系譜―肥前から天草へ―」『熊本のやきもの』佐賀県立九州陶磁文化館
中山圭　二〇二二「天草における疱瘡対策」『「感染症と考古学」発表要旨集』長崎大学多文化社会学部・長崎県考古学会　三四－三九
長與專齋　一九〇二『松香私志』（東京大学医学部衛生学教室開設百周年を記念して覆刻　一九八五）
長與專齋　一九五八「舊大村藩種痘之話」『醫學古典集（2）』七二－八四
奈良尾町郷土史編纂委員会　一九七三『奈良尾町郷土史』

楢林宗建　一八四九『牛痘小考』（富士川文庫）
西村次彦　一九六七『五島魚目郷土史』西村次彦遺稿編纂会
二宮陸雄　一九九七『種痘医北城諒斎天然痘に挑む』平河出版社
日本醫史學會　一九五八『医学古典集（2）松香私志』医歯薬出版株式会社　八〇－八三
野上建紀　二〇〇〇「磁器の編年（色絵以外）1．碗・小坏・皿・紅皿・紅猪口」『九州陶磁の編年―九州近世陶磁学会一〇周年記念』九州近世陶磁学会　七六－一五七
野上建紀　二〇〇四「近世における窯体構造に関する考察」『金沢大学考古学紀要』二七号　七〇－九一
野上建紀　二〇〇八「九谷焼生産技術の系譜―窯構造からみた―」『東洋陶磁』三七　三一－四四
野上建紀　二〇一五「清朝の海禁政策と陶磁器貿易」『金沢大学考古学紀要』三七号　四三－五二
野上建紀　二〇一七a『伊万里焼の生産流通史：近世肥前磁器における考古学的研究』中央公論美術出版
野上建紀　二〇一七b「五島列島福江島の田ノ江窯跡に関する測量調査ノート」『金沢大学考古学紀要』第三八号　四七－五八
野上建紀　二〇一八「五島焼の窯跡と製品について―二〇一六・二〇一七年度の調査から―」『金沢大学考古学紀要』第三九号　一三－三五
野上建紀　二〇二〇「近世五島焼の基礎的研究」『東洋陶磁』四九　三五－六二
野上建紀（編）二〇二二『五島焼・田ノ江窯跡発掘調査報告書―陶磁器流通からみるグローバル化の世界史（Ⅱ）』長崎大学多文化社会学部
野上建紀・大橋康二・渡辺芳郎・中野雄二・溝上隼弘・グェン ティ ラン アィン　二〇一九「福江島・田ノ江窯跡発掘調査概要報告（二〇一八）」『金沢大学考古学紀要』四〇号　五五－七六
野上建紀・賈文夢・石橋春奈・田中正幸　二〇二二a「長崎県時津町元村郷の「疱瘡墓」調査」『長崎大学多文化社会研究』八　三〇一－三一五
野上建紀・賈文夢・石橋春奈　二〇二二b『鬼木郷の近世・近現代墓―二〇二一年度「波佐見町文化的景観」に関する基礎調査（中尾山墓地編）―』長崎大学多文化社会学部

野上建紀・賈文夢・石橋春奈　二〇二二c「五島列島の疱瘡墓について」『長崎大学多文化社会研究』八　二四五－二六六
野上建紀・賈文夢　二〇二二a『中尾郷の近世近現代墓―二〇二〇年度「波佐見町文化的景観」に関する基礎調査（中尾山墓地編）』長崎大学多文化社会学部
野上建紀・賈文夢　二〇二二b「波佐見中尾山の「疱瘡墓」について」『金沢大学考古学紀要』第四二号　一一三－一三四
野上建紀・賈文夢　二〇二二「長崎県波佐見町の「疱瘡墓」の分布について」『金沢大学考古学紀要』第四三号　一二三－一三六
野上建紀・賈文夢　二〇二三「五島列島の疱瘡墓について（Ⅱ）」『長崎大学多文化社会研究』九　一三九－一六二
野上建紀・賈文夢　二〇二四「「疱瘡墓」から発見された陶磁器―天然痘患者と死者のための器―」『東洋陶磁』五三　二七－四七
野上建紀・賈文夢・椎葉　萌　二〇二三「近世の窯場空間の復元的研究―二〇二二年度五島焼八本木窯跡発掘調査報告―」『金沢大学考古学紀要』四四号　四七－六五
野上建紀・渡辺芳郎・賈文夢・椎葉萌・古賀新之助・中村駿斗・藤田史歩・三池温大　二〇二四『二〇二三年度五島焼八本木窯跡発掘調査概要報告』『長崎大学多文化社会研究』一〇　一五三－一六五
野村俊之・加藤久雄　二〇一五「石組墓の成立と変化についての予察（福江島旧木の口墓所の潜伏キリシタン墓をめぐって）」『地域総研紀要』一三巻一号　三五－四六
野村俊之・加藤久雄　二〇一八「五島列島における潜伏キリシタン墓に関する分布の基礎的研究2」『地域総研紀要』一六巻一号　一七－三〇
野村俊之・加藤久雄　二〇一九「五島列島における潜伏キリシタン墓に関する分布の基礎的研究3―奈留島の潜伏キリシタン墓地―」『地域総研紀要』一七巻一号　六五－六八
波佐見史編纂委員会　一九七六『波佐見史　上巻』
波佐見中尾山のあゆみ実行委員会　二〇一八『波佐見中尾山のあゆみ』
橋村修　二〇二一「江戸時代における疫病の水際対策」秋道智彌・角南篤編『海とヒトの関係学4　疫病と海』西日本出版社　一四八－一六三
橋本伯寿　一八一一『断毒論』

東昇　二〇〇九「近世肥後国天草における疱瘡対策─山小屋と他国養生」『京都府立大学学術報告「人文」』第六一号　一四三－一六〇
東昇　二〇二一「近世後期天草郡高浜村における疱瘡流行と迫・家への影響」『京都府立大学学術報告「人文」』第七三号　一二九－一五二
肥前史談会（編）一九七三『肥前叢書』第一輯　青潮社
平田賢明　二〇二三「野崎島・沖ノ神嶋神社の疱瘡退散祈祷」『「感染症と考古学」発表要旨集』長崎大学多文化社会学部・長崎県考古学会　三〇－三三
平田正範　一九八九ａ『上田宜珍日記　文化四年』天草町教育委員会・上田陶石合資会社
平田正範　一九八九ｂ『上田宜珍日記　文化五年』天草町教育委員会・上田陶石合資会社
平田正範　一九九〇『上田宜珍日記　文化七年』天草町教育委員会・上田陶石合資会社
平田正範　一九九一『上田宜珍日記　文化十一年』天草町教育委員会・上田陶石合資会社
平田正範　一九九二『上田宜珍日記　文化十二年』天草町教育委員会・上田陶石合資会社
平田正範　一九九八『上田宜珍日記　文化二年』天草町教育委員会・上田陶石合資会社
平戸市文化協会　一九九四『中野窯跡の発掘　平戸和蘭商館跡の発掘Ⅴ　馬込遺跡の発掘Ⅲ』
深川晨堂　一九三〇『大村藩の醫學』大村藩の醫學出版會
福江市史編集委員会　一九九五『福江市史（上巻・下巻）』
藤野保　一九八二『大村郷村記』国書刊行会
藤原兵衛　一九三二『五島近古年代記』
布袋厚　二〇二〇『復元！被曝直前の長崎』長崎文献社
本馬貞夫　二〇二一『世界遺産　キリシタンの里─長崎・天草の信仰史をたずねる』九州大学出版会
本渡市教育委員会　一九九五『天領天草大庄屋木山家文書　御用触写帳』一
前山博　一九九〇『伊万里焼流通史の研究』

松本教夫　一九八一　「高浜の疱瘡について」『西海辺記』二　天草民俗研究会　二七‐三八
的野圭志　一九九八　「伊能忠敬の「測量日記」に見る五島の歴史と風土」『伊能忠敬研究』一九九八年冬季第一四号　伊能忠敬研究会　六‐九
丸山和雄　一九七八　「四国地方の磁器窯」『世界陶磁全集』8　小学館　二六六‐二七四
宮嶋一徳（編）　一九九四　『五島黄島郷土誌』
宮本常一　一九五二　「五島列島の産業と社会の歴史的発展」『五島列島～九十九島～平戸島学術調査書』長崎県　八七‐一三二
宮本常一　二〇一五　『私の日本地図―五島列島』未来社
村井琴山　一七八八　『疱瘡問答』
森下友子　二〇〇八　「理兵衛焼・富田焼」『四国・淡路陶磁器―砥部焼・屋島焼の生産と流通―』第九回四国城下町研究会　一六一‐一九四
森下友子　二〇二〇　「近世の富田焼Ⅱ：平尾窯跡出土遺物について」『香川県埋蔵文化財センター研究紀要』六　二九‐四〇
安高啓明　二〇一八　『踏絵を踏んだキリシタン』歴史文化ライブラリー四六九　吉川弘文館
安高啓明　二〇二三　「五島藩禁教政策と潜伏キリシタンの評価―熊本藩と天草の比較を通じて」『専修大学人文科学研究所月報』三二四号　三九‐六一
山内勇輝　二〇一八　「大村藩の種痘」『天然痘との闘い　九州の種痘』九八‐一一四
山下貞文　二〇二二　「天草人の魂の郷・加津佐・口之津・南有馬―天草墓と諸精霊追善供養塔から」『嶽南風土記』二九　四五‐五八
吉永陽三　一九八八　「長崎の陶磁」『長崎の陶磁』佐賀県立九州陶磁文化館　一二七‐一三二
フロイス・ルイス　一九七九　『フロイス日本史』九（松田毅一・川崎桃太訳）中央公論新社
フロイス・ルイス　二〇〇〇　『完訳フロイス日本史』九（松田毅一・川崎桃太訳）中央公論新社
若松町教育委員会（編）　一九八〇　『若松町誌』若松町役場
若松町教育委員会　一九九六　『曲古墓群―五島列島若松町日島所在の中世墓群―』長崎県若松町文化財調査報告書第一集

渡辺芳郎　二〇二二「近世後期地方窯における磁器技術伝播：そのパターン化の試み」『五島焼・田ノ江窯跡発掘調査報告書―陶磁器流通からみるグローバル化の世界史（Ⅱ）』（野上建紀編）長崎大学多文化社会学部　八一－九一

巻末資料

巻末資料１　『五島編年史』の皿山関係記事

年代	西暦	記事
明和四年	1767	大村領ヨリ陶師来リ、福江小田ニテ焼物始マル、然モ永続セズ、ソノ所ヲ今ニ皿山ト云フ。五島ノ製陶ニ就キテハ之ヨリ前、知ル所ナシ。然モソノ窯址トシテ小田、田野江（富江）、八本木（繁敷）、松山（山内）、小田（梨山）、籠淵（壺焼）ヲ伝フルモ之ヲ以テ最古トナスガ如シ。征韓凱旋ノ諸将ハ彼ノ陶工ヲ拉シ来リテ、各々領土内ニ於テ之ヲ創業シタルナド、長崎県内ノミニ於テ見ルモ対馬、平戸、三河内、波佐見、現川（矢上）、或ハ長与、竈山（長崎）、鵬ヶ崎（同所）ナドヲアグルコト得ベク、コノ内、多クハ征韓ノ役ニ関係アルヤニ聞ク。而シテ我ガ五島藩主ハ陶工ノ将来アカリシガ如シ。コノ皿山ハ今ナホ皿山ト云へり、福江町大荒郷字小田池ノ南一五五八番地ハソノ址ナラン。マヽ遺物ヲ発見スルコトヲ得。
文化六年	1809	先達、大村ノ皿焼両人罷下リ、暫ク月川小所化方ニ罷下リ居候者ノ旨申達ス。入船申付ク（33）。コノ陶工ノ処置不明、或ハ山内、繁敷、籠淵ノ何レカニ関係アルカ。
文政二年	1819	七月廿一日、本山高田村（本山村本田郷）庄屋弥五衛門ハ、陶山入用冥加銀ヲ差出シタルヲ賞シ、一代給格申付ク。同廿七日、宮崎栄次郎（山ン中）、西村吉郎次へ皿山掛合申付ク。九月晦日、荒川ノ鳥巣億之助、丹奈ノ中村五郎右衛門モ皿山冥加銀差出シタルニヨリ、億之助（忰へ）、五郎右衛門へ夫ヽ一代給格申付ク。按、コノ皿山ニ就テ他見ナシ。或ハ山内窯（小学校北方数町、松山郷宇小島）カ、或ハ福江籠淵ニアル壺焼山カ、又ハ繁敷カ明ナラザレドモ、恐クハ籠淵ナラン。
天保元年	1830	天保年間ー有田ノ陶工久富三保（蔵春亭）ハ陶器改良ノタメ五島ニ陶土ヲ求メテ試ミタリ（日本人名辞書）。
天保五年	1834	富江皿山、年々十貫匁位ノ損失ノ趣、是ハ先ヅ治左衛門（穎川姓カ）ニテ受持罷在候由。富江ノ皿山ニ就テ、皿山址ハ同町松尾郷字皿山、宝生院ノ背、杉林ノ中ニアリ、窯ノ一部存シ廃陶、破片猶堆シ（口絵参考）。コノ皿山ハ富江五島家ノ経営ニシテ皿山奉行ヲ置キ瑞雲寺前ノ貞方氏ヲ以テ之ニ当ラシム、関係記録類未ダ所見ナク、経営ノ法ソノ他悉ク不明ナリ。諸家所蔵ノ製品ヲ見ルニ、茶碗、皿、鉢、瓶子、花瓶、線香立、澗瓶、徳利等、日用各種ニ亘ルモ、多クハ藍絵ニシテ、著者ノ狭見ヲ以テスレバ、赤、黄、緑等ノ色彩ハ瓶子、線香立等ニ於テ之ヲ見ル、又稀ニ青磁モノアリ。ソノ図様、多クハ粗画ナルモ、間々精緻ナル風景、花鳥、唐草等ヲ見ル。器銘亦多ク（写真参照）、然カモ、岐宿村山内窯ノ銘ト混雑シタルモノアリ。コレヲ以テ考フルニ、コノ富江皿山ハ、前記ノ如ク、年々ノ欠損ニヨリテ、久シカラズシテ民間ニ下ゲ渡サレシカ、而シテ、ソノ陶工等モ、一部ハ松山（福江領）ニ移リテ製陶セシニハ非ルカ。カクテ、明治初年、制度改革ノ頃ニ及ビシモノヽ如シ。尤モ、玉ノ浦町大宝寺蔵ノ線香立ニハ「天保五年」トアリ、富江町瑞雲寺蔵ノ徳利ニハ「奉寄進、陶山中、嘉永二年酉六月」トアリ。原料ノ土ハ、後述ノ如ク、田尾山ニ仰ゲリ、今ニ土俗、茶碗粉山ト呼べり。コノ土ヲ売却シタル収入ハ藩校成章館ノ経費トナレリト云フ。焼物師ノ納金ノ使途ハ明ナラズ。皿山ノ前ナル宝生院ニ大皿ヲ蔵ス、ソノ裏ニ、御家流モ麗シク「田ノ江村徳松」ト銘ス。田ノ江村ハコノ地ノ旧名ナリ。徳松ハ宝生院ノ過去帳ニヨレバ、清作ノ子ニシテ、清作ハ四国讃岐ヨリ来ルト伝称シ、相良姓ナリ。然レトモ、陶系ハ、繁敷ニ「肥前の皿山」ノ名残ルニヨツテモ、肥前系ナランコトヲ察スベシ。清作（嘉永四年七月十七日歿　清山常楽信士）→徳松（文久二年六月四日歿　鏵道玄心信士）→常吉→房吉（姓相良ヲ称ス。明治十年十二月廿六日歿　仙翁冬禅信士。子猛、同院前ニ現住シ窯址ハ其所有ナリ。）
天保五年	1834	五島焼ノ窯址ハ福江領内ニ小田（二所）、籠淵（二所）、山内、富江領内ニ此ノ田ノ江ト繁敷アリ、各ヽ窯址ハ明ナリト雖モ、今ソノ陶工ノ名サヘ明ニスル能ハザルハ遺憾ナリ。（五島ノ皿山ニ就キテハ別ニ稿スル所アルベシ。）
嘉永元年	1848	四月八日、富江皿山、房吉、鎌太郎、永左衛門三人組合ニテ火入ニ付、武社宮神主ニテ清祓ヲ勤ム。八月朔日、十月廿二、火入レ。（一例ヲ示スニ止ム）
明治三年	1870	一月、増田村亀吉ヨリ田尾ノ四石－陶石－掘取リ方、五年間百両ニテ願出デ、許サレシガ悶着アリテ止ム。（四年十二月付、福江県発魚目出張所宛文書）

巻末資料2-1　『五島編年史』の疫病関係記事（1）

年代	西暦	月日	場所	備考	
明和四年	1767	五月初旬ヨリ	福江唐人町、鍛冶屋町	市中、仲間町、三尾野村、紺屋町、丸木町、鍛冶屋町、家中五六軒、久木山、六方、（奥浦）平蔵戸岐浦、（本山）野中村、（福江）小田村、（同）大荒村、大津村、大浜村ニ流行シ十月末方終熄ス。コノ根元桶屋利八、不埒ヨリ起ルニ付閏九月八日久賀島へ流罪。	疱瘡
明和五年	1768	春	宇久、有川	疱瘡流行ス	疱瘡
明和八年	1771		福江家中、大津、市中	疱瘡大流行シ死者多シ、明年六月下旬、大体終熄ス	疱瘡
安永四年	1775		五島	熱病流行シ、又、所々に疱瘡アリ	熱病、疱瘡
安永五年	1776		福江	麻疹流行ス	麻疹
安永八年	1779	八月	福江	疱瘡流行ス	
安永八年	1779			長崎勤番－紙上式右衛門疱瘡ノタメ代役、又野権太左衛門。	
安永九年	1780	夏	福江ノ家中、市中、加子町、近在	盛運ノ帰領より、亙リ疱瘡大ニ流行ス。	疱瘡
天明三年	1783	九月十二日	岐宿	本宮寺ノ下女疱瘡ニ罹ル。	疱瘡
寛政元年	1789	冬	西島（若松）	疱瘡流行ス	疱瘡
寛政三年	1791	春		犬病流行ス	犬病
寛政四年	1792	十一月十五日	福江領内	疱瘡流行スルニヨリ、盛運ハ前以テ手当ヲナシ、万事気ヲ付クル様申付ケシム。	疱瘡
寛政五年	1793		南河原	疱瘡人通路不埒ニツキ、六方わくぶく石（唐船鼻カ）、大日ノ下ニ番所ヲ置ク。	疱瘡藪番所
寛政五年	1793		六方	当時ハ疱瘡藪即避病舎ハ南河原ニ置カレタリシニ、窃ニ脱出スルモノアリシニヨル。コレヲ六方番所ト云ヘリ。	疱瘡藪番所
寛政十二年	1800	十月一日、十一月十三日		疱瘡蔓延ニヨリ、十月一日友住村（有川友栖）へ、十一月十三日西島若松へ救米ヲ施ス。	疱瘡
享和三年	1803	六月		麻疹流行ス	麻疹
享和三年	1803	十二月八日		大阪帰リノ者、追々疱瘡ヲ患ヒ、正月ニ至リ家中ニ蔓延ス。明年二月六日、出藪ノ者取合ノタメ水道口（小田）ニ小屋ヲ設ケ番人三人ヲ置ク。出藪トハ快癒シテ六方ノ避病舎（藪ト云）ヲ出ヅルコトヲ許サレタルモノニシテ以後ハ一定期間小田水道口ノ小屋ニ予後ノ経過ヲ見ルコトヽナレリ。	疱瘡
文化三年	1806	正月	福江市中	疱瘡流行ス	疱瘡
文化五年	1808		有川、江ノ浜	疱瘡流行ニ付、閏六月七日蔵手代荒木亀次ヲ遣ハシ、俵子、味噌等ヲ与へ介抱等行届カシム。	疱瘡
文化十年	1813	三月朔日	福江	長崎ヨリ種痘医有馬永流福江ニ来ル。戸楽ノ智仙坊宅ニ立宿申付ク。	種痘
文化十年	1813	九月十七日	有川	七月九日江戸ヨリ木村久米吉上下二人来ル、先ヅ之ヲ戸楽ノ智仙坊へ旅宿申付ク。九月十七日、東ノ有川ニ疱瘡流行シ、追々増長ノ故ヲ以テ、取締ノタメ藤原平馬、表医船越道益ヲ差越シ、代官平田杢右衛門ハ不行届ノ故ヲ以テ閉門申付ケラル。「先頃、長崎ヨリ種痘医来ル」トアリ、今年三月、有馬永流ノ来島セシヲ云フカ。	疱瘡
文化十年	1813	閏十一月五日		疱瘡流行ノタメ八幡宮ニ於テ真言宗僧侶一統ノ祈禱アリ。	疱瘡
文化十二年	1815	三月八日		側医手島玄達ヨリ領分中ニ疱瘡ノ施薬ヲ願出テ、免サレ、五口二人扶持加増セラル。	疱瘡
文政二年	1819	七月廿一日		当秋ノ長崎奉行交替挨拶ノ使者、大浜典膳ハ、忰元三郎ヲ種痘ノタメ召連レ、自ラモ入湯シタキタメ、例ヨリ早出船ヲ願出ヅ。	種痘
文政五年	1822	七月十五日	領内	疱瘡流行シテ難渋ニ付、此度ノ宗門改メ廻勤ナシ。	疱瘡
文政五年	1822	十月五日	三井楽	疱瘡、増長ヲ申ス。	疱瘡
文政十年	1827		領内	疱瘡流行ス。二月十一日、士民ニ出藪（避病舎ヨリ帰ル事）心得方ヲ通達ス。出藪シタル罹病者ハ其場所ニテ四十日ヲ経過スレバ二番直リト称シテ場所ヲ替へ、コノ所ニテ廿日ヲ経過スレバ三番直リヲ行ヒ、其所ニテ再ビ廿日ヲ過シタル後始メテ帰宅ヲ許シ、猶廿日間ハ謹慎ヲ命ゼラル。都合百日ノコトナリ。逃藪別条ナキ者ハ四十日ニテ帰宅ヲ許シ、其後謹慎十日間。看過人ハ身晒以後十四日過ギテ帰宅ヲ許サレ、帰宅後七日間謹慎ヲ命ゼラル。十月十八日、追加シテ曰ク、御家中ニテ疱瘡仕出、類病無之候ハヾ四十日ニテ開門出勤ノコト。注ー福江方ノ藪ハ六方ノ浜ニ建テラレ、且番所アリキ。水道口（大荒郷）ノ藪ハ出藪後ノ藪ナラン。	疱瘡

巻末資料2-2 『五島編年史』の疫病関係記事（2）

年代	西暦	月日	場所	備考	
天保六年	1835			長崎種痘願ハ支配ヲ以テ願出デ、其後、入家迄ノ手続ハ何事ニ限ラズ、御目付直ニ取次、其ノ後出勤ノ儀ハ支配方ヨリ相伺フ振合ノ事。	種痘
天保六年	1835	六月二日		カクテ六月二日、長崎種痘掟ヲ定ム、曰ク。一神立後七十五日過入家、其後十日相慎ミ出勤ノ事。但看病人ハ七日晒入家、其後一七日（弘化二、四、廿八、二七日ト改ム）相慎出勤ノ事。尚、嘉永二年二月廿八日、両組ノ者、他国種痘ノ時ハ兵糧被下候ニ付、富江ニテ（種痘）ハ他国ノ半分、三十日兵糧被下候事。同三月廿四日、富江種痘看病人日除ハ長崎ノ例通り、二七日相立候得バ、入家後、慎ニ及バズ、直ニ出勤ノ事。同四月一日、富江表ニテ種痘相仕廻、福江身晒場（水道口カ）へ引直ノ儀ハ神立後二七日後引越候処ニ定メラレ、同八日、牛痘植付候者神立後三十日ヲ経テ入家、其後十七日相慎ミ、嘉永六年三月十四日、牛痘致候者、逃藪ニ入り別条ナケレバ三七日ニテ帰宅一七日慎シム事、尚同様ノ者、本藪ニ付添看病致シ別条ナケレバ、病人引離ノ後、三七日身晒、一七日慎ミノ事。	種痘
天保十一年	1840	一月	福江町中	悪疫起ル。十六日、町中ヨリ住吉宮ニテ大神楽ヲ奏上シ悪疫退散ヲ祈願ス。	悪疫
弘化二年	1845			始メテ、福江ニテ種痘アリ。曰、弘化二年五月六日、長崎種痘並疱瘡出藪之儀夫々御法も有之候得共、於此方種痘植付候而、身洒等之儀、初而ニ付、種痘植付六日目より七十五日過、入家致候様被仰付候事。六月一日、植付より七十五日ニ改ム。コノ年、疱瘡出藪ニ、簗瀬善右衛門妻、大浜鎌之助妻、大浜雲八宅ナドアリ。三月十八日、五島家清姫、艶姫江川町通行、戸楽ニテ種痘ス。ヨッテ、三月十五日ヨリ十七日迄三日二夜、四社ニテ祈禱アリ、御札ヲ寺社奉行平田彦六へ収ム。後全快ノ上、六月八日帰宿アリ。	種痘
弘化四年	1847		青方	疱瘡流行ス。	疱瘡
嘉永元年	1848	三月	岩瀬浦	疱瘡流行ス。病臥出藪者一一一人、内死亡者九〇人。	疱瘡
嘉永五年	1852	三月	福江大津	疱瘡流行ス。	疱瘡
嘉永五年	1852	五月	玉ノ浦	疱瘡流行ス。福江ノ船来リ、コノ地ニテ病死シタル由ル。	疱瘡
嘉永五年	1852			此頃、所々ニ赤痢流行ス。	赤痢
嘉永六年	1853	二月	福江	疱瘡流行ス。九日、疱瘡除ノタメ酒屋町四ツ角ニテ大神楽奏上、夫ヨリ当町、向町、鍛治屋町、丸木ニテ惣社人、幣太鼓神楽、道祓アリ、酒屋町室屋ニテ馳走ス。昼ハ茶付四ツ組。夕ハ肴五ツ、吸物二ツ、本膳。祝儀ハ織部方へ二朱一匁、平馬方へ六匁、丑吉方へ三匁、五社愛三太郎、嘉辰、儀右衛門三人へ三匁宛、八幡、天神、惣社人同断。同十二日、八幡ヨリ二匁包二ツ、道祓ノ祝儀、外ニ二匁包二ツ大神楽別合トシテ住吉ニ届ク。	疱瘡
嘉永六年	1853	二月十四日		若殿（盛徳）、朝姫、四社参拝アリテ、若殿戸楽ニテ種痘セラレ、平癒祈願ノタメ、成就ノ上ハ直参ノ立願ナリ。按一立願ノ上、種痘セラレシ也。先之、長崎ヨリ医師川口玄甫ヲ招下ス。十九日、家老太田文右衛門用人平田彦六、沢渡右衛門ヨリ住吉ニテ十二番神楽奉上。廿二日、内所中ヨリ住吉へ百度詣。廿四日、若殿犬ノ馬場、江川町、唐人町、戸楽御石通リヨリ乗廻シニ付用人、納戸中ヨリ成就ノ上百度参リ、日籠リノ立願。同日、同前ニテおちよ殿直参立願、惣役人中ヨリ成就ノ上ハ百度参リノ立願。廿八日ゟ朔日迄、住吉ニテ二夜三日ノ祈禱、朔日、安全ノ市神楽。三月二日、八幡宮へ疱瘡安全ノ十二番神楽ヲ奏上シ、了リテ四社ノ御守ヲ長縁ニテ差上ゲ、寺社奉行松尾小弥太取次グ。三月三日、朝姫、戸楽入リ、詰方前例ノ如シ。四月十七日両方共成就ニ付、当時ヨリ八幡へ十二番神楽ヲ奏上ス。	種痘
嘉永六年	1853	昨冬	有川	虎列刺（とんころりん）大流行シ、次第ニ所々ニ蔓延シ、遂ニ富江ニ及ブ。三月三日、富江ノ御家中、今利与三兵衛、玉ノ浦弥平、平田雅、宮崎群兵衛、松園新吾、藤田斉次郎、松室平之進、藤原利喜蔵、貞方杢右衛門等ノ家内一同、武社宮へ日籠立願ス。コノ頃、上方ヨリ、流行シ来リタル歌ヲ門口ニ書付ケタリ。ころぶなら　転んで行けよ　余の所へ（他のとこ）　こゝは　天照る　伊勢の神風	コレラ

巻末資料 2-3 『五島編年史』の疫病関係記事 (3)

年代	西暦	月日	場所	備考	
嘉永六年	1853	三月廿六日	富江	疱瘡種ヲ福江ヨリ取寄セ、廿八日ヨリ花畑へ山入リ（田野崎小屋モアリ）疱瘡種不発ニテ、四月ニ入リ、再ヒ取寄セタリ。	疱瘡
安政二年	1855	三月廿六日	三町	悪疫死亡者ハ以後、一番町ハ大戸楽ニ、二、三番町ハ長山居着墓地ニ葬ラシメシガ四月十日改メテ皆、大戸楽トナス。	悪疫
安政二年	1855	四月八日	町ノ口々	八幡宮神幸アリ、色々ノ流行病アルニヨリテ町ノ口々ニテ市神楽ヲ奏ス。御城内五座、松尾（城代家老）、堤田（池田カ）、後町、本町、横町、とこれ町、（床ノ上町）、開田町、山ノ中、酒屋町（二座）、上町、万町、戌（エビス）町、唐人町、御船元、丸木、樫川村（ゴ）、松山、鍛冶屋町、大工町、仲間町、新小人町、一番町、二番町、三番町、尾野上（二座）、上大津、向大津〆四十三座。	流行病
安政三年	1856	五月八日		宇久島押代官志佐幸作、御用人寺社大目付ニ転ズ。ソノ子高木為八後任タリ。幸作、在任中、大村ノ医渡辺大年ヲ聘シ全村民ニ種痘ヲ施シ、為八ノ時、村中ヨリ鯨組ヲ仕出シタリシモ安政五年之ヲ止ム。	種痘
安政五年	1858			五島ニ虎列刺流行ス。玉浦、戸岐、三井楽、福江丸木、水主町、浜町、新町、小人町、一番町、大工町ニ及ブ。八月二十日、コレラ流行ニヨリテ波戸先ヨリ五寸二分口径之大砲ヲ以テ石山ニ向ツテ発砲ス。二十一日薄暮ヨリ二十九日朝迄、暁六ツ時ノ二回、城門ヨリ初メ御家中ノ端々之町道迄何レモ発砲ヲ免サルレ。彼之響キ顕然タリ（中略）、天地ノ形勢、文化文政ノ昔？？？？？？？異ナル所可察スシ（中略）、同二十五日昼江戸ノ凶報（家定公計報）到リ、世間悉ク静謐ニナル。二十一日、八幡宮神事、神楽アリ。城内五座、私宅（城代家老）一座、池田町一座、田岸町一座、とられ（？上町）、後町、本町、横町、尾野上町、開田町、山中町、酒屋町通千代屋前ニテ御鎮座神楽七ツ、橋口寅屋長七前ニテ一、牛之助宅前ニテ一、船元ニテ五、丸木一、樫川村、松山、鍛冶屋町、大工町、小人町、新小人町ニテ、懸リンテ尾野上松原ニ鎮座、夫ヨリ観音寺前、下ノ町、石橋町、上ノ町、横田町、小上町夫ヨリ御帰り、〆四十二座計リ。同二十六日同御幸先、御神楽アリ、中野ニテ一、小人町尤前日通、小田村大荒、新小人町、一番町、二番町、三番町、木場、寺山、三尾野、紺屋町鶴田銀十邸、山海、的打村、小大津、上大津、向大津、其外四座、〆十九座。九月九日、仲々悪疫流行ニ付、毎朝ノ御茶、東島人足替リ其外船々ヲ川口番所ニ御祓ノコト、寺社奉行ヨリ仕吉へ仰付ケラル。	コレラ
元治元年	1864	六月二十二日	富江小島	富江小島ニ疱瘡発生シ、二十二日、種痘ヲ始ム。	疱瘡、種痘
元治元年	1864	二月二日	富江	疱瘡種取ノ使船帰ル、三日、穎原養拙ハ武社月川ニ依頼シテ日柄ヲ選定ス。被種痘者ノ家ハ入山祝ヲナシ、種痘費用一二匁六分六勺（厘）ヅヽヲ出シ、二十一日、総人数、山（花畠）入リヲナス。（山ヲ握リトモアリ、又、黒瀬マデ見送リタリ）	種痘
元治元年	1864			コノ頃、所々ニ悪疫流行ス。	悪疫
元治元年	1864	二三月頃	野々切	疱瘡流行シ、全村残ラズ罹病ノ由。	疱瘡
元治元年	1864	四月	福江（江川町）	福江ニ疱瘡流行ス。特ニ江川町ニ多シ。十七日、八幡宮ヲ勧請シテ上（ウワ）町四ツ角ニテ大神楽アリ、二十五日、八幡宮境内厄神々幸二日間。富江ニテモ、太郎島ニ小屋掛ノ逃薮ヲ作ルナド、疱瘡流行シ、二十日ハ、願ニヨリテ、町方へ、武社宮ノ白幣神幸アリ。乙名初メ、町中残ラズ、小島弁差（サシ）共参詣ノ上打立、田野江紺屋其外、宮ノ下ニテ太平、油屋、明石屋等、片町ハ桑原仙十郎宅ニテ、願ニヨリ獅子舞、乙名今村勢平宅ニテ昼食ノ馳走、夫ヨリ、小島、船頭町、ヲ廻リテ御帰リハ明ケ六ツ一町、小島ニテ市神楽奏上四十二軒。二十二日、諸工人町道神楽。市神楽十四軒。	疱瘡
元治元年	1864	五月十五日	富江ノ黒瀬	悪疫流行ニ付、近村道留中ニシテ、武社宮ノ白幣行幸アリ、市神楽二十五軒。（年来、七十軒余ナリシモ、神主ノ難義ニヨリ、所ヨリ遠慮ス。）	悪疫
明治三年	1870	十月	福江	福江ニ赤痢其外悪役流行シ、十五日、五島家其外、家中、町方マデ、五社宮ノ神幸アリ、同夜ハ御旅所泊リ。	赤痢

巻末資料３　郷土誌掲載の疫病関係記事

年代	西暦	月日	場所	内容	出典
元禄六年	1693		福江辰之口	疱瘡流行	『若松町誌』（p123）、『五島魚目郷土史』（p167）
元禄七年	1694		久賀島	村方で疱瘡流行	『五島久賀島年代記』（p27）
寛政元年	1789		若松	疱瘡流行	『若松町誌』（p123）
享和二年	1802		五島全島	文化元年にかけて疱瘡流行	『五島魚目郷土史』（p168）（宮本常一の過去帳調査による）
享和二年	1802		魚目の榎津を中心	80 名の死者（平年は 20 名前後）	『五島魚目郷土史』（p168）（宮本常一の過去帳調査による）
享和三年	1803		魚目の榎津を中心	84 名の死者（平年は 20 名前後）	『五島魚目郷土史』（p168）（宮本常一の過去帳調査による）
享和三年	1803		榎津村	疱瘡流行	『富江町郷土誌』（p1074）
享和三年	1803		魚目の榎津を中心	疱瘡流行の際、北魚目の赤波江に患者を送ったといわれる。	『五島魚目郷土史』（p168）、『旧郷土誌』
文化元年	1804		魚目の榎津を中心	94 名の死者（平年は 20 名前後）	『五島魚目郷土史』（p168）、宮本常一「五島列島の産業と社会の歴史的発展」
文化十年	1813		東有川その他	疱瘡流行	『五島魚目郷土史』（p167）
文化十三年	1816		魚目	68 名の死者	『五島魚目郷土史』（p168）、宮本常一「五島列島の産業と社会の歴史的発展」
文政三年	1820		魚目	岡山で疱瘡にかかって亡くなった縁者がみな疱瘡で亡くなっている。その際、感染者は祝言島に隔離されている。	『五島魚目郷土史』（p168）、宮本常一「五島列島の産業と社会の歴史的発展」
文政五年	1822		五島領内	疱瘡流行	『五島黄島郷土誌』（p13）
文政十年	1827		五島領内	疱瘡流行	『五島黄島郷土誌』（p14）
文政十年	1827			疱瘡流行の際、「出藪心得方」を通達	『五島魚目郷土史』（p167）、『五島近古年代記』（p59）
文政十一年	1828			領内大流行	『五島魚目郷土史』（p167）
天保五年	1834	11 月 2 日	宇久島	天保 5 年の流行の最初の死者が出る。天保 6 年 8 月 27 日までに 74 名の死者。	『五島魚目郷土史』（p168）、宮本常一「五島列島の産業と社会の歴史的発展」
天保六年	1835	9 月 25 日	宇久島、魚目	魚目の百松という者が宇久島で死亡。魚目にも流行し、元海寺の過去帳によると、同年 89 名の死者が出る。	『五島魚目郷土史』（p169）、宮本常一「五島列島の産業と社会の歴史的発展」
天保七年	1836		黄島	コレラ流行	『五島黄島郷土誌』（p15）
天保八年	1837		飯ノ瀬戸	8/19 ～ 11/9 までに 144 名死亡	『若松町誌』（p123）
天保十一年	1840		榎津	旧家川崎五右衛門の娘、於由が疱瘡にかかり、下女まやとともに長崎の瀬脇に送られたが、二人とも死亡した。（『新魚目町郷土誌』には、川崎荘左衛門の娘於富とある）	『五島魚目郷土史』（p169）、宮本常一「五島列島の産業と社会の歴史的発展」、『新魚目町郷土誌』
天保十三年	1842	3 月		米四郎が長崎へ種種痘に行ったが、養生かなわず死亡。	『五島魚目郷土史』（p169）、宮本常一「五島列島の産業と社会の歴史的発展」
弘化元年	1844			兵太事件が起こる。この四年後に疱瘡が大流行する。	『奈良尾町郷土史』（p132）
弘化五年	1848		岩瀬浦	死者 90 名に及ぶ流行	『五島魚目郷土史』（p167）、『五島近古年代記』
嘉永元年	1851		岩瀬浦	患者 111 人のうち 90 人が死亡	『新上五島町の歴史書　海と生きた島びと』
嘉永五年	1852		五島各地	赤痢流行	『五島黄島郷土誌』（p15）
嘉永六年	1853	2 月	福江	疱瘡流行	『五島黄島郷土誌』（p15）
安政五年	1858		五島各地	コレラ流行	『五島黄島郷土誌』（p15）
文久二年	1862		黄島	疱瘡流行	『五島黄島郷土誌』（p16）
文久三年	1863		黄島	疱瘡流行	『五島黄島郷土誌』（p16）
元治元年	1864		五島領内	疱瘡流行	『五島黄島郷土誌』（p16）
元治元年	1864			疱瘡流行、種痘を始める。	『富江町郷土誌』（p1082）
明治九年	1876				『新魚目町郷土誌』
明治十九年	1886			コレラ流行	『五島黄島郷土誌』（p16）
明治二十六年	1993		五島	疱瘡が流行	『富江町郷土誌』（p1088）

巻末資料 4-1 『五島編年史』の居付き・キリシタン関係記事 (1)

年代	西暦	月日	記事
明和六年	1769	十二月廿八日	切支丹制札ヲ建ツ
安永二年	1773	正月廿六日	三井楽へ大村領ヨリ大勢居着ノ者来ル。地下人同様申付クベキ旨、宗門奉行本村市郎左衛門ヲ以テ申聞ク。
安永五年	1776	七月廿七日	大村領ノ百姓、家主十四人（内漁夫一人）、惣人数七十八人（切支丹ナラン）、捨往来ヲ持参シ居着を願出デシカバ之ヲ三井楽村淵ノ元ニ置ク。
寛政七年	1795	四月十一日	大村領ノ者、日ノ島男鹿浦ニ居ツキ不埒ノ筋アリ。コレヲソノ地ニ預置キ取締トシテ三月朔日、目付貞方伝吉ヲ遣ハシタルニ、同十二日、長崎奉行所ヨリ長崎勤番大浜但見へ、此者共差送ル様交渉アリシニヨリ、十二日貞方伝吉、西島代官入江儀左衛門其外付添ヒ、奉行所へ送リシガ廿三日、代官、地役人共ニ御咎アリ、四月十一日一同帰着ス。
寛政九年	1797		先ニ寛政四年二月、幕府ハ荒地開墾方規ヲ出シ、同四月帰農ヲ奨励シタリ。盛運乃チ領地ノ開発ヲ策シ、貞方伝吉ヲ以テ大村家ニ農民ノ移出ヲ請フ所アリ。コヽニ十一月廿八日、ソノ一〇八名ヲ五島ニ移シ田地ヲ開墾セシメタリ。然モソノ多クハ所謂潜伏切支丹ノ徒ニシテ茲ニ五島ニ於ケル天主教徒ノ発展ノ第一歩ヲ印スルニ至リシナリ。大村家老片山波江ノ指図ニヨリ黒崎、三重ヨリ之ヲ送ル。一行ハ十一月廿八日ニ福江ノ北、六方ノ浜ニ上陸シ奥浦村平蔵、大浜村黒蔵、岐宿村楠原等ニ居着キタリ。猶今後屡々コノコトアリ。或ハ居着ノ者ノ手引ニヨリテ来往セル者モアルベシ。奥浦村ニ於テモ浦頭、大泊、浜泊、堂崎、嵯峨ノ瀬、宮原、半泊、間伏ニ来往シ、又久賀島ニハ上ノ平、細石流、永里、幸泊、外輪、大開等ニ、又北魚ノ目仲知、島首ニ来往ス、ソノ江袋ハ大村領神ノ浦大中尾ノ七右衛門、チエノ子孫ト云ヒ、若松村ニモ桐ニ七名、古里ニ七名ナリシト伝へ、岐宿村水ノ浦水ノ浦、山川、中村、片山、浜端ノ五姓ノ祖ハ寛政四年度一〇八名ノ内ナリ。西彼杵郡黒崎方面ニ民謡アリ。五島へ、五島へと皆行さ（き？）たがる。五島は、やさしや土地までも。
寛政十年	1798	十二月十五日	大村領ノ神ノ浦（西彼杵郡）村役橋口紋左衛門、三江（重）村役人岩中網右衛門福江ニ来リ、乙名才津久兵衛ニ面会シ、大村領民移住ノコト延引ノ次第ヲ沙汰ス。
寛政十一年	1799	三月	大村領黒崎ノ幸平一家妻子五人ハ、黒崎村横目宮原一郎兵衛、三重村横目松添半太夫ノ捨切手ヲ以テ来リ、居着ク。（作、六月、切支丹ノ移住トス。）
文化八年	1811	四月三日	大村領七津浦ノ者、男女十五人岩瀬浦ニ居着。
天保九年	1838		大村領ノ者、篠崎儀右衛門宇久島ニ鯨組ヲ許サル。因ニ今年、大村領神ノ浦ヨリ草津（ソウヅ）ニ居着ノ者アリ（慶応三年福江掛人付居付御納戸百姓帳）。
安政二年	1855	四月廿九日	五島家菩提所、大円寺（広岳山）ヨリ寺内及檀家中ニ切支丹ナキ旨ヲ寺社奉行ニ届出デタリ。証文　拙僧寺内並旦那中之法儀、連々遂吟味候処、御法度之切支丹宗旨壱人茂無御座候、依而、当寺旦那之儀者、拙僧致印形置候、若従脇、切支丹宗旨有之由、申出者御座候者、拙僧公儀江罷出、可申披候、為後日仍如件　安政二年四月廿九日　大円寺輪番密穏（花押）（及寺印）　本庄弥三郎殿　内野惣兵衛殿　（コノ文句ハ定型ニシテ各寺ヨリ差出シタルモノ、尚安政四年三月参照。コノ頃ハ踏絵ノコトナク斯ル寺ノ証状ニヨリテ切支丹吟味ノコト済マサレタルモノヽ如シ。）
安政三年	1856	十一月初旬	長崎浦上ノ切支丹ノ帳方、林ノ吉蔵ハ浦上ノ三番崩レ（切支丹へ手入レ）ヲ避ケテ五島ニ渡リ、十一月初旬、青方奈摩ニ、次デ広瀬浦ニ潜ミシガ明年元旦捕ヘラル。三番崩レトハ幕末ニ於テ長崎浦上ノ切支丹信仰ノ者、露顕シテ公儀ノ手入レアリ。最初ノ手入レヲ一番崩レト云ヒ、コノ度、ソノ第三回目ノ手入ナリ。
安政六年	1859	十月	有川代官貞方数右衛門ノ許可ヲ得テ、始メテ、二三戸ノ切支丹、頭ケ島ニ来住ス。元治五年五戸増シ、慶応三年十六戸トナレリ。
慶応元年	1865	五月	長浦大浦ノ会堂ニ五島若松桐ノ浦ノ切支円ガスパル与作現ル（或ハ前年）。
慶応二年	1866		クゼン師五島ニ来ル。二月六日、クゼン五島鯛浦蛤ノドミンコ松次郎宅ニ入リ尋デ頭島ニ渡リ同十八日前長崎ニ帰着ス。三月、伝導師友吉、甚三郎、和三郎五島ニ向フ。ガスペル与作（後下村鉄之助）ハ前月頃ヨリ桐浦ニ在リ。聖金曜日ノ夕方、クゼン再ビ五島頭ケ島ニ向ヒ四月二十六日帰崎ス。久賀ノ切支丹モコノ年長崎ニ渡リ、帰途港外福田ニ、役人、検視ヲ受ケ遂ニ藩ノ迎船ヲ受クル等ノコトアリシモ猶切支丹ナルコトハ露顕セザリキ。

巻末資料4-2 『五島編年史』の居付き・キリシタン関係記事（2）

年代	西暦	月日	記事
慶応二年	1866	九月二十日	野崎島ノ白浜長吉等六名、移住ノ目的ヲ以テ日本海ノ無人島竹島探検ニ発航ス。下ハ、之ヲ明治元年九月二十日夕ニ作リ、猶、野首ノ長吉、留五郎、忠兵衛、瀬戸脇ノ弥八、幸次郎、中通島丸尾ノ鶴松ノ六名、皆切支丹ナリト。目的ヲ達スルコト能ハズ帰ラントシテ薩摩七島臥蛇島ニ漂着シ、春季ヲ待ツテ、島司ノ訊問ヲ受ケタル後、転々トシテ薩摩山川港ヨリ便船ヲ得テ茂木ニ上陸、再ビ長崎ヨリ便船ヲ得テ野首ニ帰着シタリ、時ニ明年三月十六日（陽暦四月十六日）ナリ。九月、藩ノ役人出張取調ヲ受ケ十月六日再ビ役人来リテ男子ヲ捕ヘテ久賀庄屋ニ運ビ後、婦女子ヲ収容シタリ。切支丹嫌疑ノ故カ。
慶応二年	1866	十一月	岐宿水ノ浦ノ切支丹三人窃ニ長崎大浦天主堂ニ顕ハル。
慶応三年	1867	二月	牧師クザン久賀ニ来ル。
慶応三年	1867	十一月	水浦ノ切支丹男子三十余名、急造牢舎ニ繋ガル。十二月末、姫島ノ同教徒十八名ヲ水浦牢ニ繋グ、楠原ニテ六十三名ノ切支丹発覚シタルモ此頃ナリ。
慶応三年	1867		奥浦ノ切支丹取締役。徒士目付俵慶馬、岐宿西村弾右衛門、亀山政（復カ）太郎、足軽岐宿源太夫、金兵衛、寺脇貞方長太郎、寺岡佐男吉、小川原小柳善吉、同伝次郎、大川原谷川佐五郎、同次郎兵衛、後川越之助、同勢兵衛等。
明治元年	1868		高札定、切支丹宗門之儀者是迄御制禁之通固可相守事、抑宗門之儀固被禁止候事。慶応四年三月、太政官
明治元年	1868	七月二十八日	切支丹、拉丁学生峰下今七等長崎ヲ発航ス。一行ハ宣教師クゼン及ポアリヱ両師ニ引率サレ、窃ニ外国船ニ便乗シテ長崎ヲ発シ上海、香港ヲ経テ彼南ニ向ヘル者ニシテ浦上人八名、平戸人一名及五島一名ノ十名ナリシガ、峰下ハ彼地ニ病ミテ狂シ帰国ヲ命ゼラレタリ。
明治元年	1868	九月	切支丹ノ迫害、久賀島ヨリ始マル。捕ヘラレタル者、久賀島　一九〇名　十一月廿五日　上冷水　一〇名（網上ニ繋ガル）　廿六日　頭ケ島　三十一名　十二月十六日　奥浦　一九名（浦頭中尾喜助宅ニ繋ガル）　明一月三日　水ノ浦　楠原　三五名　十六日　姫島　十八名　カクテ迫害起ルヤプティジャン司教ハ之ヲ仏国公使ウートレーニ報告シタリシカバ遂ニ外交問題化スルニ至リ、ウートレーハ之ヲ外務卿伊達宗城ニ難ズルヤ十二月六日、遂ニ五島飛騨守ヘ次ノ御沙汰ヲ下サル、ニ至ル。領民中邪宗教信仰之者有之趣、右等之者取調候上、処置方之儀は総て長崎府へ可伺出候、一己の取計にて外方の差響に相成候ては、一致の御趣意に相戻り候間向後屹度相心得候様御沙汰候事猶同日長崎府ヘモコノ義ヲ通ジ相当ノ差図アルベク、且大事件ハ時々伺出ベキヲ沙汰セラレタリ。又久賀島（代官日高藤一）猿ノ島－陽暦十一月十二日、二十三名ノ切支丹福江牢獄（樫河カ）ニ引カレ三尾野役所（田岸）ニテ取調ヲ受ケシガ富江騒動ニテ襲来ノ噂アリ再ビ久賀島ニ移シ全島ノ宗徒凡二百名ト共二十月（マヽ）二十日猿ヶ浦ニ閉籠メタル。今ニ牢屋窟ト云ヘリ。多クハ八ヶ月位ニシテ放免セラレシモ死亡者三九名、出牢後死亡者三名、ニシテ頭分ノ者ノミハ二年余ニシテ放免セラレタリ。　奥浦村浦頭－陽暦十二月十六日、五十九名ノ切支丹浦頭ノ中尾喜助宅ニ繋ガレシガ正月頃栄林寺ニ移シテ責メ又牢屋ニ戻サル。明年三月子女ヲ加ヘテ倍加ス。　水浦、姫島－初メ六十名、後子女モ亦捕ヘラル。楠原－明年一月三日現在三十五名繋ガレシガ後又子女ヲ加フ。　三井楽－男女三十六名ヲ捕ヘ岳郷向江ニ牢屋ヲ仮施シテ収容セラレタリ（浜畔代官松田嘉三次）　冷水－十月二十一日捕ヘラル。上五島は袋ノ島田喜蔵ハ拉丁学生トシテ長崎天主堂内ニアシガ明治二年浦上信徒遠島ノ際、深堀喜四郎、真田善三郎ト共ニ久賀島ニ潜居シタリ。カクテ一方ニ於テハ長崎知事野村盛秀ニ実情調査ノ下命アリテ県属楠本平之烝（正隆）トナリ、明年四月、五島飛騨守ヨリ次ノ口上ヲ提出シタリ。私領邪教信仰のもの共、猶又取調候処、老若男女にて凡十余人に相及び、一旦改宗仕候て血判等仕候候者邪宗に立戻、間には脱走等仕候。いづれも牢舎申付置候ては、田畑荒亡糧食次第疲弊及候に付、家主並改立候者計リ牢舎申付、其他は差許候て、悉く相付農業為仕度奉存候、成丈日早く所置伺御差図被仰付被下候様奉願候。

巻末資料 4-3 『五島編年史』の居付き・キリシタン関係記事（3）

年代	西暦	月日	記事
明治元年	1868		桐古里（代官入江利右衛門政秋）ノ切支丹等、長崎天主堂ニテ洗礼ヲ受ク。有川（代官松園嘉平）頭ケ島ノ松次郎ハ、追求ノ目ヲ逃レ、転々遂に長崎ニ渡リ浦上ニ潜伏スルコト一年、遂に、プティジャン司教ニ従ツテ香港、呂宋ニ渡リ、日本語ノ書類ヲ探索シ、ろざりお書ヲ筆写シテ帰レリト。
明治二年	1869	二月	三井楽ニ切支丹露顕ス　汐水居付　六軒二十人（男十一人　女九人）内一軒ハ四年二月露顕　嵯峨島　三軒十五人（男九人　女六人）大川　五軒廿一人（男十三人　女九人）渕ノ元　十七軒七十二人（男四四人　女廿八人）内三軒ハ明治四年正月露顕。入牢中死亡－三年二月三人 21、22、28、同年十二月一人 74、四年正月一人 46。貝津　二軒七人（男四人　女三人）内明治三年五月死亡一人 49。岳　五軒廿七人（男十四人　女十三人）昨年十一月露顕。入牢中死亡－三年二月一人 62、三年四月一人 6、同年十一月一人 57、四年正月一人 18、同年四月一人 23。
明治二年	1869	八月	有川村頭ケ島居付ハ三村小六兵衛、平田右八郎ニ、奉願上ノ誓紙ヲ呈シテ改宗ス、男十八人、女二十二人、計四十人ナリ。此ノ頃ノ記録－五島有川村内、頭ケ島百姓異宗信仰之者調帳ニヨレバ、家九軒、人数四十六人内男廿一人女二十五人トアリ。　十月八日、北魚目村仲知ノ切支丹、真浦栄吉ノ一家数名捕ヘラレテ小値賀ニ護送セラル。先之、栄吉ハ逸早ク長崎大浦天主堂ニ於テ洗礼ヲ受ケタル者ナリシガ、栄吉捕ヘラルヽヤ同類モ亦四五日ヲ出デズシテ捕ヘラレ、男女三十余名小値賀ニ送ラレ、旬日ノ後、野首、瀬戸脇ノ切支丹ト共ニ平戸ニ送ラレ、男子ハ監獄ニ婦女子ハ中ノ崎ノ長屋ニ留置サレ、毎日小川庵ニ於テ責問セラレタリシガ、明年正月改心ヲ申立テ、中崎長屋ニ移サル。ヤガテ弁差ノ婦女子ハ帰郷カ許サレシガ郷民ノ暴虐ヲ避ケテ久賀島ニ移レリ。（閏十月、平戸藩庁ハ倉助以下三十二名ノ脱走ヲ大村、福江両藩ニ通知シ「可然御処分之上早々御釣合越被下度」旨送レリ。）青年男女ノミハ、凡三年、侍屋敷ニ苦役セシメラレタリ。
明治三年	1870		奈良尾村福見ノ切支丹ハ、既ニ発覚ヲ予知シテ黒島ニ逃レ、青方村樽島ノ宗徒ハ富江ニ呼出サレシガ後ニ黒島ニ避難ス。
明治四年	1871		福江出張所－居付百姓異宗徒人口戸数取調帳ニヨレバ、奥浦村　家　九七　家ナシ　一　人口　五二〇　男　二七八　女　二四二　岐宿村　家　六六　人口　三九八　男　二〇五　女　一九三　三井楽村　家　九六　家ナシ　一　人口　五一二　男　二八六　女　二二六　玉ノ浦村　家　四九　家ナシ　一　人口　二三〇　男　一三二　女　九八

巻末資料 5-1　疱瘡墓の墓碑銘一覧（1）

墓地名	NO.	墓碑銘	没年月日	西暦
白岳墓地	1	恵光信士	元禄二巳己天三月初三日	1689
白岳墓地	2	宗春信士靈	元禄六年癸酉天二月二十八日	1693
白岳墓地	3	法月道圓信士	元禄十丁天十二月二十七日	1697
白岳墓地	4	妙心霊位	元禄十一寅天十二月十四日	1698
白岳墓地	5	保林妙散信女灵位	元禄二巳己天五月二十五日	1689
白岳墓地	6	恵順信士	元禄二巳己天三月初三日	1689

墓地名	NO.	墓碑銘	没年月日	西暦
葉山墓地	1	釈浄達信士	元文二丁巳天十一月八日	1737
葉山墓地	2	釋妙林信尼	寳暦十三未癸天十二月十三日	1763
葉山墓地	3	釈道圓信士	宝暦十三癸未天十一月十日	1763
葉山墓地	4	釈尼妙蓮信女	宝暦十三年未天十一月十日	1763
葉山墓地	5	遊山道仙	宝暦十三未天十月廿九日	1763
葉山墓地	6	…春…	文政十丁二月…	1827

墓地名	NO.	墓碑銘	没年月日	西暦
東舞相墓地	1	釋圓心信士	文化五辰天十二月廿三日	1808
東舞相墓地	2	釋即成信士	天保十四年卯十二月七日	1843

墓地名	NO.	墓碑銘	没年月日	西暦
裏ノ谷墓地	1	了教信士	宝暦十二年午天十二月三日	1762
裏ノ谷墓地	2	南無阿弥陀佛釋瑞念信士	明和八辛卯年十二月二十五日	1771
裏ノ谷墓地	3	法名釈妙祐尼	明和八卯年十月廿八日	1771
裏ノ谷墓地	4	釈浄故	文化十酉年十一月四日	1813

墓地名	NO.	墓碑銘	没年月日	西暦
湯無田墓地（仮）	1	道讃信士　野々川村三次良	嘉永二年酉三月三日	1849
湯無田墓地（仮）	2	妙暁信…	天保七申二月十四日	1836
湯無田墓地（仮）	3	蓮粧院美顔妙容信女	天保七申二月七日	1836
湯無田墓地（仮）	4	黛室玉簾童女	天保七申二月十一日	1836
湯無田墓地（仮）	5	釈妙誓尼	天保七歳二月七日	1836
湯無田墓地（仮）	6	春林院道静信士	文政九丙戌年三月十六日	1826
湯無田墓地（仮）	7	櫻林了圓	天明五乙巳歳三月十一日	1785
湯無田墓地（仮）	8	宮村　古達常吉		

墓地名	NO.	墓碑銘	没年月日	西暦
元村墓地	1	妙法宗？霊	延享二乙丑天十二月廿日	1745
元村墓地	2	釈妙智童女		
元村墓地	3	法順達院理貞信士		
元村墓地	4	釋静安童		
元村墓地	5	釋妙？信女	文化十酉天十一月十八日	1813
元村墓地	6	釋智辨童女	安永七年？十二月十日	1778
元村墓地	7	釋妙林信女	宝永三年十一月十七日	1706
元村墓地	8	眞如釋教誓信士霊		
元村墓地	9	釈教訂信士	安永八年亥天十月廿九日	1779
元村墓地	10	釈智瑞信士		
元村墓地	11	妙法妙栄信女	文化十酉天八月十八日	1813
元村墓地	12	妙法妙壽信女		
元村墓地	13	妙法妙仙信女	延享三丙寅天二月廿七日	1746
元村墓地	14	霊譽験誓信士塔	享保十八癸丑歳四月朔日	1733
元村墓地	15	釋妙可信女		
元村墓地	16	歸眞釋寂心信士	享保十八年二月廿六日	1733
元村墓地	17	妙法妙生信女	安永七戌天三月十？日	1778
元村墓地	18	妙法妙善霊		
元村墓地	19	釋妙慶信女霊		
元村墓地	20	妙法妙園信女	寛政元酉天五月十六日	1789
元村墓地	21	釋照念信士		
元村墓地	22	釈教西信士		
元村墓地	23	釋妙春信女		
元村墓地	24	妙名釋教西信士	寛政十二年申九月四日	1800
元村墓地	25	妙喜信女	寛政三亥歳正月二十一日	1791
元村墓地	26	釋？西信士		

巻末資料5-2　疱瘡墓の墓碑銘一覧（2）

墓地名	NO.	墓碑銘	没年月日	西暦
元村墓地	27	釈道心信士		
元村墓地	28	観随信士	安永七戊年四月廿六日	1778
元村墓地	29	一如妙衍信女	享保十八癸丑三月十日	1733
元村墓地	30	釋妙秋信女	明和六丑天十二月六日	1769
元村墓地	31	法名釋妙永信女		
元村墓地	32	釋浄休信士	天明四辰閏正月十七	1784
元村墓地	33	妙法妙雲信女		
元村墓地	34	釋教雲墓		
元村墓地	35	釈妙蓮信女	宝暦三酉天六月八日	1753
元村墓地	36	釈智雲童子	寛政五丑歳十二月五日	1793
元村墓地	37	智正童子	明和	
元村墓地	38	慈雲妙題信女	宝暦四甲戌天閏二月廿六日	1754
元村墓地	39	釋妙心信女	安永八亥二月二日	1779
元村墓地	40	釋浄元信士		
元村墓地	41	釋妙芳灵	明和七寅四月十一日	1770
元村墓地	42	釋妙可信女	享和四子年三月廿九日	1804
元村墓地	43	釈浄雲信士	安永五申天五月廿六日	1776
元村墓地	44	妙法岳幽信士	安永三年天四月廿七日	1774
元村墓地	45	釈教扶童子	明和七寅二月四日	1770
元村墓地	46	妙法随信女	安永八亥九月廿・十八日	1779
元村墓地	46	真如釈妙閑信女	安永八亥年十年？日	1779
元村墓地	47	妙法皈善信士	文化四年丁卯正月十日	1807
元村墓地	48	妙法妙林信女	明和七寅五月十三日	1770
元村墓地	49	釋了智信士	天保十二年丑正月三日	1841
元村墓地	50	法名釋妙元信女	文化元子年十二月十二日	1804
元村墓地	51	妙法妙林信女	享保十四年六月十五日	1729
元村墓地	52	釋妙瑞信女	寶暦三酉六月廿八日	1753
元村墓地	53	法名釈教賛信士	文化十酉天十二月九日	1813
元村墓地	54	釋得…	…午二月…	
元村墓地	55	釈妙西信女	寶暦四戌十月二日	1754
元村墓地	56	釋妙登信女	文化十四年丑正月六日	1817
元村墓地	57	釈休心信士	安永八亥二月十八日	1779
元村墓地	58	妙法常清信士	明和七庚寅天四月十九日	1770
元村墓地	59	…為墓	…永八亥天…	1779
元村墓地	60	法妙存…	正…巳正月廿一…	1713 ?
元村墓地	61	釋妙智灵	寛政元酉四月廿一日	1789
元村墓地	62	妙法理圓信…	安永八己亥十月九日	1779
元村墓地	63	釋智了信士	寶暦三酉天七月朔日	1753
元村墓地	64	法名釋浄念信士	安永七戊天十月九日	1778
元村墓地	65	晴量童子	寛政十三酉年正月廿二日	1801
元村墓地	66	釋了圓信士	寶暦十一巳年十月十三日	1761
元村墓地	67	妙法妙山信女	寛政六寅十二月十八日	1794
元村墓地	68	…雲信女霊		

墓地名	NO.	墓碑銘	没年月日	西暦
柴山墓地	1	妙法受？院妙讃	元文元辰天十月二十八日	1736
柴山墓地	2	法名釈教春霊	元文二丁丑天二月上旬四	1737
柴山墓地	3	皈元妙随信女	宝暦四戌二月廿九日	1754
柴山墓地	4	妙法林雲信士	寛保元年…	1741

墓地名	NO.	墓碑銘	没年月日	西暦
横山頭墓地	1	本町三丁目俗名しん		
横山頭墓地	2	妙法道詮信士	安永二癸巳九月？日	1773
横山頭墓地	3	もりぞの石□文次良	享和二戌二月六日	1802
横山頭墓地	4	妙法恵山日廣法師	安永六丁酉年八月二十一日	1777
横山頭墓地	5	一瀬熊太妻墓		
横山頭墓地	6	五嶋冨江家中田尾啓次墓		
横山頭墓地	7	林恒太郎墓	子十一月廿九日	
横山頭墓地	8	林氏□と墓	子十一月十四日	

巻末資料 5-3　疱瘡墓の墓碑銘一覧 (3)

墓地名	NO.	墓碑銘	没年月日	西暦
孫十墓地	1	□□惣吉		
孫十墓地	2	かやぜ村中ご？□□儀兵衛墓	安永六丁酉十一月廿八日	1777
孫十墓地	3	かやぜ村？？げ林平墓		

墓地名	NO.	墓碑銘	没年月日	西暦
餅ノ塔墓地	1	？？村七良		

墓地名	NO.	墓碑銘	没年月日	西暦
古田山墓地	1	釋妙蓮信女　中浦…	文政十一年三月三日	1828
古田山墓地	2	松屋内　みよ	…三年二月十九日	
古田山墓地	3	末松氏かの墓	天保十二年丑二月二十四日	1841
古田山墓地	4	あわ平　やせ	戊四月廿？日	
古田山墓地	5	瀬戸浦　古田…		
古田山墓地	6	白誉妙雲信女	文化六巳年正月廿一日	1809

墓地名	NO.	墓碑銘	没年月日	西暦
前島墓地	1	尼妙道信女位	天保十三寅壬年八月十日	1842
前島墓地	2	疱瘡而？？死		

墓地名	NO.	墓碑銘	没年月日	西暦
南河原墓地	1	南無阿彌陀佛白譽雲哲信士		
南河原墓地	2	栄林信女	天保三壬寅三月…	1832
南河原墓地	3	譽…女	文政…	
南河原墓地	4	敬譽光生信女	文政七申二月廿三日	1824
南河原墓地	5	闡譽自性信士	文政七申二月廿三日	1824
南河原墓地	6	祥雲妙悦信女	文政七申二月廿八日	1824

墓地名	NO.	墓碑銘	没年月日	西暦
大浜墓地	1	妙法能持院宗是日継居士	元文二巳年三月二十八日	1737
大浜墓地	2	光闡院釋道教幽啓位霊	安永七戊戊天四月廿三日	1778

墓地名	NO.	墓碑銘	没年月日	西暦
握りの浜墓地	1	釋妙光信女　キサ	明治三年午正月七日	1870
握りの浜墓地	2	寒月…　？山名平	元治元年十一月十九日	1864
握りの浜墓地	3	釈妙現信女	文久二戊十一月廿一日	1862
握りの浜墓地	4	清山道孝信士	文久三子三月十九日	1863
握りの浜墓地	5	妙林信女	元治二丑三月五日	1865
握りの浜墓地	6	釈妙善信女	元治？年十一月七日	
握りの浜墓地	7	釈道仙信？　三治	戊三月十七日	
握りの浜墓地	8	含章院貞香妙清大姉	天保十三壬寅歳七月七日	1842
握りの浜墓地	9		四月廿八日	
握りの浜墓地	10	南無阿弥陀佛		

墓地名	NO.	墓碑銘	没年月日	西暦
赤波江墓地	1	慈心院廣誉妙延大姉	天保十三寅年十一月？一日	1842
赤波江墓地	2	白石鏡圓大姉		
赤波江墓地	3	華光院釋…	天保？年四月十？日	
赤波江墓地	4	清連院釈？如？誓大姉	天保十三年寅十月十二日	1842
赤波江墓地	5	寛岳妙？信女	文久三亥天四月五日	1863
赤波江墓地	6	歸真釈妙證信女位	天保十三寅十一月十一日	1842
赤波江墓地	7	釈？？妙善大姉	天保十三寅年十一月三日	1842
赤波江墓地	9	？真嶺？？信女位	文久二戊天八月十二日	1862
赤波江墓地	12	似首村…	…四月九日	
赤波江墓地	13		天保十二丑年一月十六日	1841
赤波江墓地	13		同年同月九日	1841
赤波江墓地	14	釋智清圓光信士	天保十三寅年十一月三日	1842

巻末資料6　天草墓の墓碑銘一覧

墓地名	NO.	墓碑銘	没年月日	西暦
大屋名東墓地	1	御領村は？	十月廿五日	
大屋名東墓地	2	御領村盛助		
大屋名東墓地	3	天草志？村福田…	文化十五寅五月十四日	1818
大屋名東墓地	4	御領村大助	十月十四日	
大屋名東墓地	5	二江村およ志	文化十酉天二月十六日	1813
大屋名東墓地	6	大嶋ゆき	文化四年卯二月十六日	1807
大屋名東墓地	7	天草御料﨑ノ津村銀蔵塚	文化十五寅五月十五日	1818
大屋名東墓地	8	大嶋二蔵		
大屋名東墓地	9	御領村釘原文		
大屋名東墓地	10	御領村？…		
大屋名東墓地	11	御領村	十月二…	
大屋名東墓地	12	？？？村？右衛門	文化十五年二月十六日	1818
大屋名東墓地	13	鬼池かや		
大屋名東墓地	14	鬼池村利左衛門	辰十二月十六日	
大屋名東墓地	15	鬼池？？？妻		
大屋名東墓地	16	鬼池庚年		

墓地名	NO.	墓碑銘	没年月日	西暦
菖蒲田墓地	1	天草大嶋	十一月	
菖蒲田墓地	2	天草御領村久木？	文久三年四月廿八日	1863
菖蒲田墓地	3	天草二江村宅一子	文久三亥年三月廿五日	1863
菖蒲田墓地	4	天草鬼池村圓八娘	弘化二巳三月十九日	1845
菖蒲田墓地	5	鬼池村立石音助	二月廿四日	
菖蒲田墓地	6	釈義了富岡	天保七申二月二日	1836
菖蒲田墓地	7	五領村？？	安政六申二月十八日	1859
菖蒲田墓地	8	天草大嶋	文久三	1863
菖蒲田墓地	9	天草鬼池村せの	弘化四年正月朔日	1847
菖蒲田墓地	10	赤崎新平	文久三歳亥十月六日	1863
菖蒲田墓地	11	五料村浜田お…	文久三亥三月九日	1863
菖蒲田墓地	12	天草御領村蓮士	弘化三年午三月七日	1846
菖蒲田墓地	13	天草宮？岳村？八良	天保七申年九月九日	1836
菖蒲田墓地	14	大嶋子慶右ヱ門	天保七年申正月十九日	1836

墓地名	NO.	墓碑銘	没年月日	西暦
向小屋墓地	1	天草大嶋弥？	文久三年亥二月十五日	1863
向小屋墓地	2	天草大嶋？蔵	文久三年亥三月十二日	1863
向小屋墓地	3	西津村？？　？年世	天保十四卯三月十七日	1843
向小屋墓地	4	天草亀川村火渡人八	文久二戌十二月五日	1862
向小屋墓地	5	天草本戸町利平次内		
向小屋墓地	6	天草本戸村町おとら		
向小屋墓地	7	御料村小雫前田金左ヱ門		

■編著者・著者略歴

野上建紀（のがみ　たけのり）

1964年、北九州市生まれ。長崎大学多文化社会学部教授。

金沢大学大学院社会環境科学研究科（博士課程）修了、博士（文学）。

専門は歴史（中近世）考古学、陶磁考古学。

有田町教育委員会主査（有田町歴史民俗資料館所属）を経て、2014年4月より長崎大学多文化社会学部准教授、2017年4月から現職。長崎県考古学会会長。

単著に『伊万里焼の生産流通史―近世肥前磁器における考古学的研究―』中央公論美術出版（2017）、『陶磁考古学入門―やきもののグローバル・ヒストリー』勁草書房（2021）、『近世陶磁器貿易史―太平洋・インド洋への「陶磁の道」―』勁草書房（2024）など。

賈　文夢（JIA WENMENG）

北京市生まれ。長崎大学大学院多文化社会学研究科博士後期課程。

専門は歴史（近世）考古学。

天津師範大学卒業、長崎大学大学院多文化社会学研究科（博士前期課程）修了。修士（学術）。

著書に『中近世陶磁器の考古学第17巻』雄山閣（2023）（共著）、論文に「長崎と天草地方における近世の「疱瘡墓」」『多文化社会研究第10号』（2024）など。

2025年2月20日　初版発行　　《検印省略》

【長崎大学多文化社会学叢書5】

「西海《さいかい》」の海域交流誌《かいいきこうりゅうし》
―多文化《たぶんか》の海《うみ》、交差《こうさ》する技術《ぎじゅつ》・疫病《えきびょう》・信仰《しんこう》―

編著者　野上建紀
発行者　宮田哲男
発行所　株式会社 雄山閣
東京都千代田区富士見2-6-9
ＴＥＬ　03-3262-3231 / ＦＡＸ　03-3262-6938
ＵＲＬ　https://www.yuzankaku.co.jp
e-mail　contact@yuzankaku.co.jp
振　替：00130-5-1685
印刷・製本　株式会社 ティーケー出版印刷

ISBN978-4-639-03025-6 C3021
N.D.C.219　270p　22cm